능력으로 기도하라

도서
출판 사롱사랑

PRAYING WITH POWER

© Copyright 1992 by C. Peter Wagner
All rights reserved.
1997 / Korean by Seo Ro Sa Rang
Translated and published by permission

기도에 관해 쓴 나의 책들에 대해 누군가가 물어올 때,
나는 서슴치 않고 이 책을 추천한다.
기도에 관한 모든 것이 전체적으로 잘 조명되어 있는 책은
이 한 권뿐이다!

C. Peter Wagner

역자 서문

역자는 풀러선교대학원 박사 과정 시절 폴 피어슨과 피터 왜그너 밑에서 3년간 교회 개척학, 교회 성장, 영적 매핑(지역 조사를 통한 진단과 처방), 영적 치유 접근법, 영적 전투, 선교 및 교회 성장 전략, 중보 기도 사역, 한 몸시하는 회개, 기도 행보와 여행, 예언 사역, 성령의 은사, 능력 전도, 효과적인 커뮤니케이션, 영향을 끼치는 지도력 등에 관해 배웠다. 그리고 왜그너 박사의 30여 권의 책 중에서 10여 권 이상의 책을 우리말로 번역하였다. 그때마다 선교의 목회 현장에서 일어난 새롭고도 생동적인 소식을 전해 듣고는 큰 도전을 받을 수밖에 없었다.

역자는 경서신학교, 한영신학대학교, 나사렛대학교, 서울신학대학교를 비롯한 한국의 여러 신학대학교에서 이러한 과목을 신설하여 가르치고 있으며, 교회 개척, 교회 성장, 기도 운동, 부흥 운동 세미나를 개설하여, 선교 및 목회 현장 주제들을 공유할 때, 지금은 "탈교파 운동" "신 사도 개혁 운동" 시대라는 점에 공감하곤 하였다.

또 역자는 해외 선교 현장에 팀을 인솔하고 가서 복음을 전할 때 전통 교회의 신학과 선교 전략의 틀을 벗어나지 못한 채 앉은뱅이 선교 활동을 하고 있는 동역자들에게 기도 능력을 권하곤 했다. 한국 왜그너 교회 성장 연구소의 설립자로서 한국 방방곡곡의 목회 현장을 돌면서 최근 성장하고 성령 능력의 영향을 발휘하는 교회들이 이 신 사도 개혁 운동, 아니 "복음 중심의 탈교파 운동"의 반열에 서 있는 지도자들의 기도 추진력에서 비롯된 것임을 깨달았다.

또 나는 30여 만 명 해외 출신 국제 노동자들을 위한 〈영어 예배〉를 주도하고, 불신자들, 유랑 신자들, 타락자들을 위한 〈토요 열린 예배)를 주도하면서, 능력으로 기도하지 않고는 선교와 전도를 통한 회심과 하나님 나라 확장이 너무 힘든 일임을 깨닫는다. 내가 출석하는 은평 교회와 부천 삼광 교회는 1일 3회 기도회를 10여 년간 진행하여 한국 교회에서, 성장 숫자(4000여 명 이상)에서 뿐 아니라 교회 성장과 선교면에서 단연 앞서가는 교회들이 된 것을 실감하고 있다.

능력있는 기도가 있을 때 각색 병과 문제가 해결된다. 구원받는 자가 늘어난다. 교회가 성장한다. 선교 대열에 참여할 수 있게 된다. 차세대 지도자를 발굴해 대비할 수 있게 된다. 그래서 세계와 한국의 성도들은 능력있는 기도를 사모한다. 나는 한국 성도들이 이 책을 읽고 복음적 교회들과 교인들이 되어 능력있는 기도로 하나가 되어 지역 사회 복음화는 물론, 외국인 노무자들의 복음화, 세계 복음화에 적극 참여하는 자가 되기를 기도한다.

모든 영광을 하나님께 돌리며 왜그너의 '기도 용사 시리즈' 전 6권을 적극적으로 한 데 묶어 펴낸 도서출판 서로사랑의 이상준 사장님께 감사드린다. 피터 왜그너 박사와 이 책을 읽는 모든 사람에게 능력있는 기도가 배가되어 30배, 60배, 100배, 1000배의 결실이 맺히기를 기도한다. 마지막으로 기도하며 원고 정리에 협조해준 서로사랑 직원들과 아내 한현숙 사모, 딸 성실에게 고마움을 표한다.

1997. 10. 30
부천 서울신학대학교
부천 중동신단지 한국 왜그너 교회 성장 연구소에서

목 차

역자서문
서론

1장 · 기도는 능력있게 만들 수 있다. 그 외 다른 방법이 있는가?   13
내가 이 장에서 말하려는 요점은 능력있는 기도는 역사한다는 것이다. '기도 동굴'의 능력있는 기도 사역은 마침내 키암부에서 어두움의 세력을 몰아냈다.

2장 · 쌍방 통행 기도: 하나님의 음성을 들으라   39
쌍방 통행 기도의 핵심은 인간관계나 하나님과의 관계에서 둘 사이에 지극한 친밀감을 유지하는 것이다.

3장 · 전략 차원의 중보 기도   67
전략 차원의 중보 기도는 우리가 지불해야 할 세계 복음화를 위한 가장 큰 약속이다. 그것은 또한 더 큰 위험, 더 큰 응답을 주고 받으며 우리에게 많은 희생을 요구한다.

4장 · 우리의 기도들을 조준하라: 영적 매핑(지역 조사를 통한 진단과 처방) **89**
영적 매핑 또는 우리의 기도들을 조준하는 것은 다른 무엇보다도 기도를 능력 있게 하며, 정확히 목표물들을 점령하도록 만든다.

5장 · 과거를 치유하는 능력: 한 몸시하는 회개   113
이 장의 근본 원리는 '피 흘림 없이는 죄사함도 없느니라'는 말씀이다. 우리가 우리 죄를 진실하게 고백할 때 하나님은 우리를 모든 불의에서 깨끗게 하신다.

6장 · 당신 교회를 위한 신선한 기도 에너지   **141**
중국 교회 성장의 두드러진 모습은 모든 신자의 훈련받은 기도 생활인 것으로 나타난다.

7장 · 지도자들의 개인 중보 기도는 하나님의 선물   **167**
오늘날 교회 안의 영적 능력을 더욱 강하게 해주는 것은 그리스도인들의 지도자를 위한 중보 기도이다.

8장 · 우리 도시를 위해 기도하라   **191**
영적 부흥을 위해서는 우리 교회와 지역 사회를 둘러싸고 있는 영적 장애물들을 헐어야 한다.

9장 · 나라들을 위한 기도의 위력   **219**
기원후 2000년 운동의 모토는 '2000년까지 모든 족속들에게 교회를, 모든 사람들에게 복음을' 전하는 것이다. 나는 이것이 실현되리라 믿는다.

10장 · 혁신적인 기도를 하라   **251**
우리의 임무는 오로지 하나님의 혁신과 창조를 듣고 그것에 응하는 것이다.

Index

서론

나는 십 년 전 기도에 관한 기사는 쓰리라고 생각했어도, 한 권의 책을 쓰리라고는 전혀 예상치 못했다. 실로 많은 일들이 변했다.

당신의 손에 든 이 책은 기도 용사 시리즈(전 권 도합 1,500쪽 이상)의 제 6권이다. 하나님은 1987년 쯤 기도가 어떻게 선교, 교회 개척, 교회 성장을 통해 하나님 나라 확장과 연관되어 있는 지에 관해 연구하고, 글을 쓰고, 가르치는 임무를 나에게 주셨다. 나는 내가 지루한 임무를 받고 있다고 생각하는 시절에는 기도에 관해 거의 아는 것이 없었다. 또 나는 하나님께서 왜 나에게 이 생애 단계에서 그러한 일을 하라고 선택하셨는 지 이상하게 여겼다. 그러나 이제 나는 하나님께서 나를 지루하게 하기 위한 것이 아니라 나를 축복하시기 위해 이 책들을 계획하셨음을 안다.

나의 지난 십 년 간은 지금까지 사십 년 간의 안수받은 목사 생활 중에 가장 신바람 나는 기간임이 입증되었다.

기도는 "가정될 수" 있는가?

내가 범세계적인 기도 운동에 참여하는 데 아주 열성적이게 되자, 나의 일부 친구들은 내가 교회 성장 교수로서의 소명을 저버렸다고 생각하였다. 나의 동료들과 나는 이전에 교회 성장 분야에서 기도와 같은 영적 요인들에는 많은 관심을 두지 않았기 때문에 그들이 그렇게 생각할만도 했다. 우리는 기도가 확실한 것이라고 믿지만 기도는 항상 그냥 있는 것으로 가정하였을 뿐, 기도에 관해서는 많이 언급하지 않았다. 내가 진리로부터 멀리 떨어져 있음을 발견하였을 때, 친구들에게 오해를 받기도 하였다.

그러나 이제 그러한 시절은 지났으니 주님께 감사할 따름이다. 기도에 관한 책들, 테이프들, 대회들은 대부분이 아주 빠르게 배가 되고 있기 때문에 따라 잡기가 힘들 정도이다. 나는 지금 내 개인 서재에 기도에 관한 책들을 아홉 개나 되는 선반 위에 꽂아두고 있는데 곧 열 개의 선반으로 될 것 같다.

내가 미국 방방곡곡과 세계 각처를 여행할 때 많은 사람들이 자주 나에게 물어오는 질문이 있다. 그것은 나의 기도책들 중에서 그들이 읽을만한 책으로 어느 것을 추천하고 싶으냐는 질문이다. 이 질문은 많은 사람들의 '한 번에 한 권'만 읽겠다는 생각을 반영한다. 어떤 사람들은 많은 책들을 살 만큼 충분한 개인 예산이 없다. 또 다른 사람들은 습관적인 독자들이 아니다. 또 어떤 사람들은 1년에 단 한두 권의 책만을 읽을 수 있다 해도 상당한 성취감을 느낀다.

솔직히 나는 이전에는 추천할만한 책들에 관한 질문을 받으면 대답해줄 준비된 해답을 갖고 있지 않았다. 드문 경우이지만 나에게 시간이 있을 때, 나는 그들의 욕구들을 찾아낼 목적으로 사람들과 길고 충분한 대화를 나눈다. 그리고 나서 그들에게 가장 도움이 될만한 책 이름을 대주려고 노력한다. 나의 문제는 다섯 권의 기도용사 시리즈의 각 책이 특정한 세트의 욕구들을 이루기 위해 특정한 종류의 기도에 목표를 두고 집중되어 있다는 데 있다.

당신이 단 한 권의 책만 선택할 때

이제부터는 기도에 관한 나의 책들 중에 한 권만 읽겠다고 생각하는 사람들에게, 나는 바로 이 책 『능력으로 기도하라』를 읽으라고 권장할 것이다. 이 책은 기도 시리즈의 마지막 책이지만, 사실 나는 이 책을 기도 용사 시리즈 전(全) 권의 서론격으로 썼다. 이 책은 다른 다섯 권의 주요 알맹이들만을 뽑아 한 권으로 묶은 것이다. 이 책은 내가 글을 써 온 모든 주제에 대한 개괄이기 때문에 기도 주제에 흥미있는 자들은 기도 용사 시리즈의 다른 책들을 구입하여 특별히 주제를 깊이 탐구할 수 있을 것이다.

당신은 기도 용사 시리즈의 다른 책들에 포함되어 있지 않은 이 책의 몇 가지 강조점, 즉 **'한 몸시하는 회개'** (제 5장) **'예언적 기도 행동들'** (제 10장)을 발견할 것이다. 또한 당신은 이 책에서 시리즈 중 다른 책들과의 상당한 양의 중복을 발견하게 될 것이다. 그러나 그것은 저술 과정에서 어찌할 수 없는 이유 때문이었음을 양해하기 바라며 나 또한 그 중복을 최소한 줄이려고 하였다. 나는 이 책에서 시리즈의 다른 다섯 권으로부터 직접 어떤 내용을 복사하지 않았다. 그리고 그 중복은 우리가 4복음서에서 발견하는 것만큼 많은 중복 내용을 포함하지 않는다. 그럼에도 불구하고 나는 기도 용사 시리즈의 동일한 저자로서 내가 가장 중요하다고 생각하는 것들 중의 일부 내용은 반복할 필요성이 있다고 생각하였다. 나는 그것을 "창조적인 중복"으로 보고 싶다.

나는 이 책에서 수시로 기도 시리즈의 다른 다섯 권의 책들을 언급하였다. 이것은 사람들이 다른 책들을 사 읽지 못하도록 방해하려는 의도는 아니다. 오히려 이 책은 독자들에게 주님께서 인도하실 때 다양한 방향으로 움직이는 이정표를 제시하는 도로 지도를 제공하려 한 나의 기도이다. 나는 어떤 주제에 관해 더 알기 원하는 독자들을 위하여 각 장 마지막 부분에 더 자세한 참고서들을 수록하였다(역자도 꼭 필요한 최신간인 경우 첨가하였다).

또 이 책은 개정된 내용이다. 나는 5년 전 기도에 관한 첫 책을 쓴 이후 많은 것을 배웠고, 하나님께서 우리에게 보여주신 더 새로운 많은 것들을 전달하는 데 신이 나 있다. 성경은 해아래 새로운 것이 없다고 말한다. 이것은 사실이지만, 개인인 내가 전에 전혀 알지 못한 것들을 발견한 것도 마찬가지로 사실이고, 동일한 것이 그리스도의 몸(교회)의 많은 실속있는 지체들을 대표하는 자들에 의해 전해지는 것도 사실이다. 그리스도인들은 이전 어느 때보다도 더욱 기도에 대해서 기도하고 말한다. 목사들은 기도를 개교회 활약 내용의 최우선 순위로 끌어올리고 있다.

이제 미국뿐 아니라 세계의 신학대학, 신학대학원, 성경대학, 신학교들은 전에 한 번도 가르친 적이 없는 **기도에 관한 과목들을 가르치고 있다**. 교파들과 선교 단체들은 그들의 중역 직원들 자리에 기도 지도자들을 더하고 있다. 새로운 독립 기도 사역 선교회들은 모든 대륙에서 배가되고 있다.

이제는 당신이 기도를 배우고, 기도에 참여할 때이다. 나의 기도는 이 책 『능력으로 기도하라』가 주님께 쓰임받아 수많은 사람들을 범세계적인 기도 운동의 물결을 타게 하여 주의 이름이 이전에 한 번도 높여지지 않은 나라들에서 높여지는 것이다!

미국 콜로라도 주 콜로라도 스프링스에서
C. 피터 왜그너

1장
기도는 능력있게 만들 수 있다.
그 외 다른 방법이 있는가?

교회의 이름은 "기도 동굴"이다. 이것은 대부분의 미국 또는 한국 신자들의 귀에 이상한 이름처럼 들릴지 모른다. 그러나 동아프리카의 가장 유망한 나라인 케냐 곳곳에서는 교회 이름을 붙일 때 그 창조성이 압도적으로 나타난다. 토마스 무디는 얼마 전 키암부의 작은 도시에 교회를 세웠다. 그때 기도는 그의 생동적인 역할이 되었는데 그는 그것을 "기도 동굴"이라고 자연스럽게 불렀다.

이 책에서 말하는 것의 전부인 능력으로 기도하는 것보다 더 좋은 예들을 나는 다른 어떤 교회에서도 찾아보지 못했다. 나는 기도가 살고 있는 실제 세계에 자그마한 영향을 끼치는 어떤 천상적인 행사가 아님을 이해하는 것이 중요하다고 생각한다. 나는 능력있는 기도가 어떻게 일어날 수 있는가를 이해하기 시작하는 데 있어서 케냐 키암부의 '기도 동굴' 같은 구체적인 모본을 탐구하는 것보다 더 나은 길이 있음을 알지 못한다.

기도는 진정으로 역사한다

기도에 관한 나의 모든 글들의 핵심을 요약하는 중심 주제는 '**기도는 역사한다**' 는 것이다. 모든 기도가 역사하는 것은 아니지만 **효과적인 기도는 역사한다. 능력있는 기도는 역사한다**. 나는 우리의 대다수가 마음 속에서 이미 알고 있는 최고의 형용사들로 기도를 강조했다. 그러나 때때로 인정하고 싶지 않은 것은 모든 기도가 동등하지 않다는 사실이다. 어떤 기도가 효과적인 것처럼 어떤 기도는 비효과적이고, 어떤 기도는 그 중간쯤에 있다. 어떤 기도는 능력있는가 하면, 불행히도 어떤 기도는 무능력하다. 나는 일반적으로 기도에 관한 시리즈 책들을 펴내는 데는 별로 매력을 느끼지 않는 타고난 실용주의자이다. 그러므로 나의 관심은 오로지 **능력있는 기도**에 있지, 다른 유형의 기도에 있지 않다.

기도의 본질은 신자와 하나님간의 인격적인 관계이다. 어떤 사람은 기도의 본질을 "아버지와의 친밀감"이라 부른다. 이것은 사실이고 또 중요하다. 이러한 이유 때문에 어떤 믿음의 기도를 본질상 나쁘다고 말하는 것은 옳지 않다. 나는 좋은 기도와 나쁜 기도간의 예를 들어 구분하기를 원치 않는다. 그러나 어떤 기도들은 잘못 인도될 수 있고 그런 까닭에 기도가 가질 수 있는 힘이 결핍될 수밖에 없음을 인정하지 않을 수 없다. 예수께서는 "너희가 구하여도 받지 못함은 정욕에 쓰려고 잘못 구함이라"(약 4:3)고 말씀하신다. 잘못된 동기들은 기도를 약화시킬 수 있는데, 그것은 내가 앞으로 이 책을 진행하면서 언급하게 될 우리 삶에 나타난 죄와 다른 여러 가지 것들에서 기인될 수 있는 동기들이다.

내가 더 분명하게 구분하고 있는 것은 좋은 기도와 더 좋은 기도 간의 구분이다. 나의 아내 도리스는 "어떤 기도도 허비하는 것은 아니다"라고 말하기를 좋아한다. 좋은 모든 기도는 옳은 방향으로 발걸음을 내딛는 것으로 볼 수 있지만, 그 발걸음 중에 어떤 발걸음은 그 걸음이 있어야 하는 것보다 더 못할 수 있다. 당신이 이 책을 읽는다면 당신의 마음 속에는 지금 하고 있는 기도보다 더 능력있게 기도하려는 불타는 욕망이 끓어오를 가망성이 높다. 당신은 지금은 비교적 낮은 차원의 수준에 머물러 있을지도 모른다. 그러나 당신이 거기에 머무르기를 원치 않는다면 당신에게 높은 차원의 기도의 능력이 임하게 될 것이다. 그러나 당신은 그보다 더 높은 차원이 있다는 것을 알게 될 것이고 그 차원까지 도달하게 되기를 바랄 것이다.

기도 능력을 세어보라

당신이 더 높은 차원의 기도에 다다를 때를 어떻게 알 것인가? 한 가지 길은 당신의 기도들에 대한 예측할 수 있는 응답들이 구체적으로 증가하는 것을 보는 것이다. 그 때문에 나는 기도가 역사함을 주장하기를 좋아한다. 야고보는 "의인의 간구는 역사하는 힘이 많다"라고 말하지 않는다. 그는 "의로운 자의 **효과적이고 열성적인 간구는 역사하는 힘이 많으니라**"(약 5:16 강조점은 내가 첨가하였음)고 말함으로써 그의 방식에서 벗어나는 것 같다. 야고보가 그런 점에서 떠났다면 어떤 점에서는 모호하지만 그 말은 분명히 진리였을 것이다. 야고보는 이것을 피하기 위하여 즉각 그것을 더 구체적으로 진행시켜 나아간다. 그는 우리와 같은 인간인 엘리야를 그의 실례로 사용한다. 엘리야가 비가 오지 않기를 기도했을 때 비는 내리지 않았다. 다음으로 그가 비가 내리기를 기도했을 때 비가 내렸다. 엘리야의 기도는 역사하였다!

나는 나의 모든 기도들이 엘리야의 기도와 같이 되기를 소원한다. 그러나 나는 아직 엘리야 차원에 이르지 않았음을 고백할 수밖에 없다. 나는 아직 나의 대다수 가장 친한 친구들의 차원에도 이르지 못한다. 내가 알 수 있는 것 한 가지는, 나는 과거보다는 더 높은 차원에 와 있고 내년에는 하나님의 도움으로 지금 차원보다는 더 높은 차원에 있기를 바란다는 것이다. 나는 결코 엘리야의 차원에 이를 수 없지만 그러한 것이 불가능한 것만은 아니다.

내가 인용한 성경구절을 볼 때 야고보는 "엘리야는 우리와 성정이 같은 사람이었다"(약 5:17)라는 점을 지적하는데 여기에 믿음의 난점이 있다. 분명히 하나님께서 당신을 사용할 수 있고, 그분은 엘리야를 사용하신 그 방식으로 나도 사용할 수 있으시다. 왜 그렇지 못하겠는가? 이것은 내가 소원하는 바로 그것이다. 나는 장래에 내 기도가 과거에 효과적이었던 것보다 더 효과적이기를 소원한다.

분명히 이 책은 당신의 기도들이 과거에 능력있던 것보다 더 능력있게 되도록 도움을 줄 것이다. 기도 동굴 같은 역동적인 교회의 맥박을 느끼는 것은 당신의 개인 생활에서, 당신 가족의 삶에서, 당신 교회에서, 당신 지역 사회에서 당신을 효과적인 기도의 갱신된 믿음과 소망으로 채워줄 것이다. 나는 당신이 토마스 무디 목사의 기도는 엘리야 수준에 거반 가깝다고 하는 나의 생각에 동의하리라 생각한다.

케냐의 기도 동굴

토마스 무디 목사는 소중한 나의 친구이다. 그는 〈국제 영적 전투 조직망〉 동아프리카 소장이고 〈국제 세계 기도 센터 위원회〉의 13명 중역들 중의 하나이다. 그는 아프리카에서 그리고 세계 도처에서 그의 동료들에 의해 존경받고 있으며 세심하고 슬기로운 명석한 사상가이다. 내가 이것을 말하는 것은 나의 친구 토마스 무디를 과대포장하기 위해서가 아니다. 단지 독자들에게 우리는 어떤 모호한 켜(분립체)에 대해 말하는 것이 아니라 좋은 평판과 높은 성실성을 가진 교회 지도자에 관해 말하고 있음을 강조하기 위해서이다.

나는 나의 동료 조지 오티스 2세(센티넬 그룹 지도자)에게 크게 고마움을 표하는데, 그는 나에게 토마스 무디 목사를 소개해주었고 이 괄목할만한 이야기의 상세한 내용들을 수집하도록 그와 인터뷰하게 해주었기 때문이다. 다음 이야기는 조지 오티스 2세의 앞으로 나올 책 『혼돈의 불빛』(*Chosen Books*)에서 풀어 설명한 것이다.

토마스 무디는 통상적으로 초대형 교회 목사인 것처럼 알려져 있다. 기도 동굴 교회는 빠르게 성장하고 있고 내가 이 책을 쓸 때 즈음에는 4,000명 가까이에 이르렀는데, 그 수는 키암부 인구 8만 명의 5%에 다다른다. 거의 모든 신자가 새로운 회심자들인데, 그 이유는 토마스 무디 목사가 그곳에 도착했을 때 키암부의 소수 거주자들만이 그리스도인들이었기 때문이다. 이 교회는 어떻게 해서 그처럼 생동적으로 성장했고 또한 온 도시에 그처럼 엄청난 영향력을 끼치게 되었는가?

토마스 무디는 어떤 주저함도 없이 그 일은 **능력있는 기도**를 통하여 일어날 수 있다고 말한다.

토마스 무디와 그의 아내는 1980년 대 말엽 스코틀랜드에서 잠시동안 있다가 케냐로 되돌아왔다. 그는 순회 전도자(부흥사)로 사역하였고 그의 아내는 학교에서 가르치고 있었다. 그는 1988년 어느 날 기도하던 중에 주께서 자기에게 "나는 네가 키암부에 한 교회를 개척하기 원한다"라고 말씀하시는 음성을 들었다. 기도하는 중에 하나님께로부터 오는 음성을 듣게 되는 일은, 내가 알고 있는 많은 그리스도인들이 그런 것처럼, 토마스 무디에게도 새로운 경험은 아니었다. 물론 이것은 이중적인 기도의 주제로 내가 앞으로의 모든 장에서 다루려고 하는 능력있는 기도의 생동적인 요소이다.

토마스 무디는 자기 아내와 다른 사람들과 더불어 주님과 더 많은 시간을 보내고 말씀을 점검한 후에(이것은 항상 든든한 안전장치이다) 분명 이것이 새로운 직장, 새로운 거처를 위한 하나님의 명령이었음을 확신하였다. 토마스 무디의 마음에는 순종해야 한다는 생각이 의심의 여지없이 자리잡고 있었다. 그러나 토마스 무디는 기쁨을 가지고 그 임무를 기대하지 않았다.

살인 도시 수도와 전도자의 무덤

키암부? 케냐의 아름다운 수도 나이로비에서 불과 서너마을 떨어진 키암부는 최악의 범죄, 폭력, 술취함, 부도덕, 도둑질, 인간 타락으로 전국적인 명성을 얻고 있었다. 공공연한 무질서가 도시를 지배하고 있었고 시끄러운 록 음악이 밤새도록 술집 앞에서 스피커를 통해 흘러나왔다. 케냐의 살인 수도에서는 어느 한 달 동안에 여덟 명까지 살인한 것으로 기록되어있다. 키암부 시의 경제는 아주 나빠 정부 관료들은 그 시에 배정되지 않도록 상관들에게 뇌물을 바쳤다.
 그리고 또한 신비의 먹장 구름이 이 시에 뒤덮였다. 그곳의 사람들은 누구나 특정한 한 장소에서 수많은 그리고 자주, 도저히 설명할 수 없는 자동차 사고들이 규칙적으로 발생하는 것을 알았다. 세 건 정도의 치명사들이 교통사고 결과로 전해지면 그들은 그것을 적은 것으로 여겨 그 달을 행운의 달로 생각하였다. 사건 희생자들의 시신들이 아무리 엉망이 되었을지라도 언제나 피흘림이 없었다는 사실은 모든 점에서 더욱 괴상한 일이었다. 때때로 어떤 사람들은 사고날 때 타이어 긁히는 소리와 쇠가 닿는 소리가 났다고 전했지만 그들이 그 장소에 달려나가 보았을 때는 전혀 자동차들을 볼 수 없었다고 한다!
 토마스 무디 목사는 한 번도 키암부를 방문한 적이 없었지만 그는 그 도시를 잘 알고 있었고, 그 시를 좋아하지도 않았을 뿐더러, 하물며 그곳을 자기 본향으로 삼을 후보지들 가운데 둔다는 것은 상상조차 하기 어려운 일이었다. 게다가 한 가지 사실을 더한다면 무디 목사는 오랫동안 그리스도교 사역을 해왔지만 그는 한 번도 새로운 교회를 개척하는 것은 생각해 보지 않았다는 점이다. 그는 자신이 전도자(부흥사) 은사를 받았고, 그 나라 곳곳을 여행하면서 그 은사를 성공적으로 활용하고 있었다고 생각하였다.
 설령 무디 목사가 한 교회를 개척하려 하였다 해도, 키암부는 전도자의 무덤으로 악명을 얻었기 때문에 가망성 있는 장소로 꼽을 그의 최후 물망 선택안으로서는 뒤로 밀렸을 것이다. 목사들마다 그곳에 한 교회를 개척하려 시도했다가 곧 패배하고 낙심하여 떠나갔다. 케냐의 다른 지역들에서 생동적으로 성장하고 있던 오순절 또는 카리스마 유형의 교회들은 키암부에서는 성장할 수 없는 것 같았다. 놀라도록 헌신된 하나님의 사람이 목양한 가장 큰 교회라고 해야 15년 간의 신실한 사역을 통해서 60명 이내로 성장하는 데 불과했다. 15년 된 또 다른 교회는 40명의 교인을 갖고 있었고, 또 다른 교회는 30명만 갖고 있었다.

여섯 달간의 기도와 금식

임무는 분명하였지만 그 임무를 어떻게 실행할 것인가? 만일 토마스 무디가 풀러신학대학원에서 나의 교회 개척 과목을 들었다면, 그는 지역 사회 조사, 특성 연구, 시민 의견 조사, 가격비용 연구 등을 실시하였을 것이다. 이러한 조사들 중의 어느 것도 나쁜 것은 없으며, 나는 나의 학도들에게 지성있는 교회 개척자들의 가장 좋은 모델을 계속해서 천거한다. 그러나 하나님은 토마스 무디에게 소수의 교회 개척자들만 사용했던 다른 전략을 주셨다. 하지만 이 경우에서 아마도 키암부 시가 복음으로 상당히 의미심장하게 침투될 수 있었던 것처럼, 그것은 영적 어두움으로 깊은 수렁에 빠진 일방통행적인 도시의 모습이었을 것이다.

이렇게 말한다고 해서, 나는 내가 토마스 무디의 방법이 시험 중인 교회 성장과 교회 개척 원리들에 대치해야 한다고 제안하는 듯한 인상을 남기기 원치 않는다. 오히려 나는 분명히 **어떤 색깔의 교회 개척자들이 토마스 무디가 행한 것을 주의해서 잘 살펴보고 그의 활동 배후에 있는 영적 원리들을 분별하기 원한다**는 인상을 남기기 원한다. 비록 그 교회 개척자들이 그의 방법을 모방하지 않기로 결정한다 하더라도 최소한 그 원리들은 사용할 것이라고 생각한다.

토마스 무디와 그의 아내를 향한 하나님의 계획은 그들이 여섯 달 동안 기도하고 금식함으로써 신실해지는 것이었다. 토마스 무디는 그 기간 동안에 자기 집에서 겨우 10마일밖에 안 떨어진 키암부를 방문하지 않았다. 그들은 여섯 달 동안 다양한 금식을 실천하였는데 한끼나 두끼만 금식하고, 때로는 며칠간 금식하고, 때로는 쥬스나 물만 먹을 뿐 아니라, 때로는 음식이나 음료수를 먹지 않는 절대적인 금식을 하는 때도 있었다.

나는 토마스 무디가 주님께 향한 이 기다림의 시절에 대해 묘사하는 것을 개인적으로 들었다. 그는 이 주님의 기다림을 적극적인 영적 전투로 생각했다. 그는 이렇게 말했다. "우리가 키암부 전투에서 이기려면 공중에서 그 전투를 이겨야 한다. 지상 군대(육군)들은 보이지 않는 세계에서 먼저 승리하지 않고서는 원수의 영토를 침범하지 말아야 한다. 나는 키암부 시 전체를 덮고 있는 어두움의 영적 세력들이 그들의 장악력을 잃기까지 키암부 시에 발걸음을 내딛기를 원치 않는다."

토마스 무디는 사단의 궤계들을 이상하게 여기지 않는다. 그는 노련한 중보 기도자였고, 그는 자신의 전도(부흥) 사역과 다양한 차원들에 있는 영적 대결들에서 원수를 대면하였다. 그는 마귀가 가족들뿐만 아니라 마을들, 도시들, 국가들 전체에 대한 특정한 귀신들을 배치하고 있음을 터득하였다. 그는 이렇게 말하였다. "오랜 시간에 걸친 기도와 금식이 끝나고 나는 키암부를 정치적으로, 사회적으로, 경제적으로, 그리고 영적으로 압제하고 있었던 존재를 정확히 알기 원하였다."

토마스 무디가 그 당시 몰두하고 있던 의문에 대해 우리 대다수가 사용하고 있는 용어는 "영적 매핑"(영적 지역 조사로 진단, 분석, 처방)이다. 영적 매핑의 주 목적은 가능한 한 정확하게 우리 기도들을 조준하는 것이다. 이것은 아주 중요하기 때문에 나는 이 주제에 대해 한 장을 할애하였다(제 4장). 그러므로 나는 여기에서는 토마스 무디 자신이 기도할 때 그 도시를 다스리는 주 정사의 정확한 정체에 대해 점점 더 추궁해 가고 있음을 발견했다는 것을 제외하고는 더 상세하게 말하지 않겠다. 내가 앞으로도 종종 말하겠지만, 키암부와 같은 도시를 위해 효과적으로 기도하기 위해서 주 귀신의 이름을 아는 것은 **필요하지 않지만**, 하나님께서 그 이름을 밝히기를 작정하신다면 그것은 **유익**이다. 이 경우에서 토마스 무디는 그 이름에 대해 구체적으로 물어야 한다고 생각하였다.

한 시를 다스리는 권력 : 마술사(점쟁이)

하나님께서는 이 시간 비전을 통해 응답하셨다. 토마스 무디는 그 비전에서 키암부 시를 다스리는 정사를 분명히 보았고, 그 이름은 "마술사(점쟁이)"였다. 또 그는 마술사와 그의 휘하에 있는 다른 많은 귀신들도 보았다. 그 시점 이후로 토마스 무디와 그의 아내의 기도는 훨씬 더 구체적으로 조준되었고, 이들은 그것이 한 세대 동안 키암부 시를 다스리며 수월하게 권력을 향유했던 보이지 않는 어두움의 세계에 상당한 손상을 가하고 있음을 느꼈다.

이 부부가 응답받은 이름은 **기능적인 이름**이었는데, 마술사(점쟁이) 귀신이었다. 그들 귀신은 성경에서 "좀나무" "아마돈" "바알세불" 등으로 불리면서 어느 면에서는 **유사하고 고유한 이름**을 갖고 있었지만, 이 경우에 토마스 무디는 그 귀신이 어떠한 존재인지를 분명히 알 필요가 없었다. 만일 토마스 무디가 그 이름을 알 필요가 있었다면 하나님께서 그에게 그 이름을 분명하게 알려주셨을 것이다. 동시에 토마스 무디는 그 비전이 너무나 분명해서 활동하면서 그것에 의해서 도시에서 일어나는 상당수 일에 영향을 미치도록 조종하는 영에게 "마술사"라는 적절한 이름을 붙여주었다.

토마스 무디가 여섯 달 동안의 기도와 금식을 마쳤을 때, 그 부부의 마음과 생각에는 평화가 있었다. 그는 복음으로 키암부 시에 접근해 나가는 사역의 중요한 단계가 완성되었음을 느꼈다. 그는 성령 안에서 키암부 시를 지배하는 영적 분위기는 능력있는 기도를 통해서 충분히 배어 있음과 그 시를 지배하는 어두움의 세력들이 그 시에서 진을 잃어가고 있는 것을 보았다. 이제는 군대(육군)들이 원수의 영토에 쳐들어갈 시간이 되었다.

침투 : 두 사람의 지상군으로!

지상 군대는 단 두 사람으로 구성되어 있었는데 토마스 무디와 그의 아내였다. 그렇지만 이들이 그곳에 들어갔을 때 그들은 처음 그리스도교 사역자들이 복음을 전파하기 위해서 키암부 시청을 사용하도록 허용받았을 정도로 아주 잘 준비된 길을 발견하였다.

이들의 전략은 대중적인 전도 집회들을 통하여 사람들을 구령하는 것이었으므로, 부흥사로서 긴 경력을 이끌어온 토마스 무디 목사는 1989년 1월 집회들을 시작하였다. 그가 처음으로 행한 일들 중의 하나는 지역 자동차 정비 공장에서 중고 타이어 몇 개를 빌어오는 것이었다. 왜냐하면 토마스 무디는 아주 키가 작았기 때문이다. 그는 그 중고 타이어들을 쌓아놓고 강단을 만들어 말씀을 전파하였고, 그 첫날 밤 여덟 사람이 구원받은 것을 보았다.

전도 수확은 계속되었고, 새 교회는 1년 이상 시청에서 모였다.

그러나 토마스 무디는 점점 더 불만족하게 되었다. 왜냐하면 그 교인들은 그곳에서 충분히 기도하지 않았기 때문이다. 그들은 일요일과 수요일 밤에만 그 건물을 사용하였다. 토마스 무디의 비전은 그 교회의 시설이 매일 하루 24시간 동안 기도하는 데 사용되어야 하는 것이었다. 그는 나도 들은 바가 있는 말, 즉 많은 중보 기도자들에게서 "기도로 얻어지는 것은 기도로 유지되어야 한다!"라는 말을 잘 알고 있었다. 그는 그 새 교회가 계속 성장하고, 궁극적으로 키암부 온 시에 영향을 끼치기 위해서라도 기도는 그의 목회 철학 중에 가장 앞서는 요소가 되어야 한다고 확신하게 되었다.

> 기도로 얻어지는 것은 기도로 유지되어야 한다!

곧 이들은 시청에서 이사 나와 다른 건물의 지하로 들어갈 수 있었다. 그 건물은 꽤 어둡고 침침하였지만 그곳에 입주한 그날부터 24시간 동안 기도는 한 번도 멈추어지지 않았다! 사람들은 지하로 이사 들어가는 것을 굴에 들어가는 것처럼 느꼈기 때문에 자연적으로 그곳을 "기도 동굴"이라고 말하기 시작했는데, 이것이 그곳에 붙여진 별명이었다. 예상했던 대로 이 교회는 더 공식적인 이름(믿음의 말씀 교회)을 갖게 되지만, 키암부 "기도 동굴"로 더 널리 알려지게 되었다. 그들이 더 이상 지하에서 모이지 않았을지라도 말이다.

영적 반격

내가 말하고 있는 이 사례 연구의 과정에서 "기도 동굴"의 처음 몇 년이 쉬운 일만 있었던 것은 아니다. 즉 문제가 없었고 골치 아픈 것이 없었고 후회가 없었던 것처럼 생각될 지도 모른다. 그러나 그와는 정반대로 그곳에서의 영적 반격은 맹렬하였다.

토마스 무디는 곧 그 시를 다스리는 정사, 곧 마술사가 "몸마 제인"(Momma Jane)이라 불리는 악명 높은 점쟁이로 널리 활동하고 한 인간임을 발견하였다. '몸마 제인'은 "임마누엘 클리닉"이라는 왜곡적으로 이름을 붙인 곳에서 마술과 점술을 행하였다. 그 제인이라는 여자는 많은 사람들에게 그 시에서 가장 영향력 있는 사람으로 생각되었고, 정치가들과 사업가들도 자주 "임마누엘 클리닉"을 방문하여 점을 치며 '몸마 제인'의 축복을 받았다.

한 가지 더한 것은 "임마누엘 클리닉"이 대중 시장 근처에 놓여 있었는데, 그곳은 바로 신비스런 치사 교통사고들이 다달이 일어나고 있었던 그 시의 바로 그 지역이었다!

어느 토요일 밤 '몸마 제인'은 무디의 교회에 가서 마술을 행하였고, 점술과 악담의 예언을 퍼부었다. 그녀는 시 관료들에게 자신이 이전에 사용했던 점으로 더 이상 그들을 도울 수 없게 되었다는 것을 알렸다. 왜냐하면 그녀는 이 새로운 교회를 "커뮤니케이션의 절단선"인 것으로 여겼기 때문이다. 그 결과 시 당국자들뿐만 아니라 다른 교회들의 목사들까지도 기도 동굴의 사역을 공격해 왔다. 그것은 장난이 아니었다.

토마스 무디와 교인들은 하루 24시간 기도하면서 교회에 대항하는 귀신들의 공격들을 반격하였다. 어떤 그리스도인 지도자들은 그리스도인이면 무조건 사단의 공격에서 면제된다고 생각하는 것 같았다. 이들은 마귀를 하찮게 여겨 "이빨 빠진 사자"라고 부르고 있었다. 이러한 부정적 태도는 사단의 손아귀에서 놀아나게 될 뿐이고, 사람을 죽이고, 훔치고, 멸망시키는 그의 계획을 계속 자유롭게 행사하게 하는 것이다. "기도 동굴"의 교인들에게는 그러한 것이 먹혀들지 않았다. 이들은 몸마 제인의 반격이 실제적이고 능력있으며 그리스도교 운동에 상당한 손해를 가하고 있음을 잘 알았다. 그리하여 그리스도인들은 날마다 하나님께 더 큰 능력을 달라고 부르짖었다.

'몸마 제인'의 점술(굿)은 아주 영향이 컸는가!

하나님께서는 토마스 무디와 그의 교인들을 절망의 처소로 인도함으로 응답하셨다. 악한 자의 세력은 교인들이 거의 기도할 수 없을 정도로 그 교회를 공격하였다. 교회가 열악한 상황에 처해있던 어느 날, 교인들이 예배 찬송을 시작하였으나, 그들은 어떠한 이유로 그 찬송을 그칠 수밖에 없었다. 무엇인가 일이 벌어지고 있었다! 밖으로 나간 이들은 몸마 제인이 뒤에 남겨둔 아직도 생생한 제사와 굿의식 장소들의 찌꺼기들을 발견하였다.

토마스 무디는 그날 이후 주님 앞에 나아가 신음하며 부르짖었다. 이 사역은 실패하고 있는 것인가? 키암부 시는 진정 목사들의 무덤인가? 이 영적 비석은 또 다른 사람들에게 더해지고 있는가? 이런 시간을 통해서 토마스 무디는 몸마 제인에게 위탁된 귀신 세력들이 모든 목사들을 키암부 시에서 내몰은 장본인 세력이었음을 철저하게 깨달았다.

그는 이렇게 기도하였다. "하나님이시여, 저를 2등으로 가게하지 마소서. 저에게 전진하는 길만 보여 주소서." 하나님은 조용하고 자그마한 음성으로 다음과 같이 제시하심으로 이 기도에 응답하셨다. "내 아들아, 나는 네가 그 일에서 중보 기도자들을 얻기 원한다."

다행히도 토마스 무디는 하나님께서 의도하시는 것을 이해하였다. 그는 자신이 많은 기도 회중을 가지고 있기는 하지만 인정받고 명성이 있고, 권세가 있으며 악의 세력에서 해방시킬 수 있는 중보 기도자들을 갖고 있지 않았음을 깨달았다. 모든 그리스도인들은 마치 자기들만이 예수님의 증인이며 하나님께 선택받은 소수의 복음 전도자들인 것처럼 느낀다. 그래서 모든 그리스도인들이 기도하는 자들이 될 수 있음에도, 소수만이 중보 기도자들로 선택받는다고 생각한다. 이것은 내가 나중에 제 7장에서 말하고자 하는 총 연쇄 기도 사역의 가장 중요한 요소들 중의 또 다른 요소이다.

토마스 무디는 실수하거나 시간을 끌기 원치 않았기 때문에 바로 그 시점에 이르러 "주여, 나는 총 연쇄 기도 사역을 할 준비가 되어있습니다. 당신이 선택한 중보 기도자들은 누구입니까?"라고 주께 여쭈었다. 아주 분명하게 하나님께서는 그에게 즉각 응답하사, 5명의 중보 기도자들이 그 즉시로 선택되었음을 말씀하셨다. 또 하나님은 토마스 무디에게 저들의 이름들을 일일이 알려주셨다!

일 주일에 한 번 다섯 사람이 함께 금식하며 기도하게 하는 것이 한 가지 접근법으로 제안되었다. 하지만 훨씬 더 혁신적인 전략이 요청되는 것 같았다. 그래서 무디 목사는 각 중보 기도자에게 온 종일 금식하며 기도하는 임무를 배당한 후, 다음 날 또 그 다음 날을 연달아서 그렇게 하였다. 중보 기도자들이 행한 방법은 항상 '금식하며 기도' 하는 것이었다.

중보 기도자들은 무장한 자들을 필요로 한다

초기 결과들은 긍정적인 것 같았다. 그러나 곧 중보 기도자들은 심각한 공격으로 고생을 당하기 시작하였다. 이들은 자신이 배정받은 금식하는 날에 몸이 아프거나 갑자기 무슨 일인가가 벌어져 그들이 능력있는 기도를 못하도록 방해받았다. 토마스 무디 목사는 주님께 마땅히 이루어져야 할 이 일의 비밀을 알려달라고 부탁하였고, 하나님께서는 그에게 성경의 요나단 이야기를 하셨다. 요나단은 사울 왕과 달리 자기편에 있는 무장 군인들을 대동하고 전쟁에 나갔다. 이것은 시시한 세목 같아 보이지만, 하나님께서는 토마스 무디에게 금식하며 기도하도록 지정된 날에, 무장 군인들이 전쟁에 나가기 위해 준비하고 결심하는 것과 같은 자세로 금식하며 기도해야 할 필요가 있다고 말씀하신 것이다.

토마스 무디는 아홉 팀으로 성장한 그의 중보 기도자들을 소집하여, 그들에게 특정한 날에 금식을 지정받은 각 사람은 두 명의 무장자들로 감당되어야 한다고 말하였다. 그 중 한 사람은 그날 이전에 금식하고 기도한 사람이어야 하고, 또 한 사람은 그 다음 날 금식하고 기도하도록 계획되어 있는 사람이어야 했다. 이 두 사람은 자신들이 책임지고 있는 한 사람 주위에서 기도 방어벽을 형성하였다. 이들은 그 일을 행했고 그 일은 역사하였다!

영적인 괴롭힘은 갑자기 중단되었다. 중보 기도자들로 무장하는 이 무장 계획은 그 이후로 항구적인 자리를 잡았고, 내가 이 글을 쓸 당시 중보 기도팀은 아주 헌신된 400명으로 성장하였다. 매일 단 한 명의 중보 금식 기도자 대신에 이들은 이제 열 다섯 명 내지 스무 명 단위로 나뉘어 있는데, 이것은 매일 15명 내지 20명이 기도하면서 각자는 두 명의 다른 중보 기도자들에 의해 기도를 받는 기도 방패 형태로 짜여져 있음을 뜻한다.

토마스 무디의 의견에 따르면, **기도 동굴의 기도 사역에 진심어린**

중보 기도자들을 더하는 것은 키암부를 위한 영적 전투에 있어서 결정적인 전환점이었다. 이전 몸마 제인의 손님들은 이제 그리스도인들이 되었고, 그녀가 그들에게 판 부적과 점괘들은 공개적으로 불태워졌다. 이제 상황은 반전되어 무디가 공개적인 최후 통첩을 발부하는 식으로 바뀌었다. "몸마 제인은 구원을 받아 주를 섬기든지 마을을 떠나든지 해야 한다! 두 가지를 선택하는 것은 더 이상 있을 수 없다!" 토마스 무디는 평범한 표현으로 몸마 제인에게 능력 대결의 도전장을 던졌는데 이것은 엘리야가 바알의 제사장들에게 그랬던 것만큼 강한 것이었다.

능력 대결

이제 능력 대결이라는 말은 몸마 제인이 과거에 능력을 사용했던 대상자들, 그러나 이제는 그 능력을 받지 못하는 시 관료들 주위에 퍼져 있었다. 과거에 몸마 제인을 찾던 자들이 공개적으로 부적들을 불태우고 점괘들을 책망함으로써 그녀를 당황하게 했다. 어떤 사람은 몸마 제인의 "임마누엘 클리닉"이 중대한 교통사고들이 일어나고 있던 그 지역 바로 옆에 있었던 것은 우연의 일치가 아님을 지적하기 시작하였다. 세 명의 소년들이 괴상한 사건들 중의 한 사건에서 죽임을 당하였을 때 그 모든 상황은 절정에 이르렀다. 그 시의 사람들은 성났다. 이들은 몸마 제인의 검은 마술이 그 사건들을 야기시키고 있다고 의심하였다. 이들은 그녀에게 돌을 던지기 원하였다! 출동한 경찰들이 몸마 제인의 집을 조사하러 들어갔다.

이들은 그 집의 한 방에서 이제까지 한 번도 본 적이 없는 엄청나게 큰 비돈(뱀) 귀신을 발견했다. 이들은 즉각 그 뱀을 총으로 쏴

죽였다. 이 자연스러운 행동으로 인하여 영적 전투는 끝나게 되었다. 몸마 제인은 혐의를 받고 경찰에 잡혀갔다가 나중에 풀려났다. 그녀는 신속하고도 지혜롭게 영영히 그 마을을 떠나기로 선택하였다. 키암부는 전도사의 무덤 대신에 마술사(점쟁이)의 무덤으로 변화되는 기적을 체험하였다!

여기서 뱀(비돈 귀신)의 의미를 놓치지 말자. 그것은 **보이지 않는 세계**에서 일어나고 있는 것을 반영한 **보이는 세계**에서의 사건이었다. 토마스 무디는 키암부에 도착하기 전에 하나님으로부터 마술사가 그 시를 다스리는 정사이고 그것은 많은 하부 귀신들에 의해 후원을 받고 있다고 정보를 받았다. 마술사의 인간적인 도구는 마술사 몸마 제인이었는데, 그녀는 "임마누엘 클리닉"이라는 부정한 굴로 사람들을 불러들임으로써 하나님을 모독하였다. 또 그녀는 키암부에서 가장 영향력 있는 여인이었었다.

사도 바울이 빌립보에 도착하였을 때 이와 비슷한 상황을 만났다. 빌립보에서 영적으로 가장 영향력 있는 여인은 점 귀신(마술사)에 사로잡힌 여종이었다(행 16:16). 상세한 세부적인 것들은 다르지만, 바울은 시간이 지난 후에 능력 대결을 조장하였고 그 귀신에게 이렇게 명하였다. "예수 그리스도 이름으로 내가 네게 명하노니 그에게서 나오라"(행 16:18). 여종은 즉각 그녀의 마술 능력들을 상실하였고 많은 기적들이 일어났으며, 빌립보에 든든한 교회가 개척되었다.

뱀은 어떤가? 영어 성경 대부분은 "점하는 귀신" "투시 귀신"이란 말을 사용하는데, 이 이름은 빌립보를 지배하는 **기능적 이름**이다. 그러나 성경학자들은 헬라어의 더 문자적인 번역으로는 그 귀신을 **고유한** 이름(고유 명사)이라고 해야 한다고 말한다.

예를 들어 사이먼 키스테메이커는 그 헬라어를 가장 잘 번역한 것은 "한 귀신, 즉 비돈"[1]이라고 말한다.

여기에, 보이는 세계의 뱀과 보이지 않는 세계의 마술(점) 귀신들 간의 관계를 나타내는 증거가 있다. 귀신적인 것에 영광을 돌리도록 고안된 예술에서 뱀들은 흔히 마술(점)을 상징하는 데 사용된다. 그런 까닭에 큰 비돈(뱀)이 몸마 제인의 집에서 발견된 것은 영적 전투와 영적 매핑(진단 분석 처방)에 정통한 자들에게는 놀라운 것이 아니며 그 뱀을 죽이는 것은 키암부에서 그녀의 악한 세력에 최종적인 공격을 가하는 것이었다.

능력있는 기도는 한 시를 변화시킬 수 있다

내가 이 장에서 설명하려는 요점은 능력있는 기도는 역사한다는 것이다. 우리의 '기도 동굴 사례' 연구는 납득이 가는 모본이다. 몸마 제인의 영적 패배는 충분히 납득이 가지만 그것으로 다 이해된 것은 아니다. 기도 동굴의 기도 사역은 총체인 키암부 시에 어떤 영향을 미쳤을까?

몸마 제인이 키암부 시를 떠났을 때, 일들은 신속하고도 극적으로 변화되기 시작했다. 그 시의 불신자들도 그 지역 사회에서의 능력 대결과 그에 따른 변화들 간의 인과관계를 인식하게 되었다.

키암부 시는 경제적으로 이제 번성하고 있다. 소문에 의하면 전국 관료들은 키암부에 배치받지 않도록 반드시 뇌물을 바치는 대신에, 이제는 키암부에 배치해 달라고 뇌물을 준다고 한다.

전국 매체에서 그 시와 연관된 범죄와 폭력은 이제 실제적으로 사라지고 있다. 경찰국장은 최근 무디 목사를 방문하여, 키암부 시에 무디 목사가 역사시킨 것을 인정하여 무디 목사에게 언제 어디서 복음을 전파해도 좋다는 허락을 해주었다. 그는 큰 소리나는 대형 스피커들의 볼륨을 높일 수 있으며 별도로 집회를 위한 허락을 받을 필요가 없었다. 그 시의 가장 악명 높은 범죄자들 중의 몇 명이 구원 받고, 기도 동굴의 교인이 되었다. 가장 악명 높은 마약 판매자였던 한 사람은 자신의 이전 행동을 책망하였고 그 교회 성경학교에 등록하였다. 그는 지금 예배팀에서 베이스 기타를 치고 있으며 자신의 남은 여생을 병원에서 환자들에게 복음을 전하는 데 사용하고 있다.

　키암부 시의 알콜 중독은 현저하게 줄어들었다. 중보 기도자들은 술집 주위에서 기도 걷기들을 행하였고 큰 음악 소리는 이제 옛일이 되었다. 가장 큰 음악 소리를 내던 유명한 디스코장 중의 하나가 이제는 교회가 되었다! 이 시 근처에 있는 작은 계곡은 금은 시장에서 토속술을 만들어 파는 밀주업자 소굴로 악명 높았다. 중보 기도자들은 그곳을 기도 걷기의 목표로 삼았다. 이제 밀주업은 문을 닫았고, 기도 동굴은 그 땅을 구입하여 새 성전을 지었다.

> 케냐 키암부 시에서 이 놀라운 변화들의 주 요인은
> 능력있는 기도였음을 잊지 말라.

　괴상한 자동차 사고들은 어떤가? 당신도 예측했겠지만 그러한 어떤 사건들도 상징적인 비돈(뱀)이 파괴되고, 마술사(점쟁이) 몸마 제인이 패배당한 그날 이후로는 일어나지 않았다.

　마지막으로 하나님의 나라가 키암부에 임하고 있다. 그리스도교 목사들 가운데서도 더 이상 적의가 나타나지 않는다. 회개와 화해가 있을 뿐이다. 모든 교파들에 속한 교회들은 시 곳곳에서 빠르게 성장하고 있고, 케냐의 다른 곳에 있는 교회들도 마찬가지이다. 목사들은 정기적으로 모여서 함께 먹고 함께 기도한다.

내가 이 글을 쓰고 있는 지금, 그들은 키암부가 지금까지 알려진 이래 최초로 합동 봄 도시 전도 대회를 계획하고 있다. 케냐 키암부 시에서 이 놀라운 변화들의 주 요인은 **능력있는 기도**임을 잊지 말라.

아르헨티나에서의 능력 기도

아르헨티나에서 있었던 능력있는 기도의 두 가지 사례를 비교하면, 몸마 제인의 사건은 쉬운 일에 불과했다는 것을 알게 될 것이다. 나의 아내 도리스와 나는 『아무도 멸망하지 않도록』(*That None Should Perish*, Regal Books)의 저자인 에드 실보소와 수년간 아르헨티나에서 사역하고 있었다. 첫 번 목회 임기는 북 아르헨티나 레시스텐시아 시에서 있었다. 레시스텐시아를 지배하고 있던 영토 귀신들 중의 하나는 죽음의 귀신인 '쌍 라 무에르떼'였다. 많은 사람들이 이 귀신을 섬겼는데 이 귀신은 이들에게 "좋은 죽음"을 약속하였기 때문이다.

그러한 이 약속을 거머쥔 사람들의 마음에 나타나야 했던 절망과 무망함을 생각해 보라! 그 시 근처의 열세 곳 신당들에서 죽음이 숭배되었다. 많은 사람들은 그 형상 중에 하나인 인간의 뼈로 조각한 형상을 받아서, 그 조각한 뼈를 자신들의 살갗 아래에 이식 수술함으로, 어느 곳에 가든지 좋은 죽음을 확신하였던 것이다! 나의 아내 도리스 왜그너, 신디 제이콥스, 아르헨티나 목사 에두아르도 로렌조, 기타 사람들이 중보 기도에 대해 강의한 후에 레시스텐시아에 엄청나게 뜨거운 기도가 시작되었다.

전도 행사의 분위기가 절정에 이르렀을 때, 레시스텐시아를 지나던 괴상한 뉴스 내용을 보게 되었다. 그들이 도착하기 전 주에 쌍 라 무에르떼의 사이비 종교 여 대사제는 자신의 침대에서 담배를 피우고 있었다. 그녀가 잠들어 버린 후, 그녀의 침대에 불이 났고, 단 세 가지 물건이 화염에 전소되었다. 그것은 그녀의 메트레스, 그녀 자신, 그녀의 쌍 라 무에르떼 신상이었다. 그런데 이 세 가지 물건은 다른 방에 있었다! 그 집안에 있는 어떤 것도 타지 않았다. 다른 사람들에게 좋은 죽음을 약속한 자는 무서운 죽음을 당하였다!

말할 필요도 없이, 레시스텐시아에서 수확은 엄청났다. 짧은 기간에 신자들의 수는 102% 증가하였다! 죽음의 귀신은 능력있는 기도로 패배당하였고, 하나님의 나라는 레시스텐시아 곳곳에 이뤄졌다.

마르 델 플라타에서의 마술사(점쟁이) 대결

아르헨티나에서 또 다른 한 사건이 마르 델 플라타라는 휴향 도시에서 일어났다. 세심한 기획과 공들인 영적 매핑(진단, 분석, 처방) 후에 도리스 왜그너, 신디 제이콥스, 에두아르도 로렌조와 기타의 사역자들은 그 시의 중앙 광장에서 지역 목사들과 중보 기도자들이 팀을 이루어 기도하라는 인도를 받았다. 이때는 기도와 영적 전투 세미나를 실시한 후에 서너 시간 기도하는 동안 이들은 하나님께서 그곳의 영적 진지들을 허물어 달라고 간청하였다. 이들은 큰 소리로 기도하되, 특별히 그 도시를 지배하고 있는 주 정사인 것으로 판별된 마술사 귀신(점쟁이 영)을 대항하면서 기도하고 있었다. 그러던 중 정확히 오후 4시에 한참동안 성당 안의 종들이 소리를 내는 것을 알아차렸다.

그 종소리의 참 의미는 세미나에 참석하였으나 광장으로 가기보다는 집에서 기도하라는 인도를 받은 한 목사로부터 그들이 소식을 듣게 된 다음 날까지 그들에게 전달되지 않았다. 이 목사의 집은 마르 델 플라타의 '마쿰바' 점쟁이 집 바로 건너편에 있었다. '마쿰바' 점쟁이는 그 시의 그리스도교 목사들이 영적인 공격들을 시작할 때 다른 점쟁이들을 결합시키는 데 뛰어난 자였다. 그 목사는 오후 4시 직후에 그 점쟁이의 집으로 달려오는 앰블런스(구급차)를 보았다. 구급대원들이 그녀를 운반하고 있었는데 그녀는 이미 죽어있었다. 그녀는 좋은 건강을 유지하고 있었으나, 증인들은 그녀가 분명한 원인도 모른 채 오후 4시에 죽었다고 말했다!

신디 제이콥스는 그 사건에 대해 다음과 같이 논평한다.

> 우리는 이 소문을 들었을 때 아주 놀랐다. 우리는 그 여자가 죽었다는 사실에 행복하기 보다는 하나님께서 점쟁이들에게 그들을 반대하시는 분명한 심판 메시지를 보내고 있음을 예리하게 깨닫고 있었다![2]

기도는 왜 뭔가 변화시키는가?

마르 델 플라타의 경우에서 점쟁이를 반대하는 하나님의 태도는 그 광장에서의 기도 활동으로 변경되지 않았다. 그러나 그것이 기도 때문에 일어나지 않았다면 마르 델 플라타의 점쟁이는 최소한 나의 가장 훌륭한 기도 신학 이해에 따르면 평소와 같이 사업을 벌이고 있었을 것이다. **광장의 기도는 조준되었고, 공격적이었으며, 성령으로 능력을 힘 입었고, 의도적이었다.** 광장의 기도는 엘리야의 기도 유형이었다. 케냐 키암부와 레시스텐시아에서 기도에 관해 말한 것과 정확히 일치하는 동일한 것이 일어났다. 각 경우에서 **기도는 하나님의 손길을 움직이게 하여 보이는 세계에서 그분의 능력을 보여주었다.** 기도는 하나님의 **태도**를 바꾸지 않았지만, 그분의 행동들에 영향을 끼쳤다.

인간의 기도 행동은 어떻게 하나님의 주권과 연관되는가? 이것은 일반적인 기도와 **효과적, 열성적** 기도 간의 차이를 이해하는 데 있어서 중요한 문제이다.

내가 몇 년 전 나의 기도 연구와 이해에 깊이 감동 받고 있을 때, 나에게 가장 도움을 주었던 말은 잭 헤이포드의 『기도는 불가능한 것을 침투하고 있다』라는 책의 한 문장이었다. 즉 "우리가 하기 원치 않으면 그분도 원치 않을 것이다." 잭 헤이포드는 "우리가 하지 않으면 그분도 할 수 없다"라고 말하지 않았다. 그것은 아주 안좋은 신학이었다. 하나님은 주권적이시고 그가 행하기 원하는 것은 다 행하실 수 있다. 그러나 주권적인 하나님은 그분의 많은 행동이 그 백성의 기도를 조건부로 하고 있는 방식에서 그의 피조물에 명하기로 정하셨다. 하나님께서 계획 A(㉮안)를 실행하기 원하시면 신자들이 기도하는 것을 조건부로 실행할 것이다. 신자들이 기도하지 않으면 하나님께서는 계획 B(㉯안)를 갖고 계신다. 계획 A는 분명 계획 B보다 모든 사람이 더 관심 갖기에 좋은 것이다. 하나님의 계획에 따라 선택은 우리의 것이다. 우리가 기도하기로 결정하고 능력있게 기도한다면 더 많은 복이 임할 것이고, 하나님 나라는 여기 이 땅에서 더 영광스러운 방식으로 나타나게 될 것이다.

2장
쌍방 통행 기도:
하나님의 음성을 들으라

코리 텐 봄의 이름은 많은 그리스도인들에게 가족적인 언어가 되었는데, 왜냐하면 그녀는 폴란드의 나찌 감옥 수용소에 있는 동안 모본적인 믿음 생활을 보였기 때문이다. 그녀의 이야기는 간단한 것들이지만 동시에 내가 "쌍방 통행 기도"라고 부르는 것들의 심오한 예증을 하고 있다.

코리 텐 봄 여사가 나찌 수용소에 수감되어 있을 때의 일이다. 어느 날 그녀는 심한 감기에 들렸으나 손수건을 갖고 있지 않았기 때문에 무척 괴로워하였다. 그녀는 그녀와 함께 수용소에 갇혀 있던 언니 베치에게 자신은 무엇보다도 손수건이 필요하다고 말하면서 자신이 무엇을 해야 하느냐고 물었다

베치는 "너는 기도할 수 있어"라고 대답하였다. 베치는 보호자

와 같은 온화한 미소를 보이며 코리 텐 봄의 간절한 소망의 문제를 가지고 그것이 마치 자신의 일인 것처럼 하나님께 기도드렸다. "아버지, 코리 텐 봄이 감기에 걸렸고 손수건이 없습니다. 당신께서 그녀에게 손수건을 주십시오. 예수님 이름으로 기도합니다. 아멘"

이 기도가 있은 직후, 코리 텐 봄은 그녀의 이름을 부르는 소리를 들었다. 창가에 감옥 병원에서 일하는 친구가 서 있었다. 그녀는 코리 텐 봄에게 자그마한 보따리를 건네주었는데 코리 텐 봄이 그것을 열어 보니 놀랍게도 그 안에는 손수건이 들어 있었다. "너는 어떻게 이 손수건을 가져왔니?"라고 코리 텐 봄은 그녀의 친구에게 물었다. "내가 감기에 걸린 것을 어떻게 알았지?" 그러자 그녀의 친구는 "나는 아무 생각도 없었어"라고 대답하였다. "그러나 내가 병원에서 손수건들을 개고 있는 동안 내 마음에 '코리 텐 봄에게 손수건 한 장을 갖다 주어라' 라는 음성이 들려왔어. 그리고 나는 이것을 가져온거야."

코리 텐 봄은 다음과 같이 말했다. "이것은 참으로 놀라운 기적이란다! 이 손수건이 의미하는 것을 이해할 수 있니? 이 손수건은 나에게, 하늘에는 이 작은 지구의 자녀들 중의 한 사람이 불가능한 작은 것, 즉 손수건을 구할 때 들으시는 사랑의 아버지가 계심을 알려 주었어. 그리고 그 하늘의 아버지는 다른 자녀들 중의 한 사람인 네게 코리 텐 봄에게 손수건을 갖다 주라고 말씀하신 거야."[1]

하나님께서 케냐의 키암부에서 토마스 무디에게, 앞으로 전진하는 유일한 길은 팀 중보 기도자들을 만드는 것임을 말씀하셨을 때 그의 가장 어렵고 힘들었던 처지를 생각해 보라! 그때 무디는 코리 텐 봄의 언니 베치와 같이 단순한 기도를 드렸다. "주님! 저는 그것을 할 준비가 되어 있습니다. 당신이 선택한 중보 기도자들은 누구 누구입니까?" 하나님은 토마스 무디에게 그를 위해 선정하신 다섯 명의 중보 기도자들의 **이름들**을 알려주셨다.

우리는 하나님의 음성을 들을 수 있나?

앞의 이야기들은 기도하는 삶의 일부로 하나님의 음성을 듣는 개개인들에 대한 두 가지 생생한 예화들이다. 나는 이 두 이야기들이 복잡하지 않기 때문에 선정하였다. 이들의 기도들은 지극히 직접적이었다. 한 가지 기도는 목사가 기도한 것이고, 또 한 가지 기도는 평신도가 기도한 것이었다. 한 가지 기도는 흑인이 한 기도였고, 또 한 가지 기도는 백인 여자가 드린 기도였다. 이들은 섬광 같은 것을 경험한다든지, 엑스타시(무아경) 느낌을 갖는다든지, 천사적인 나타남을 본다든지, 강한 바람 소리를 듣는다든지 하는 경험을 하지 않았다. 이 두 가지의 경우를 보면 사랑의 아버지는 그의 자녀들에게 작고 조용한 음성으로 말씀하셨다. 한 경우를 볼 때 하나님께서는 제 3자에게 말씀하셨다. 하나님께서 음성을 들려준 대상들은 들을 영적 귀가 열려 있었고 저들이 무엇을 듣든지 그들은 순종할 의지로 결합되어 있었다. 그 결과는 무엇이었는가? 엄청난 축복이었다!

더욱이 이 두 사건을 볼 때, 하나님의 음성은 아주 분명하고 구체적이어서 그 원천에 대한 의심의 여지가 없었다. 하나님의 음성은 때로는 약간 모호하고, 때로는 해석을 필요로 하는 비유들 가운데서 말씀하시며, 때로는 하나님께서 우리에게 부분적인 응답을 하시고 그 나머지 응답을 받기 전에 우리가 인내하기를 기대하신다. 그러나 예를 들면 손수건의 경우에서처럼 하나님께서는 구체적인 명령을 행하사 특별한 길로 즉각 실행되게 하셨다. 여기에서는 실수의 여지가 조금도 없는 것이다!

이것이 우리가 당연히 해야 하는 기도이다. 내가 앞에서 말한 것처럼 기도의 본질은 두 인격체 간의 인격적 관계, 즉 아버지와의 친밀이다. 하나님과 우리의 관계는 단지 닫힌 우정의 관계가 아니라 가족관계이다. 예를 들면 나는 나의 목사 테드 해거드를 사랑하고 그는 나를 사랑한다. 그는 때때로 그가 목회하는 새 생명 교회의 6,000명 교인들을 식구로 말한다. 그러나 이것은 문자 그대로 받아들여지는 것이 아니라 비유이다. 테드 해거드는 말 그대로 식구들을 갖고 있고, 그들의 주 모임 장소는 교회가 아니라 그의 가정이다. 나는 그 집에 한 번도 가본 적이 없고 어디에 그 집이 있는지도 알 지 못하기 때문에, 분명히 그 식구에 속하지는 않는다. 그러나 나는 테드 해거드 목사가 파자마 바람으로 있는 것을 본 적이 없다!

안방에서 하나님을 만나라

그러나 하나님은 자신이 우리의 아버지이심을 말씀하신다.

우리는 하나님께 말씀드릴 때 우리 집의 안방에 있는 것처럼 그 분에게 말씀드린다. 나는 지금 주님 곁에 계신 나의 아버지와 놀라운 관계를 가졌다. 나의 아버지는 지난 15년 동안 메사추세츠에서 사셨고 나는 캘리포니아에서 살았다. 나는 일요일이면 나의 아버지께 전화하는 습관이 있었다. 나는 아버지에게 전화할 때, 그저 말하고 대답하고, 또 말하고 대답하는 것만을 기대하지 않는다. 내가 몇 마디의 말을 하고나서 나의 아버지께서 말씀하시는 것에 귀를 기울이고, 그 다음에 다시 나의 이야기를 이어 나가기를 기대한다. 이것은 아버지와 자식의 가장 자연스러운 대화방식이다.

우리는 왜 하늘의 아버지를 다르게 기대하는가? 우리 기도의 삶은 너무나 자주 하늘이, 우리가 하나님께 전화를 걸고 음성 편지를 보내는 큰 전화 은행인 것처럼 존귀케되고 있다.

하나님께서는 "코리텐 봄에게 손수건을 갖다 주라"고 말씀하실 때 우리에게 귀를 기울이는 것과 들을 수 있는 것을 원하신다.

나는 일리노이 주 남부 메링턴의 윌로우 크릭 커뮤니티 교회의 목사 빌 하이벨스가 다음과 같이 말한 것을 좋아한다. "그대는 일방 통행 언어로 관계를 형성할 수 없습니다. 그대는 두 사람, 즉 말하는 자와 듣는 자 간의 잦고, 계속되고 친밀한 접촉을 필요로 합니다. … 하나님께서 성령을 통하여 말씀하시는 것에 귀를 기울이는 것은 정상적일 뿐만 아니라 필수적입니다."[2]

나는 이 사실에 대해서 전혀 몰랐음을 시인할 수밖에 없다. 내가 활동해 온 그리스도교 단체들은 쌍방 통행 기도를 강조하지 않았다. 나는 오랜 동안 토마스 무디나 코리텐 봄의 친구가 행한 것처럼 하나님의 음성을 들을 수 있는 처소에 있지 않았다. 내가 안수받은 목사요, 신학대학원 교수였고, 여러 기독교 서적의 저자였던 것도 중요하지 않았다. 내가 이 장에서 말하고 있는 것을 신학교의 어느 누구도 나에게 가르쳐 준 적이 없었다.

하나님의 음성을 듣고자 청취하는 것은 나에게는 긴 과정이었다. 왜냐하면 그런 청취는 나의 과거와 혁신적인 결별이었기 때문이다. 나의 친한 친구들과 믿을만한 동료 그룹들 가운데서 첫 번째로 하나님의 음성을 분명히 듣기 시작한 사람은, 내가 기억하기에는 존 윔버였다. 그는 내 자신의 생각들과 아버지께서 나에게 말씀하시고 있는 것 간을 구별하여 조금이라도 음성을 듣는 체험을 하기 시작하라고 나에게 권장하였다. 나는 이 생각을 염두해 두면서 내 길을 걷고 있는 동안 잭 헤이포드 목사가 말한 문구의 효과를 결코 잊지 못한다. 그때 나는 그가 도상 교회에 관해서 쓴 책 『당신의 집 위에 임하는 영광』이라는 책을 읽고 있었다. 잭 헤이포드는 캘리포니아 주 밴 나이스 시의 도상 교회 당회장이다.

그리고 나는 인용한다

헤이포드는 다음과 같이 말한다. "그리고 여전히 주님은 나에게 말씀하셨다는 것을 말할 때, 그것이 일반적인 계시나 개인적인 내적 인상들보다 훨씬 더 구체적인 어떤 것을 의미한다고 생각한다. 특별한 상황일 때, 나는 내 영이 주께서 나에게 직접 말씀하시는 것을 느끼며, 때로는 의도적으로 이 말씀들을 간직한다. 나는 '감동받았습니다' 나 '뭔가 느꼈습니다'를 말하려는 것이 아니다. 오히려 나는 내가 그것을 거의 기대하지 않을 때마다 주께서 나에게 **말씀**하셨다는 것을 말하려는 것이다. 이 말씀들이 너무나 분명하기 때문에 나는 실제적으로 '그리고 나는 인용합니다'라고 말할 수 있음을 느낀다."[3]

이 장을 읽는 대다수의 사람들이 이 시점에서, 우리는 쌍방 통행 기도를 실천하여 하나님의 음성에 귀를 기울일 수 있고, 또 기울여야 한다고 말하리라 생각한다.

사실상 이 문제는 은사주의자들과 전통 복음주의자들 사이에 계속해서 남아있는 주 장애물들 중의 하나가 될 수 있다고 생각한다. 우리가 병든 자를 위해서 기도하고, 귀신들을 내어 쫓고, 방언을 말하고, 교회에서 손을 들고 성령의 능력 하에 넘어지는 것과 같은 것에 연관된 관용 차원에 동의한 후에, 하나님의 직접적인 음성을 듣는 것은 여전히 어떤 사람들에게는 비타협적인 문제가 된다.

주요한 장애물?

잭 헤이포드는 최근 『영적 언어의 아름다움』이라는 책을 통해서 은사주의자들과 전통 복음주의자들 간의 장애물들을 없애는 데 도움을 주는 큰 작업을 하였다. 이 책은 전반적으로 방언으로 말하는 것에 초점을 둔다.

헤이포드는 이 책에서 자연스럽게 문제를 제기하고 고전적인 오순절 교도들과 다른 사람들의 심정을 존중하되, 방언을 말하는 것이 성령 세례받는 것의 초기 '신체 증거로 간주되느냐? 그렇지 않느냐?'를 논한다. 그의 결론은 자신의 성경 이해에 기초를 두면서 방언으로 말하는 것이 초기 신체 증거라고 제안한 자들은 "무의식적이지만 그럼에도 불구하고 제한적인 장애물을 세웠다"는 것이다.[4]

헤이포드는 비 은사주의 복음주의자들이 오랫동안 주장해온 것처럼 방언을 말하는 것 이외의 증거들은 신자가 성령으로 충만함 받음을 검증할 수 있는 것이라 믿는다.

헤이포드가 그의 책을 출간한 직후에, 척 스윈돌은 오순절 또는 은사 운동 신학과 실천에 관해 큰 관심을 둔 것으로 널리 알려진 기관인 댈러스신학대학원으로부터 총장이 되어 달라는 초빙을 받았다. 〈크리스천티니티 투데이〉지는 척 스윈돌과 실질적인 문제들에 대해서 인터뷰를 하였는데, 인터뷰 진행자는 스윈돌이 일단 총장이 되면 실행할 가능성있는 변화들의 영역에 대해서 집중적으로 물었다. 스윈돌은 인터뷰 진행자가 물어올 때까지 외교상 자신의 의견을 확실하게 대답하지 않았다.

"잭 헤이포드는 『영적인 언어의 아름다움』에서 방언을 말하는 것은 반드시 성령충만의 전제 조건이 아니라고 말한다. 그것이 사실이라면 복음주의자들과 은사 운동 교도들 간의 장애물들은 무엇인가?"

아주 존경받는 복음주의 지도자로부터 인용되는 스윈돌의 대답은 하나님께로부터의 음성을 듣는 것이 많은 사람들에게 중심 주제로 남아 있음을 분명히 제기하는 것이 된다.

"제 1차적인 장애물은 극단적인 성경 계시일 것이다. 이제 잭 헤이포드의 좋은 친구와 나는 그를 존중하며 사랑한다. 그는 나에게 다른 어느 누구보다도 예배에 관해 많은 것을 가르쳐주었다. 그러나 나는 그가 극단적인 성경적 계시의 신학, 즉 **성경 밖에서, 또 성경을 초월하여 말씀하시는 하나님**에 대한 요지를 갖고 있다고 생각한다. 나는 그 점에서 문제점을 제기한다."[5]

잭 디어의 패러다임 변동(사고 인식 변동)

우리가 성경들 밖에서 온 타당한 정보를 받을 수 있느냐에 대한 이 핵심 질문에 대한 가장 좋은 응답은, 내가 보기에는 잭 디어 박사에게서 유래한다. 잭 디어는 오랫동안 댈러스신학대학원에서 구약성경 교수로서 탁월한 경력으로 봉사하였다.

잭 디어는 댈러스신학대학원 시절, 그의 학도들에게 하나님은 오늘날의 계시 활동들에 종사하지 않으셨음을 가르쳤다. 하나님의 계시는 성경 66권에 포함되어 있으며, 오늘날 하나님의 음성을 듣는 것은 성경들을 정확히 주석하는 것을 의미한다. 디어와 그 몇 명의 동료들 가운데서 암시적인 이해가 존재하였는데, 이들은 암시적인 이해를 자신들이 "하나님께서 나에게 무엇 무엇을 말씀하셨다"라는 식으로 어떤 것을 말하거나 행동하기로 정한 이유를 귀속시키는 논쟁적 행위로 강조하였다. 좀 더 전문적이기 원하는 자들은 그러한 성령을 위험한 인식론으로 낙인찍었다.

그러한 까닭에 척 스윈돌이 댈러스신학대학원의 총장이 되기 5년 전, 잭 디어는 부득불 교수직에서 떠나야 했다. 왜냐하면 디어는 패러다임 변동을 겪고 있었고, 빈여드 크리스천 휄로우쉽 교회에 참여함으로써 그 신학대학원의 금기 사항을 깨었기 때문이다.

디어는 더 이상 은사 단절주의자(성령의 기적 은사들은 사도 시대로 끝났다고 믿는 자들)가 아니기 때문에 댈러스신학대학원의 주요 신조 중의 하나와 상치된 것으로 생각되었다. 그런 과정 속에서 잭 디어는 『성령의 능력으로 놀랐다』는 걸작품을 썼는데, 그는 이 작품에서 현대 치유, 축귀, 기적 사역들을 변호한다. 잭 디어가 이 책을 처음 계획하였을 때, 그는 하나님의 음성을 듣는 것에 관한 항목을 포함시키려 하였다. 그러나 그는 이 책에서 그것을 후기로서만 언급하였다.

왜?

잭 디어가 성경을 추구하고, 열심히 기도하고, 하나님께로부터 온 음성에 관한 사상들을 조직화 하였을 때, 그는 "한 장은 쉽게 두 장이 되었고 그 다음 세 장이 되었으며, 그 다음 나는 전혀 다른 책을 시작하고 있었음을 깨달았다"라고 말한다.[6] 잭 디어는 이 책의 배경으로서 그의 독자들에게 다음의 사실을 알린다. "나의 신앙 순례에서 가장 어려운 변천은 성경이 하나님께서는 오늘날도 은사받은 신자들을 통하여 고치시고 기적을 행하심을 가르치는 것을 용납하는 것에 있지 않았다. 나는 가장 반대했던 것을 가장 두려워하였고, 가장 확신을 가지고 취할 수 있었던 것은 하나님께서는 오늘도 여전히 말씀하고 계심을 용납하는 것이었다."[7]

이 과정의 결과는 첫 번째 책보다 80쪽이나 더 긴 둘째 책을 출판하는 것이었는데, 내가 보기에 그 책은 적어도 오늘날 하나님의 말씀하심과 우리가 그분의 음성을 들을 수 있는 가능성을 반대하는 모든 성경적, 신학적, 역사적, 인식론적 논증들을 잠재울 것이다. 바로 그 둘째 책은 『하나님의 음성으로 놀랐다』이다.

> 하나님께서 오늘도 말씀하심을 믿는다고 알고 있는 명성있는 그리스도교 지도자들은 어느 누구도 자신들이 듣는 것이나 다른 사람이 성경으로 듣는 것을 동일시하지 않을 것이다.

잭 디어와 나는 오늘날의 신적 계시를 믿지 않는 자들의 심령에 있는 **동기부여**는 칭찬할 만한 동기부여라고 믿는 데 동의한다. 우리는 뜨거운 소원에서 그들과 동의하며 성경의 기록된 하나님 말씀의 독특한 권위를 긍정한다. 돌이켜 보건데 잭 디어는 그를 가장 두렵게 하는 것은 다음의 것이었다고 말한다. "내가 하나님께서 여전히 성경과 별개인 것을 말씀하시고 계심을 인정했다면, 나는 성경의 정경을 다시 개방하고 있는 것이 아니겠는가?"[8]

이제 잭 디어는 그가 발견치 못한 두려움이 있었음을 깨닫는다. 왜냐하면 오늘날 하나님께서 말씀하시고 계심을 믿는 것으로 알고 있는 명성있는 그리스도교 지도자들은 어느 누구도 자신들이 듣는 것이나 다른 사람들이 성경으로 듣는 것을 동일시하지 않을 것이기 때문이다. 잭 디어는 그것을 다음과 같이 요약한다. "오늘날 하나님의 말씀하심에 대한 주제에 대해 오랫동안의 실천적 체험과 강도 높은 연구 끝에, 나는 하나님께서 사실 결코 성경에 배치되지 않는다 하더라도 성경과 별개로 말씀하심을 확신한다."[9]

예언들과 예언자들

나는 지금까지 "예언"이란 말을 사용하지 않았다. 비록 예언이란 말이 쌍방 통행 기도와 하나님의 음성을 듣는 것과 직접 연관되어 있다 하더라도 그렇다. 하나님이 오늘날 말씀하시지 않는다면 분명 더 이상 예언자들은 없는 것이다. 예언은 성경의 3대 기본 은사 부분에 언급되어 있는 단 두 가지 영적 은사들(다른 한 가지 은사는 가르치는 은사) 중의 한 은사로 구분된다. 그 3대 은사 부분은 고린도전서 12장, 로마서 12장, 에베소서 4장이다. 나는 예언을 다음과 같이 정의한다. "예언 은사는 하나님께서 그리스도 몸(교회)의 특정한 지체들에게, 자기 백성들에게 신적인 기름부음의 언어를 통하여 하나님의 직설적인 메시지를 받고 의사소통하도록 도와주시는 특별한 능력이다."[10]

우리는 예언이 점점 그리스도의 몸(교회) 곳곳에서 인식되어 가는 시기에 살고 있다. 하나님께서 성경 밖에서 말씀하시지 않는다는 주장은 약간의 "위험한 교리" 목록에 속할지 모른다. 내가 셈할 수 있는 가장 좋은 운동, 곧 성경 예언의 재흥과 예언 운동의 재흥은 1980년을 전후해서 시작되었고, 그 이후로 가속도가 붙고 있다 (1990-2000년 패러다임은 예언 운동이라 본다).

잭 디어의 책이 이 예언 운동에 박차를 가하도록 도움을 주는 유일한 책은 아니다. 일리노이 주 디어필드 소재 트리니티 복음주의 신학대학원의 웨인 그루뎀 교수는 『신약성경과 오늘날의 예언 은사』라는 책에서 확고한 성경적 바탕들을 제공하였다.

1980년 대 나의 패러다임 변동 기간에 나에게 가장 큰 도움을 준 책들 중의 하나는 〈크리스천 국제 네트워크〉의 회장인 빌 해몬이 쓴 『예언자들과 개인 예언』이었다.

캔저스 시 메트로 크리스천 휄로우쉽의 당회장인 마이크 비클은 많은 사람들이 미국의 예언자들 중에 가장 으뜸가는 목사로 인정한다. 그는 그의 오랜 기간의 경험을 가다듬어 『예언의 성장』이라는 책에서 그 지혜를 발산한다. 예언 사역들 가운데서 활동하는 실천자들이 가장 추천하는 책들 중의 하나는 신디 제이콥스가 쓴 『하나님의 음성』이라는 책이다

학자요, 신학자요, 이론가인 잭 디어와 중보 기도자요, 실천가인 신디 제이콥스를 결합하는 것은 괄목할만 하다. 둘 다 나의 좋은 친구들로서 두 사람의 결합은 나를 포함하여 아직 익숙치 못한 여행을 하고 있는 많은 사람들을 위해, 더 정확하게는 현대 예언의 길을 탐구하기 소원하는 자들을 위해 변증적인 나침판 방향을 제공한다. 나는 이 두 책의 제목들을 좋아하는데 이 책들은 각각 다른 해에 출판되었다. 이전에 은사 단절주의자였던 잭 디어의 책 제목은 『하나님의 음성으로 놀랐다』이며, 4년 이후에 하나님으로부터 음성을 들어온 신디 제이콥스는 전혀 놀라움 없이 자신의 책 이름을 간단히 『하나님의 음성』이라고 붙였다.

신 사도 종교개혁 운동

나는 이 책 한 쪽 한 쪽에서 상당히 **예언을 강조**하고 있다. 왜냐하면 나는 우리가 초자연적인 하나님의 감동 가운데서 살고 있다고 느끼기 때문이다. 최근에 세계 6대륙에서 가장 빠르게 성장하는 그리스도교 분파 운동은 내가 **신 사도 종교개혁 운동**이라 부르는 운동이다. 이 운동은 여러 가지 운동 중에서 아프리카 독립교회들, 중국 가정 교회들, 라틴 아메리카 풀뿌리교회들, 독립 카리스마 운동 교회들 등 여전히 전통 교파 구조들 안에서 운용되고 있는 많은 개교회들을 포함한다. 이 운동의 가장 혁신적인 특성 중의 하나는 (몇 가지 예들이 있기는 하지만) 신약성경의 **예언자와 사도 직분을 복구**시키는 것이다.

실천적인 면에서 이 대다수 교회들은 자신들이 일컫는 에베소서 4장 1절의 "오중 사역"(사도들, 예언자들, 전도자나 부흥사들, 목사들, 교사들)을 실행하려는 강한 소원을 갖고 있다. 일반적으로 대부분의 교회들은 그들이 지적하듯이 오랫동안 전도자들, 목사들, 교사들을 사용함으로써 그 역할을 해왔지만 이제는 신 사도 종교개혁 운동의 지도자들이 적절하지 않은 것으로 여기는 이유들 때문에 사도들과 예언자들을 인정하지 않기로 하였다.

나는 예언자직의 용납이 1980년을 전후로 그리스도의 몸, 곧 교회에 빠르게 퍼지기 시작하였음을 믿는다고 언급한 바 있다. 또 나는 사도직의 복구가 1990년을 전후로 비슷한 과정을 시작했다고 믿는다. 캘리포니아 산호세 시의 크리스천 휄로우쉽의 데이빗 캐니스트러시 목사는 내가 나의 학급에서 사용하기도 했던 훌륭한 책 『사도의 은사』(도서출판 서로사랑, 1997)를 출판하였다. 내가 앞에서 언급한 바 있는 빌 해몬은 지금 『사도들, 예언자들, 그리고 장차 하나님의 운동들』이라는 제목의 새 책을 준비하고 있다.

예언자직을 인정함

"쌍방 통행 기도 : 하나님의 음성을 들으라." 이 장에서의 나의 목적은 예언자 직분을 설명하는 것이다. 이것은 대다수 현대 교회에 색다른 것이기 때문에, 당분간 어떤 주제들은 논의되고 논쟁될 것이고, 다양한 지도자들이 다양한 결론들을 내릴 것으로 기대된다. 이 주제들 중의 하나는 사도 누구 누구, 예언자 누구 누구와 같은 주제들이 사용되어야 하느냐 마느냐 하는 것이다.

그 논의는 사도들과 예언자들의 기능들과 사역들이 인정되어야 하느냐 마느냐 하는 것이 아니라, 개개인들이 공식적으로 직분을 받아 에베소서 4장 11절에서 보듯이 우리가 기타 직분들을 위해 사용하고 있는 것처럼 직분 명칭들로 사용해야 하느냐 마느냐 하는 것이다. 이를테면 전도자(부흥사) 빌리 그레이엄 또는 목사 로버트 슐러 또는 교수요 박사인 피터 왜그너와 같은 식으로 말이다.

마이크 비클은 가장 신중한 사람들 중 한 명이다. 어떤 사람이 "캔저스 시 예언자들"이라 부를 정도로 영적 본거지인 그의 교회는 얼마 전 매체에서 아직 높은 명성의 예언 사역과 조화를 이루지 않은 어떤 사람에 의해 심하게 비판을 받았다. 비클은 가능하면 가장 공격적이지 않은 방식으로 의사소통의 길을 발전시키려 하였으므로 "낙인 찍히는 것이 아주 편하지 않다"[11]고 말했다.

오히려 비클은 그 교회에서 "예언적으로 은사 받은 사람들"을 네 차원으로 분류한다. 즉 1차원 : "간단한 예언" 2차원 : "예언적 은사

받음" 3차원 : "예언 사역," 4차원 : "예언 직분"이다.[12] 비클은 분명히 예언 직분의 존재를 부정하지 않지만, 그가 개인적으로 아는 소수의 사람들(그리고 가장 가능성 있는 예언자라기 보다는 더 잠재력 있는 "예언자들"로 알고 있는 소수의 사람들)은 그런 명칭을 받을 만한 자격이 있다고 말한다.

사실 마이크 비클은 이렇게 말한다. "나는 교회가 사람들이 자신들을 사도나 예언자가 되고 싶다 생각한다고 해서 너무 쉽게 사도나 예언자로 동일시해주는 것을 너무 쉽게 허용할 때 해롭게 된다고 생각한다."[13]

신디 제이콥스는 이에 동의한다. 그녀는 다음과 같이 말한다. "몇 년 전 내가 실제적으로 예언자 직에 들어가기 오래 전에 사람들은 종종 나에게 '그대는 여 선지자 입니까?' 라고 묻곤 했다. 사람들이 나에게 그렇게 물을 때마다 나는 '나는 여 선지자가 아닙니다. 나는 그분이 나에게 예언자 직분을 맡기실 때 그것을 알게 될 것입니다' 라고 대답하곤 하였다."[14] 개개인이 하나님으로부터의 음성을 좀 더 자주, 좀 더 가까이 그리고 가장 정확하게 듣는다는 사실을 인정하는 것은 중요한 사항이다. 그러나 마이크 비클이 말하듯이 동료들로 하여금 한 사람이 예언자 명칭을 받을만하다고 동의하게 하는 경건한 성품과 성숙한 기회를 그 음성 듣는 것에 더하는 것은 아주 별개의 것이다.

이것은 신디 제이콥스가 그녀의 심중에 "신디야, 나는 너를 나라들의 여 선지자로 임명하노라"고 말씀하시는 하나님의 음성을 들었던 능력있는 집단 중보 기도 시간에 결국 일어났다. 신디 제이콥스는 이것을 나중에 신디 제이콥스를 위해 구체적으로 기도하기 시작한 모임 지도자들 외의 다른 사람들에게 알리지 않았고, 기타 여러 가지 것들 중에서 자신에게 개인적으로 예언한 것을 말하기만 했다. 그것은 "또 주께서 말씀하시되 오늘 밤 나는 너를 열방들의 여 선지자로 임명하노라" 하는 것이었다.

신디 제이콥스는 "형용하기 어려운 방식으로 그날 밤 전진하는 것과는 달랐다"[15]고 말한다. 그럴지언정 그녀는 "예언자"나 "여 예언자"라는 명칭을 사용하기를 좋아하지 않고, 주로 아직 신약성경의 예언자들이 오늘날도 유효하다고 확신하지 않는 신자들 쪽에서 오해를 회피하기를 좋아한다. 나는 이러한 금지가 비교적 짧은 기간 안에 빨리 없어질 것이라 생각한다.

하나님은 다양한 방식으로 의사소통하신다

우리가 쌍방 통행 기도를 실천할 때 우리는 하나님의 음성을 듣는 것을 기대하면서 다양한 방식으로 그분의 음성을 들을 준비가 되어 있어야 한다. 하나님은 구두적인 말로 하는 커뮤니케이션을 스스로에게 제한시키도록 정하지 않으셨다. 잭 디어 박사는 내가 아는 한 어느 누구보다도 이것을 철저하고 명확하게 말한다. 디어 박사는 **하나님께서는 때때로 우리에게 말씀하시는 초자연적인 수단을 사용하신다**고 설명한다. 이를테면 디어 박사는 들을 수 있는 통성 기도를 말한다. 당신 자신만 들을 수 있는 기도, 내적인 청취 기도, 천사들의 음성 등이 그것이다. 또 하나님은 꿈, 비전, 입신, 성경의 단문들, 한 가지 말씀들, 인상, 전달자들 같은 자연적 수단을 사용하신다.[16]

하나님의 음성을 들은 내 자신의 체험들은 더 고상한 유형이다. 나는 지금까지 하나님의 들을 수 있는 음성을 듣거나 꿈이나 비전을 통하여 신적인 의사소통을 받는다. 예를 들어 나는 매일 아침 기도할 때, 시시때때로 하나님께서 내 마음에 가져오시는 것을 알아보기 위해 잠시 기도를 멈추어 보곤 한다. 생각하면 할수록 나는 점점 더 그 일이 일어나는 때에 그 일을 알 수 있다. 나는 목자의 음성을 아는 양 중의 한 사람이 되기 원한다. 또 다른 경우들을 볼 때, 드물기는 하지만 나는 하나님의 능력이 꽤 특별한 방식으로 나에게 임하는 것 같은 것을 시인해야 하고, 내 마음을 통해 임하는 것이 하나님의 음성뿐임을 확신한다.

예를 들면 내가 기도 용사 시리즈의 세 번째 책인 『기도하는 교회들만이 성장한다』를 쓰려 준비하고 있었을 때 이러한 일이 일어났다. 나는 그러한 분명한 체험을 한 곳, 즉 오리건 주 포틀랜드의 모텔 방이라고 하는, 그 체험이 일어난 구체적인 장소를 여전히 기억한다. 하나님은 그 모텔 방에서 나에게 말씀하셨고, 내가 아직 준비되어 있지 않기 때문에 그때 기도하는 교회들을 쓰지 말아야 한다고 나에게 말씀하셨다. 그때 오히려 나는 기도 용사 시리즈의 처음 세 권을 기획한 것에 이어 네 번째 책으로 영적 매핑(진단과 처방)에 관한 한 책을 더하려 하고 있었다.

이것은 분명히 해석이지만 여기에 그 길이 있기 때문에 나는 그것을 기억한다. 즉 하나님께서는 "내가 너희에게 영적 매핑에 관한 책을 쓰기 원한다"라고 말씀하셨다.

나는 "그러나 하나님, 저는 영적 매핑에 관한 충분한 지식이 없습니다"라고 답하였다.

하나님께서는 나에게 이렇게 답변하셨다. "그러나 너는 이제 그것에 대해 충분히 알고 있는 사람들을 이미 알고 있다. 그러므로 너는 네가 충분히 알고 있는 것들로 한 장을 쓰고, 그 책의 나머지 부분들은 다른 사람들이 쓸 것이다."

하나님께서 이것을 말씀하시는 순간, 나는 그분이 그때 〈국제 영적 전투 조직망〉의 위원장으로 봉사하면서 알고 지낸 사람들에 대해 언급하고 계신 것임을 알았다. 나는 나의 노랗고 두툼한 공책을 꺼내서 성령의 특별한 기름부음 하에서 글을 쓰기 시작 하였다. 나는 『지역 사회에서 마귀의 진을 헐라』는 책의 개요를 썼는데 아마 30분이 채 안 걸렸을 것이다. 이것은 내가 하나님의 음성을 직접 들음으로써 한 책에 대한 비전과 계획을 받아본 첫 번의 경험이었다.

이것은 『지역 사회에서 마귀의 진을 헐라』가 신적인 영감 하에서 쓰여진 책임을 뜻하지는 않는다. 다시 말하거니와 나는 **하나님께로부터 온 말씀을 받는 것이 성경과 혼동되지 말아야 하며, 성경과 대등한 위치에 놓이지도 말아야 한다**고 말하고 싶다. 이것을 증명하기 위해 나는 나의 믿음을 고백하고자 한다. 나는 그 모텔 방에서 하나님의 음성을 들은 것을 분명히 믿지만, 그것은 90%만 정확하였다. 나는 원 책 개요에서 10장을 포함하였지만, 나중에 하나님은 나에게 이번에는 직접적인 음성 대신에 신용을 둔 동료들을 통하여 그 뜻을 보여주셨다. 나의 뜻대로 원고가 쓰여지고, 편집되고, 계획되었지만 결국 나는 전 10장 중 한 장을 없애 버렸다. 그 책은 최종적으로 아홉 장의 개요만으로 이루어진 것이 되었다. 그 한 장을 없애버리는 것은 그때 나의 영적 귀가 좀 더 세밀하게 주파수를 맞췄더라면 회피할 수도 있었던 고통스런 과정이었다.

개인적인가 집단적인가?

경험을 통해서 이제 막 쌍방 통행 기도를 시작했음을 깨달은 사람은 실제적으로 그것을 집단적인 의미에서 보다는 개인적인 상황에서 하나님이 오늘날 우리에게 확실히 말씀하시고 행하시는 음성을 듣는데 국한시키기를 더 좋아한다. 이들은 어떤 사람들이 자신들은 또 다른 사람, 한 그룹, 한 사역, 한 교회, 한 도시, 한 나라, 기타 등등에 적용되는 하나님께로부터 온 메시지를 받고 있다고 믿을 때 분명한 선을 긋는다.

마이크 비클은 이것을 잘 설명한다. "보통 사람들은 누군가를 위해 기도하는 짐을 지고 있고, 성령께서 그 짐을 그녀의 기도로 인도하고 있으며, 하나님께서 그녀의 마음에 무엇인가 감동을 주고 있다고 보는, 기도 그룹 가운데의 여인과 문제가 없다. … 그러나 그녀가 주일 아침 예배 시간에 거리낌없이 말하고 … 자신의 계시를 '주께서 나에게 이렇게 이렇게 말씀하신다'는 말로 바꾸어 크게 알리면 그녀는 상당히 다른 반응을 얻을 수 있다." 그것은 그 감동을 부드럽게 표현하고 있는 것이다. 내가 알고 있는 어떤 교회는 만일 그녀가 그런 감동을 자주 말한다면 그녀에게 전설적인 친교의 오른 발(right foot of fellowship)을 줄 것이다. 비클이 말하듯이, "여기에는 동일한 표현과 메시지가 있지만 아주 다른 모양으로 전달된다."[17]

쌍방 통행 기도는에 대한 하나의 응답은 개인적일 뿐 아니라 집단적임을 인정하는 것은 중요하다

나는 신디 제이콥스의 책 『하나님의 음성』의 부제 〈하나님께서 어떻게 개인적으로 말씀하시고 오늘날 그의 자녀들에게 집단적으로 말씀하시는가?〉를 좋아한다. 『하나님의 음성』은 개인적인 일반

지침 또는 특별한 상황을 위한 지침이다. 신자들은 특별한 상황 유형의 말씀보다는 일반 지침 유형의 말씀에 덜 문제를 갖는 것 같다.

일반적 지침에 대한 성경적 예는 바울의 "마게도냐 사명"이다. 이 때 하나님은 바울과 의사소통하는 비전을 사용하셨다. 마게도냐 출신의 한 사람이 바울에게 나타나서 "마게도냐로 건너와서 우리를 도우라"(행 16:9)고 말하였다. 이것은 바울이 마게도냐에 그의 교회 개척팀을 대동하기 위해 필요한 모든 것이었다. 바울은 특별하게 분명한 말씀의 준비가 되어 있었다. 왜냐하면 그는 이 일이 있기 직전에 주께서 자신을 아시아로 부르고 계시는 것이 잘못되었다고 생각하였기 때문이다. 그때 바울은 주께서 자신을 비두니아로 부르고 계셨는데 그것도 잘못되었다고 생각하였다. 나는 유명한 사도 바울이 주께서 말씀하시는 것을 매번 정확하게 듣지 못한 것을 아는 것만으로도 위로가 된다고 말하고 싶다.

빌립이 사마리아 부흥 운동 가운데 있었을 때, 그에게 한 천사를 통하여 더 구체적이고 개인적인 말씀이 응하였다. 즉 "일어나서 남으로 향하여 예루살렘에서 가사로 내려가는 길까지 가라"(행 8:26). 빌립이 이 음성에 순종하였을 때 그는 병거를 보았고, 이 때 천사가 아닌 성령이 "이 병거로 가까이 나아가라"(8:29)고 말씀하셨다. 이와 같은 "인용 - 비인용" 말씀들은 성경에서 아주 많이 나타나 우리 대다수가 하나님께서는 오늘도 그 일을 행할 수 있음을 믿게 한다. 이제 재미있는 실례를 들어보고자 한다.

모리스 세룰로가 본 죽음

나의 친구 모리스 세룰로는 하나님의 음성을 듣고 그의 생명을 완전히 구원받았을 때, 몇 년 전 해이티(아이티)에서의 사건에 대해 말했다. 세룰로는 그 당시 다름 아닌 프랑코 "파파 독" 두발리어로부터 그곳에서 전도 집회를 인도해 달라는 초청을 받았다. 세룰로가 그곳에 도착하였을 때 그는 대 전도 집회를 광고하는 모든 포스터들이 부두 점쟁이들에 의해 찢겨져 있고, 심지어는 그들의 집에 있고, 자신을 반대하는 저주 문구들이 거리에 나붙어 있는 것을 보았다. 세룰로는 공항에서 자신을 마중나온 많은 수의 국회의원들, 사업가들, 기타 고급 공무원들을 만났다. 정부는 장관으로 하여금 자동차 퍼레이드를 제공하여 그를 데리고 대통령 궁을 지난 다음 그의 호텔까지 인도하기로 되어 있었다.

모리스 세룰로가 자신을 태우러 온 리무진의 뒷자리에 앉는 순간 갑자기 배에 지독한 통증이 일어났다. 그 통증은 도저히 참을 수 없을 정도로 점점 더 심해졌다. 세룰로는 자기 옆에 있는 찬양 인도자에게 다음과 같이 말했다. "운전사에게 부탁해서 자동차 퍼레이드를 벗어나서 나를 호텔로 데리고 가주시오."

그런데 그는 "그렇게 할 수 없습니다"라고 대답하는 것이었다. 그는 이어서 "대통령은 우리보고 그의 왕궁을 거쳐가라고 명하였습니다"라고 했다.

세룰로는 앞 자리에 앉아 있는 국회의원에게 아주 큰 소리를 질렀다. "이 행렬에서 나가 주십시오! 질문은 하지 마십시오!" 자동차는 다음 거리로 돌아나가 호텔로 돌진하였다.

세룰로는 땀을 뻘뻘 흘리며 그의 방으로 들어가 무조건하고 바닥에 엎드렸다. 그의 기도는 아주 단순한 것이었다. "하나님 무슨 일이 벌어지고 있는 것입니까?"

그 다음 세룰로는 "아들아 나는 한 이유가 있어 이것이 일어나는 것을 허락하노라. 나는 네가 자동차 퍼레이드에서 빠져나와 온전한 주의를 하므로 내가 너에게 말할 수 있기를 원했노라"고 말씀하신 하나님의 음성을 들었다. 그 시점에서 그 고통은 세룰로의 몸에서 갑작스럽고도 완전하게 사라졌다.

세룰로는 바닥에 엎드린 채 "하나님 저에게 무엇을 말씀하시길 원하십니까?"라고 물었다.

"나는 너에게 오늘 밤 300명의 점쟁이들이 너를 죽이러 네 모임에 오고 있음을 말하기 원하였다!"

모리스는 이렇게 답변하고 울었다. "좋습니다. 저는 죽음에 몸을 바칠 각오가 되어 있습니다. 이제 저는 무엇을 하게 되어 있습니까? 당신은 저에게 순교자로 죽기를 원하십니까?"

하나님께서는 이렇게 답변하셨다. "아니다. 대신에 나는 너에게 그들을 식별하는 방법을 알려주려 한다." 그리고나서 하나님은 그에게 점쟁이들의 옷 색깔을 보여주셨고, 군중 가운데서 부두 점쟁이들의 이름을 골라내는 방법을 정확히 보여주셨다. 그때 하나님께서는 "아들아, 네가 전하는 말씀은 내가 그들에게 직접 말하는 것처럼 들릴 것이다. 나는 네가 말한 것을 전하러 나갈 것이다"라고 말씀하셨다. 이것은 내가 상상한 구체적인 상황을 위한 하나님께로부터 온 직접적이고 분명한 말씀이다. 그러면 어떤 일이 벌어졌는가?

능력 대결 도전

모리스 세룰로가 체육관에서 1만 5천 명 앞에 말씀을 전하기 위해 섰을 때, 청중 여기저기서 어떤 사람들이 염창을 부르기 시작하고 있음을 곧 알아차렸다. 이들은 곧 다시 염창을 부르기 시작하였고, 이 염창 시나리오는 여러 번 되풀이되었다. 보이지 않는 세계에서 전투는 극히 신속하게 증가하고 있었다. 성경학교 학생인 크레올 통역관은 무서움으로 온 몸에 땀이 흥건했다. 세룰로는 이 가장 긴장된 시점에서 엘리야가 갈멜산에서 영적 대결을 했던 것만큼의 능력 대결을 할 준비가 되어 있었다.

그는 이렇게 선언하였다. "헤이티 사람들이여, 오늘밤 여기 수많은 점쟁이들이 있습니다. 이들은 나를 죽이러 왔습니다, 당신들은 '그것을 어떻게 압니까?' 라고 묻겠지만 저는 살아계신 하나님께서 저에게 말씀하셨기 때문에 압니다. 이제 그대, 점쟁이들은 내 말에 귀를 기울이십시오. 나는 그대들이 누구인지 정확히 알고 있으며, 그대들이 어디에 앉아 있는지도 압니다! 살아계신 하나님께서 나에게 그대들을 보여주셨기 때문입니다!"

그 다음 세룰로는 그 사람들을 한 사람 한 사람씩 가리키기 시작하였고 이렇게 말하였다. "오늘 우리는 그대들이 섬기는 마귀와 내가 섬기는 하나님 중 누가 더 능력있는가를 알아내고자 합니다." 세룰로는 강당 손님석에 앉아 있었던 모든 고관들과 그들의 아내들을 향해 이렇게 말했다. "나는 이제부터 일어날 일들에 대해서 책임질 수 없습니다."

세룰로는 점쟁이들을 대면하면서 이렇게 말하였다. "그대들이 입을 한 번만 더 열면 나는 그대들이 이 모임에서 죽어 실려나가도 책임질 수 없습니다!" 그 순간 이후로 한 사람도 염창을 하거나, 말하거나, 움직이는 사람이 없었다.

세룰로가 20분 가량 복음을 전파한 후, 체육관 뒤편에서 괴성소리가 들렸다. 소요가 시작되었고 군중들의 머리 위로 4~5살난 어린 아이가 강단으로 옮겨졌다. 통역자는 이렇게 말하였다. "이들은 이 아기가 날 때부터 소경이었으나 이제는 볼 수 있다고 외치고 있습니다! 이들은 무슨 일이 일어난 것인지를 알 수 없기 때문에 그를 이곳으로 올려 보냈습니다."

> "나의 하나님, 이들이 나의 이웃입니다."

곧 그 아이의 어머니와 아버지가 군중을 뚫고 나와 강단에 도착하였다. 그들의 자녀는 완전히 고침을 받았다! 바로 이어서 강단에 있었던 고관 중 육군 대장은 문자 그대로 그 자리를 박차고 일어나서 손을 위로 올리며 "나의 하나님! 이 아이는 나의 이웃입니다!"라고 소리쳤다.

대전도 집회는 아침, 오후, 저녁으로 나뉘어서 3주간 동안 계속 이어졌는데, 그때 수많은 사람들이 구원받고 고침받기 위해 앞으로 나왔다. 모리스 세룰로가 와서 전파하고 있는 살아계신 하나님은 가장 뛰어나신 능력의 신이라는 사실에 모두가 관심두었음은 분명하였다.[18]

모리스 세룰로가 헤이티에 가기 전 쌍방 통행 기도를 실천하며 준비하지 않았더라면 어떤 일이 벌어졌겠는가? 잠재력있는 강도의 재앙이 우리 상상을 초월해 일어났겠지 않겠는가!

하나님께로부터 온 집단적인 말씀

고린도전서 14장은 개인 예언이 아닌 전 회중에게 주어진 예언 말씀이다. 이런 유형 사역의 공적 성격 때문에 예언 은사를 격려하는 많은 개교회들은 질서와 신용도를 유지하려 지침들을 만든다.

번번히 이 **예언들은 헌신적이고 영감적이다**. 또 다른 경우들에서 예언들은 **지시적이다**.

말할 필요도 없이 한 교회나 다른 그룹을 위한 지시 말씀을 받는 책임있는 예언자들은 항상 앞선 지도력으로 자신들을 점검한다. 지도자들이 말씀에 대해 긍정적으로 증언하지 않는다면, 그 말씀을 공적으로 선언하는 것은 의견의 일치가 이루어질 때까지 허용되지 않는다. 개교회에서 예언자들은 목사의 권위에 기꺼이 또 겸손하게 복종한다.

나는 한 교회를 목양하지는 않지만 나의 아내 도리스와 나는 목회 사역을 인도한다. 즉 〈글로벌 하비스트 미니스트리스〉(Global Harvest Ministries) 사역이다. 우리는 거의 25년 간 캘리포니아 주 패서디나에서 살았고 거기서 남은 여생을 보내려 생각하고 있었다. 그러나 우리의 개인적인 두팀 중보 기도자들인 신디 제이콥스와 진 스테펜슨은 두 번이나 우리에게 우리가 곧 콜로라도 스프링스로 이사할 것이라는 주님께로부터 온 말씀을 전해주었다. 우리는 이것이 바울이 비두니아로 가야한다고 생각했을 때 예언 말씀을 잘못 해석한 것처럼, 저들이 그 말씀을 잘못 해석하였다고 솔직히 생각하였다. 그러나 우리는 이들의 말에 더 관심을 두어야 했었다. 결국 우리는 지금, 우리가 새 세계 기도 센터를 창설하는데 참여하고 있는 콜로라도 스프링스의 〈글로벌 하비스트 미니스트리스〉로 이사했기 때문이다. 사실 이 책은 내가 콜로라도 스프링스의 새 사옥에서 처음으로 쓰고 있는 책이다.

신디 제이콥스와 진 스테펜슨이 받은 하나님께로부터 온 말씀은 온 사역의 장래에 영향을 준 집단적인 말씀이었는데, 이는 다른 사람들로부터 온 말씀들이 온 교회에 영향을 끼칠 수 있는 것과 같은 것이다. 이들은 그 말씀을 전하는 방식에서 신중하였고, 그 말씀이 하나님 자신의 때에 성취되도록 기도하였다. 나의 아내와 나는 이 두 중보 기도자들에게 고마워하고 있으며, 다른 많은 사람들도 쌍방 통행 기도를 실천할 때 이런 것을 경험하였다. 이것은 이제까지 그대의 기도 삶의 일부가 되지 않았겠지만 나는 곧 이것이 당신 삶의 부분이 되리라 기대한다. 이런 쌍방 통행 기도는 당신과 당신 주위에 있는 사람들을 축복받게 할 것이다.

❖ 생각할 문제들 ❖

1. 어떤 사람들은 우리가 하나님의 음성을 직접 들을 수 있다고 믿으면, 우리는 주관주의에 개방되어 성경에 기록된 것에 속하는 분명한 말씀들을 위반하게 될 것이라 말한다. 당신은 이 의견에 대해서 어떤 면에서 동의하고 어떤 면에서 동의하지 않는가?

2. 예언 사역은 오늘날 흔하게 되었다. 당신은 어떤 사람들이 "예언자"로 인식되어야 함에 동의하는가? 그렇다면 왜 그런가?

3. 하나님은 때때로 들을 수 있는 목소리로 의사소통하신다. 당신은 오늘날 그와 같은 실례들을 들어본 적이 있는가?

4. 당신은 예언 사역을 찾는 사람들이 때때로 교회 모임들 가운데 일어나서 회중들에게 "주께서 이렇게 이렇게 말씀하셨다"라고 선언하는 것을 어떻게 생각하는가?

더 자세한 참고서들

- 신디 제이콥스『하나님의 음성』(The Voice of God, 1995). 이 책은 하나님의 음성에 주파수를 맞추는 것과 예언 사역을 하는 방법에 관해 실제적인 제안들로 가득차 있다.
- 잭 디어『하나님의 능력으로 놀랐다』(Surprised by the Power of the Spirit, 1993)와『하나님의 음성으로 놀랐다』(Surprised by The Voice of God, 1996). 이 두 책은 전통적 복음주의에 뿌리를 둔 자들을 돕는 양서로 다른 어떤 사람들보다도 우리 세대에서 성령의 움직임을 이해하고 감동받기 시작하게 하고 있는 책이다.
- 피터 왜그너『당신의 영적 은사들은 당신 교회가 자라게 도울 수 있다』(Your Spiritual Gifts Can Help Your Church Grow, 1991, 개정판 1994). 나의 모든 책 중에 가장 베스트셀러인 이 책은 예언 은사가 어떻게 교회 사역에 계획된 다른 26가지 영적 은사들과 조화를 이룰 수 있는가를 보여준다.
- 웨인 그루뎀『신약성경과 오늘날의 예언 은사』(The Gift of Prophecy in the New Teastament and Today, 1988). 오늘날 교회들에서 예언 은사의 타당성에 대한 학문적 변증서. 빌 해먼『예언자들과 개인 예언』(Prophets and Personal Prophecy, 1987). 이 책은 예언 주제에 대한 가장 도움이 되는 방향을 제시하는 책인데 나는 예언이 오늘날을 위한 것이라는 데 확신을 바로 이 책에서 받게 되었다.
- 마이클 비클『예언에서 성장함』(Growing in the Prophetic, 1996). 아미클 비클은 많은 아주 선명도 높은 인격적인 목사로

서 특별하게 깊은 이해와 경험의 보고를 나누게 하였다.

Notes
1. The story of Corrie ten Boom is paraphrased from *Miracles Happen When You Pray* by Quin Sherrer (Ann Arbor, Mich.: Servant Books, 1996), pp. 23-24 of Part 1 from the manuscript.
2. Bill Hybels, *Too Busy Not To Pray* (Downers Grove, Ill.: InterVarsity Press, 1988), pp. 109-110.
3. Jack Hayford, *Glory on Your House* (Grand Rapids: Chosen Books, 1982; revised edition, 1991), p. 139.
4. Jack Hayford, *The Beauty of Spiritual Language* (Dallas, Tex.: Word Publishing, 1992), p. 92.
5. "Dallas' New Dispensation," Interview by Michael G. Maudlin, *Christianity Today* (October 25, 1993): 15.
6. Jack Deere, *Surprised by the Power of the Spirit* (Grand Rapids: Zondervan Publishing House, 1993), p. 215.
7. Ibid., p. 212.
8. Ibid., p. 213.
9. Ibid., p. 214.
10. For an explanation of this definition, see my book *Your Spiritual Gifts Can Help Your Church Grow* (Ventura, Calif.: Regal Books, 1979; revised edition, 1994), pp. 200-203.
11. Mike Bickle, *Growing in the Prophetic* (Orlando, Fla.: Creation House, 1996), p. 123.
12. Ibid., p. 120.
13. Ibid., p. 123.
14. Cindy Jacobs, *The Voice of God* (Ventura, Calif.: Regal Books, 1995), p. 180.
15. Ibid.
16. Jack Deere, *Surprised by the Voice of God* (Grand Rapids: Zondervan Publishing House, 1996). These forms of hearing from God are explained in chapters 9 and 10.
17. Bickle, *Growing in the Prophetic*, p. 101.
18. The story of Morris Cerullo in Haiti was paraphrased from a video recording of his message given at his Spiritual Warfare School of Ministry in Chicago, July 4, 1996.

3장
전략 차원의 중보 기도

나는 페루의 왕자다

세계 반대쪽에서 일어나는 두 가지 극적인 사건들을 살펴보자.

예수엘이라고 불리는 브라질 청년은 그의 개교회에서 이웃 나라인 페루에 교회 개척 선교사로 파송받았다. 그는 도착한 직후 몇 명의 친구들과 자신들이 첫 교회를 개척하는 데 사용할 전략을 토론했다. 예수엘은 그 토론 동안 "페루의 왕자"라고 자처하는 한 귀신이 자신에게 나타났다고 보고하면서, 그 귀신은 "너희 나라로 되돌아가라. 그렇지 않으면 너희들은 페루에서 죽을 것이다!"라고 전했다 한다.

예수엘은 이 일 주일간의 대결 기간 동안 치명적인 아픔을 겪게 되었다. 그는 의학적인 돌봄을 구했지만 의사들은 그에게 회복할 희망을 말하지 않았다. 그들은 그에게 젊지만 죽음의 침대에 있다는 사실을 직면할 필요가 있음을 알려주었다.

그가 자신의 생명을 위해 씨름하고 있을 때, 쌍방 통행 기도를 이룬 인근의 한 목사는 하나님께로부터 병원으로 가서 거기에 있는 한 청년을 놓고 기도하라는 갑작스런 감동을 받았다. 그는 한 번도 예수엘에 대해 듣지도 못하였고, 왜 이 브라질 청년이 페루에 왔는지도 알지 못하였다. 그렇지만 그는 하나님께 순종하여 예수엘을 위해 기도하였고, 예수엘은 기적적으로 고침받아 병원에서 퇴원하였다.

예수엘은 페루 북부의 한 마을로 갔는데 거기서 그는 4주간의 결실있는 전도 운동을 한 후에, 한 카톨릭 교회가 여섯달 간 사용되지 않고 있음을 발견하였다. 그는 교회를 돌보는 자들과 친하게 되었고, 그들을 그리스도께 인도하였다. 이들 중 두 사람은 교회 종들을 울려 마을 사람들이 "미사"를 위해 함께 모이게 하기로 결정하였다. 종이 울렸을 때 사람들은 사방에서 교회로 왔고, 그날 분명히 그리스도께 자신들의 삶을 헌신하였다.

인근 카톨릭 신부들이 이곳에서 벌어지고 있는 이야기를 듣고 그 일을 그만두라고 말하기까지 더 많은 사람들이 구원받고 양육되었다. 이렇게 예수엘은 결혼하러 브라질로 되돌아오기 전까지 오로지 다른 곳으로 옮겨다니면서 페루에서 다섯 교회들을 더 개척하였다.[1)]

영적 삼각형 지역

이름없는 선교지로 가야 했던 내 학생들 중 한 사람은, 통제받는 어떤 나라의 한 교회의 지도자이다. 그 나라 사람들은 특별한 세 도시 지역 사람들이 경계선을 결정한 지점들로부터 지도를 그려나갔을 때 그 모양이 "영적 삼각형"이 된 것을 잘 알게 되었다. 이 나라 고대 지도자들의 권력 센터는 거기에 놓여 있었다. 그곳은 정부 당국자들이 자기의 나라를 높은 계곡의 영적 정사에게 공식적으로 바친 장소였다. 나의 학생은 "그곳이 바로 여기입니다. 이 나라의 영적 운명은 오래 전에 결정되었고 오늘날에도 여전히 영향받고 있습니다"라고 말한다.

삼각형 지역의 인간적인 영적 통치자는 유명한 수도원의 수도원장이었다. 그는 능력있는 주술 종교 실천자요 유명한 살인자였다. 어떤 사람들은 그를 "살인자 수도원장"이라고 불렀다.

오랜 세월 동안 살인자 수도원장과 그의 선임자들은 영적 삼각형 지역에 어떤 그리스도교 교회도 개척될 수 없도록 효과적인 능력으로 막고 있었다. 한 가지 예외는 연속적으로 존속된 로마 카톨릭 교회였다. 그러나 최근에 한 그룹의 지역 그리스도인들은 하나님께로부터 그 지역에서 공격적이고 강도 높은 기도 주도권을 행사하라는 인도를 받았다.

곧 이어 한 목사가 교회들을 세우는 것이 금지되었던 그곳에 교회를 개척하기 위해 들어갔다. 예견했던 대로 수도원장은 그리스도교 목사에게 대결하였고, 그 목사가 그의 계획들대로 계속해서 그 영적 삼각형을 침투한다면 한 주 안에 목사는 생명을 잃는 대가를 지불하게 될 것이라는 불확실한 말을 건넸다. 교회 개척자는 자신의 믿음에 의한 능력있는 기도 주도권을 통하여 고차원으로 상승되었기 때문에 살인자 수도원장의 도전을 받아들였고 분명한 영적 대결에 담대하게 가담하였다.

그 주간 말엽, 이 나라에서 흥했던 무장 공격은 그 지역 곳곳을 휩쓸었고 수도원장도 살해당하였다! 내가 이 글을 쓰고 있는 지금 그 지역에는 두 개의 그리스도교 교회가 영적 삼각형 안에 놓여있고, 한 교회가 더 개척될 것으로 계획되어 있다. 나의 친구는 그 나라의 새로운 영적 분위기에 고무받아 자기 교단 320개 교회들이 앞으로 4년 동안 전 교회를 배가시킬 수 있다고 믿게 되었다.

더 높은 차원들에 있는 영적 세력

"페루의 왕자"나 영적 삼각형 세력 지역에 살고 있는 "살인자 수도원장" 같은 존재들과 대면하는 것을 포함하는 사례 연구들을 통하여, 나를 포함한 대다수의 중보 기도자들은 최근까지 소개받지 않았던 영적 상호 작용 차원들을 이해하게 된다.

나는 1989년 5월 워싱턴 DC에서 있었던 전국적 기도 모임을 쉽게 잊지 못한다. 그때 나의 아내 도리스와 나는 처음으로 신디 제이콥스와 그녀의 남편 마이클 제이콥스를 알게 되었다. 우리는 점심을 먹기 위해 차를 몰고 나가고 있었고, 나는 그저 인사치레로 "당신은 무슨 일을 하십니까?"라고 물었다.

신디 제이콥스는 꽤 사실적인 방식으로 "우리는 나라들을 위해 기도합니다"라고 대답하였다. "당신은 나라들을 위해 어떻게 기도하십니까?"라고 나는 다시 물었는데, 이전에 한 번도 그와 같은 것에 대해 듣지 못하였기 때문이다. "글쎄요, 우리는 다른 사람들이 개개인들을 위해 기도하는 것처럼 주로 나라들을 위해 기도합니다" 라고 그녀는 대답하였다.

예수 그리스도를 위해 세상의 나라를 접근해 가는데 몸을 바치기로 한 도리스와 나는 여기에 호기심이 생겼다. 우리는 제이콥스 부부를 점심 식사에 초대하였고, 그들의 이야기는 경험자의 지침 모델이 되는 경우들에 속한 것이 되었다.

여러 가지 말한 것 가운데 신디 제이콥스는, **악마적인 귀신들이 하나님께서 개개인들 가운데서 이루시기 원하는 모든 것을 방해하고 있다면, 그것을 푸는 가장 좋은 접근법은 귀신들을 대면할 뿐만 아니라 그 사람을 괴롭히고 있는 귀신들의 법적 권한을 제공하는 마귀의 진지들을 대면하는 것이라고** 설명하였다. 도리스와 나는 그것을 이미 알았지만, 신디 제이콥스는 이를 계속해서 설명하였다. 그녀는 동일한 대면 원리가 도시들이나 국가들의 **사람들의 그룹들**에 적용됨을 설명하였다. 기도를 통하여 이를테면, 제이콥스 부부의 사역은, 즉 〈중보 기도 총사령관 사역〉(일종의 선교단체)이나 기도 사역들을 통하여 더 높은 수준에 있는 영적 세력들을 대면할 수 있고, 그것들을 약화시키거나 패배시킬 수 있다. 내 생각은 고린도후서 4장으로 몰입되었는데, 여기서 바울은 잃어버린 사람들이 자기 사역을 통해 아주 충분히 구원받지 못하고 있는 것에 대해 불만을 표현한다. 그는 복음이 잃어버린 자들로부터 "가리워진 것 같다"고 탄식한다. 왜 그런가? "이 세상 이 세대의 신"은 저들의 마음을 눈멀게 하였기 때문이다(고후 4:3-4). 나는 전문적인 선교학자로서 사단이 많은 사람들의 생각을 복음으로부터 눈멀게 하기 위해 어떤 계략을 사용하는지에 대해 몰라도 너무 몰랐음을 인정해야 했다.

그 해 이후에, 역사적인 마닐라의 제 2차 로잔 언약 복음화 대회에서 이 사단적인 계략들을 대면하여 어떻게 세계 복음화를 하는지에 대해 더 잘 이해하기 시작한 몇몇 믿음의 사람들에 의해 여러 가지 워크샵들이 진행되었다. 그때 자주 사용된 명칭이 "영토 귀신들"이었다. 이것은 전통 복음주의에 뿌리를 둔 우리 대다수가 그러한 일들에 대해 생각하기 시작한 최초의 시기였는데, 우리는 그러한 것들을 공개적으로 논의한 것에 대해 전혀 말하지 않았다. 나는 그때 쯤 하나님의 음성을 듣는 방법에 대해 조금씩 배우고 있었는데, 내가 지난 장에서 설명한 대로이다. 그러므로 나는 하나님께서 나에게 "나는 네가 이 영토 귀신들 영역에서 국제적인 지도자가 되기 원한다"라고 말씀하셨을 때, 그 말씀을 받을 준비가 되어 있었다. 그것은 내가 지금까지 받은 가장 분명한 말씀 중에 하나였다.

그 결실은 〈국제 영적 전투 조직망〉을 조직하는 것이었는데, 이 영적 전투 조직은 오랫동안 영적 대결의 더 높은 차원들로 연관시키는 문제들을 논의하는 포럼으로 기여하였다. 초창기에는 사실 다양한 차원의 영적 전투가 있다는 것으로 의견의 일치가 이루어졌다. 그 후, 구분된 3차원 영적 전투들로 분명한 선이 그어지게 되었고, 그 3차원의 영적 전투 명칭이 붙여졌다.

3차원의 영적 전투

1. **국지 차원의 영적 전투**는 개개인들을 괴롭히는 마귀적 귀신들을 대결한다. 이것은 개인적인 축귀, 곧 귀신들을 내쫓는 것이다
2. **주술 종교 차원의 영적 전투**는 점술, 무속, 사단 숭배, 프리매서니(혼성 사이비 종교), 동방 종교 운동, 뉴에이지 등

과 같은 이 어두움의 조직된 세력들을 노출시킨다.
3. **전략 차원의 영적 전투**는 바울이 에베소서 6장 12절에서 말하는 것처럼 어두움의 정사들과 권세들과 지배자들과 씨름하는 것을 포함한다.

모든 영적 전투 차원들은 보이지 않는 세계와 서로 연관되어 있기 때문에 모든 차원의 영적 전투가 악한 자와의 중요한 대결 영역들이기는 하지만, 나의 주된 개인적 관심사는 전략 차원 영적 전투에 놓여있다. 나는 이 전략 차원 영적 전투가 세계 복음화를 위해 가장 큰 빚 삭감(pay off 악한 세력 탕감)을 약속하는 차원이라고 생각한다. 또 이 전략 차원 영적 전투는 가장 큰 모험을 요청하므로

> 우리는 하나님께서 우리에게 주시기로 정하신 특별한 쌍의 은사들, 부름들, 기름부음들, 능력들, 삶의 정황들에 대해 제 1차적인 책임이 있다. 말하자면 그것은 우리의 영적 유전인자를 구성한다.

모든 사람을 위한 것은 아니다. 그럼에도 불구하고 "큰 모험에 큰 결실"이라는 방식은 내가 보기에는 사업 세계에서 적용되는 만큼 여기에서도 적용된다.

내가 왜 전략 차원 영적 전투에 개인적인 관심을 갖게 되었는지를 설명하고자 한다. 나는 때때로 전략 차원의 영적 전투자로 오해받기 때문이다. 대부분의 사람들은 하나님을 섬기는 개인들로서 하나님께서 우리에게 주시기로 정하신 특별한 쌍의 은사들, 부름들, 기름부음들, 능력들, 삶의 정황들에 대한 제 1차적인 책임이 있다고 생각하는 바이다. 말하자면 그것은 우리 영적 유전인자(DNA)

를 구성하며, 그리스도의 몸(교회)의 어느 누구도 정확히 우리와 같지 않다. 이 때문에 나는 나 외의 모든 사람이 내가 생각하거나 행동하는 대로 생각하고 내 의견에 따라 행동하거나 동의하는 것처럼 하기를 기대하지 않는다.

다양한 유형의 기도

기도 용사 시리즈 다섯 권을 읽은 사람들은 내가 모든 종류의 기도에 똑같이 관심을 두고 있지 않음을 알았을 것이다. 예를 들어 나는 중보 기도(도고)를 하긴 하지만 하루에 두세 시간 이상 기도하는 중보 기도자는 아니다. 나는 금식도 하지만 40일이나 7일간 금식하는 자는 아니다. 나는 예배를 드리지만 나의 카 스테레오에서까지 예배 테이프들을 철저하게 듣는 열심 신자는 아니다. 나는 성경을 연구하지만 헬라어와 히브리어를 주석하는 데 헌신된 학자도 아니다. 나는 강한 자들과 압제받는 자들에 관심을 두지만 사회 행동가는 아니다.

그러므로 나는 "기도"라는 직설적인 제목을 갖고 있는 리처드 포스터의 고전적인 책을 읽을 때 그 책의 상당한 부분들에서 지루함을 발견한다. 나는 '기도 요리책'이라고도 말하는 그 책의 목차들만을 번개같이 훑어 읽어 내려가면서, 몇 개는 그냥 건너뛰고 있음을 알았다. 예를 들면, '모본자들의 기도' '눈물의 기도' '신성한 맹세의 기도' '생각하는 기도' '책망 기도' '포기 기도' 등등이다. 이는 내가 소수의 제목들을 훑어가는 것을 댄 것뿐이다. 이들은 훌륭한 유형의 기도들이고 많은 신자들이 심령에 와닿겠지만, 나의 독특한 영적 유전인자(DNA)에는 어울리지 않는 것 같다.

나는 나의 영적 유전인자는 거듭남을 통하여 왔음을 믿는다. 나는 열아홉 살 때 구원받았고, 바로 그 날 사도 바울이 선교사로 부름받은 것처럼 부름받았다(행 26:17). 내가 1980년 대 말엽 기도 운동에 깊숙히 뛰어들기 시작했을 때 나에게 개인적 연구, 저작, 가르침을 위해 가장 큰 매력을 준 유형의 기도는 복음화를 위해 가장 확실한 인과 약속을 보여준 기도 유형들이었다. 나는 복음화의 **목적에 대한 수단**으로 간주될 수 있는 기도로 사역을 잘 할 수 있음을 깨달았다. 많은 기도들이 좋다 할지라도 **목적 자체**로 생각되기 쉬운 종류의 기도들로는 사역을 잘 할 수가 없음을 알았다.

어느 누구도 나의 친구 에버린 크리스텐슨과 데이빗 브라이언트보다 우리 나라의 기도 운동에서 더 큰 존경을 받지 못하였다. 에버린 크리스텐슨은 다음과 같이 말한다. "우리는 수단을 목적으로 대치하지 않도록 주의해야 한다. 우리의 수단, 즉 우리의 기도 사역은 실제적인 복음화를 위하여 계단돌들, 열린 문들이 되어야 한다. … **기도는 구원 과정에서 가장 중요한 수단이다.**"[2]

데이빗 브라이언트는 〈기도 합주회〉 같은 연합 기도 운동들이 영적 전투를 위해 능력있는 행사들이라고 주장하지만, 그는 "성경적으로 이해된 부흥적 기도 운동은 가장 높은 형태의 영적 기도이다. 왜냐하면 하나님께서 응답하셨을 때 **부흥**은 교회를 지상 대 명령을 성취하는 데 능력있게 새로운 확장으로 이끌기 때문이다"라고 말한다.[3]

기도 운동에서 많은 활동적인 참여자들은, 하나님의 가장 큰 소원은 이 땅의 모든 족속들이 하나님을 예배하고, 찬양하고, 영화롭게 하는데 우리와 함께 할 기회를 얻도록 우리가 그 나라들을 접해 나가는 것임에 동의한다. 특정한 종류들의 기도는 그 목표를 향해 나가는 데 큰 도움이 될 수 있다.

마귀의 진들을 허는 기도와 금식

그리스도를 위한 가정 선교회의 딕 이스트먼은 전략 차원 중보 기도가 어떻게 효과적인 전도를 위해 개개인의 심령뿐 아니라 전체 지역에 실제적으로 열려 있을 수 있느냐 하는 것의 생생한 모본을 제공한다. 이스트먼은 한 쌍의 〈가정 문서 선교회〉 사역자들이 남태평양의 솔로몬 군도의 고립된 산악 지역에 있는 미전도 종족 그룹인 쿠아이오족을 복음화 하기 위해 솔로몬 군도에서 어떻게 출발했는 지를 말한다. 선교사들은 그 일이 쉽지 않음을 알았다. 한 정부 관료와 적어도 세 명의 다른 선교사들이 이전에 쿠아이오의 영토에 들어갔다가 쿠아이오 사람들에 의해 살해당했다. 이들은 그 산악 지대로 용감하게 들어갔다가는 생명을 잃을 것이라는 주의를, 바로 그 섬에 있는 해안 지역 사람들에게 들었다.

사역자들은 목숨을 기꺼이 내어놓지 않았으나 어리석게 되는 것도 원치 않았다. 이들은 많은 서양 선교사들이 무시했던 그 지역의 영적 어두움을 인식했다. 이들은 수세기 동안 쿠아이오 사람들에게 접근하기 원했던 영적 어두움이 이들에게 대항하고 있는 귀신적 세력들, 즉 능력있는 지역 영토 귀신들을 통해 영구화 되어 있는 것을 분명히 이해하였다. 그러므로 저들의 처음 단계는 **7일간 금식과 기도**를 하는 것이었다.

딕 이스트먼은 다음과 같이 보고한다. "7일간의 금식 기도가 전개될 때 초자연적인 통찰력이 기도 사역자들의 심령에 임하였다. 그 지역을 지배하는 마귀적 귀신들과 정사 무리들에 관한 분별과 지식이 임하였다. 기도할 때 괴상한 발음이 나는 이름들이 계시되었고, 각 귀신의 이름이 밝혀지면서 사역자들은 승리 의식이 임할 때까지 간절하게 기도하였다. 지도자들 중의 한 사람은 이 대결을 계속 헤아리고 있었고, 7일간의 금식 기도가 끝나기 전에 '87 마귀의 진지들'이 기도하는 중에 밝혀져 처리되었다. 그때에야 비로소 그 사역자들은 그 험상궂은 산악 지대로 들어갈 영적 준비가 되었던 것이다."[4]

드디어 선교사들은 금지된 영토에 힘차게 발을 내디뎠고, 쿠아이오 사람들에게 해를 받지 않으면서 그곳에 들어가는 것이 허용되었다. 이들은 여러 시간 동안 앉아서 그 마을의 추장을 보호하고 있는 한 그룹의 마을 장로들과 이야기를 하였다. 그 추장은 지금 너무 아파서 그들을 만날 수조차 없는, 한때는 위력있는 점쟁이(마술사)였는데, 사역자들은 그 추장의 허락 없이는 어떤 일도 전개될 수 없음을 알았다. 그리스도교 사역자들이 추장을 방문하기 위해 네 번의 요청을 하였으나 번번히 거절되었다. 마침내 성령이 그 저항을 깨뜨렸고, 두 전도자들이 그를 방문하도록 허용되었다. 아주 놀랍게도 그 추장은 메시지를 경청하였고 마음을 열어 예수 그리스도를 영접하였다. 그러나 병들어 있던 추장은 예수 그리스도를 영접하자마자 머리를 떨구고 죽었다!

부족인들의 즉각적인 반응은 이 행인들이 와서 이상한 종교로 자기 추장을 저주하였다는 것이었다. 이들은 그 선교사들을 사형 집행할 계획을 세우기 시작하였으나 성령은 두 시간 동안 생동적인 대화를 지휘함으로써 그 사형 조치를 연기시키셨다. 마지막으로 그 사역자들은 자유함을 받았다. 그런데 그때 놀랍게도 약 7시간이 지나서 죽었던 추장이 벌떡 일어나 앉아 자기 가족과 친구들을 부르며 자기에게 오라고 하였다. 그는 한 천사임에 틀림없는 어떤 존재가 자기를 허다한 무리들이 "예수(선교사들이 전파하는 분)"를 경배하고 있는 곳으로 데려갔음을 설명하였다. 그는 성경에 대해서 아무것도 아는 바가 없었지만 "아브라함"이라는 사람과 "엘리야"라는 또 다른 사람을 소개받았다고 말했다. 그는 다른 많은 괄목할만한 상세한 이야기들을 하고 나서 선교사들을 마을로 되돌려 보냈고, 자신을 따르는 자들이 선교사들의 메시지를 믿을 것을 간청했다. 그리고 나서 그 다음 날, 그는 다시 조용히 예수의 품에 영원히 잠들었다.

놀라울 것 없이 모든 쿠아이오 사람들은 즉각 예수를 영접하는 기도를 하였다. 이 때 쯤에 이스트먼은 그의 보고서를 작성했고, 약 3년 후에 그 마을의 변화의 결과로 일어난 교회는 300명 이상의 회심자들을 갖고 있었고, 산악 지대 곳곳에 그 외 16개 이상의 교회들이 발전 단계 내지 그 이상의 단계에 있었다. 4,000명 이상의 쿠아이오인들은 그때 쯤 그들의 삶을 예수 그리스도께 바쳤다.[5]

그러한 일이 어떻게 일어날 수 있었는가?

이 극적인 이야기에 감동을 받은 많은 사람들이 자연스럽게 "그러한 일이 어떻게 일어날 수 있었는가?"라고 물을 것이다. 이것을 잠시 분석해 보자.

> 사역자들(태평양 군도들)의 세계관은 그들이 보이지 않는 세계의 세력들, 즉 어두움의 세력들과 빛의 세력들이 보이는 세계에서 일어나고 있는 것에 큰 영향을 끼치고

있음을 이해하게끔 허용하였다. 또 이들은 보이지 않는 하나님이 최고 높으시고, 그분이 기적 행동들을 나타내신 후로서 인간 사에 개입하실 수 있고 또 개입하실 것임을 알았다.

이들은 쌍방 통행 기도(제 2장)와 전략 차원 중보 기도(본장)가 쿠아이오인들을 지배하는 어두움의 세력들을 침투하는 데 필수적임을 이해하였다.

이들은 기도를 통하여 일종의 "영적 매핑"(진단과 처방)을 성취하였는데, 이 매핑은 그들에게 쿠아이오 사람들을 속박해 온 어두

> 얼마 전만해도 나는 때때로 듣는 "강한 자를 결박함"이라는 용어를 극단파에 속한 것으로 좌천시켰다. 이 말을 의심없이 사용하고 있던 자들은 성경을 어떤 내용과, 오늘날 세계에서 한 번도 도움받지 못한 성령의 역사의 어떤 것을 알았다.

움의 귀신들 명칭들을 알려 주었다. 나는 다음 장에서 영적 매핑을 설명할 것이다.

이들은 가지고 있는 정보에 따라 행동하면서 "강한 자들을 결박하였고" 또 그리함으로써 복음이 그 지역에 스며들어오지 못하게 하고 있었던 "진지들을 허물었다." 이 두 가지 것은 좀 더 자세하게 이해되어야 한다.

강한 자를 결박함?

　나는 불과 얼마 전까지만 해도 '강한 자를 결박함'이라는 용어를 극단파에 속한 것으로 좌천시켰다. 이제 나는 이 말을 사용하고 있는 자들, 즉 그 당시 대부분의 오순절 교도들과 은사 운동 교도들은 분명히 성경에 있는 어떤 것과 오늘날 세계에서 한 번도 도움받지 못한 성령의 역사의 어떤 것을 알았음을 깨닫는다.

　교회 성장 교수로서 내가 가장 좋아하는 성경구절은 예수께서 베드로와 그 제자들에게 말씀하신 마태복음 16장이다. "이 반석 위에 내가 내 교회를 세우리라"(마 16:18). 이것은 예수께서 "교회"와 "건물"이란 말을 처음으로 언급한 기록이다. "교회를 성장시키라"고 말하는 또 다른 방식이 있다. 이 말씀은 내가 실제적으로 전략 차원 영적 전투에 대해 알지 못했던 수십 년 간 강조한 성경 부분이다. 예수께서는 계속해서 "음부의 권세가 (이 교회를) 이기지 못하리라"(마 16:18)고 말씀하셨다. 나는 예수께서 그의 제자들에게 교회를 세우는 것은 불가피하게 중대한 영적 전투를 포함한다고 말씀하신 것을 알지만, 내가 그렇게 알았다 하더라도 그분이 의미하신 것을 설명할 수는 없었다.

　나는 그 다음 구절에서 최악의 문제를 안게 되었다. "내가 천국 열쇠를 네게 주리니 네가 땅에서 무엇이든지 매면 하늘에서도 매일 것이요"(마 18:19). 여기서 "매다"라는 이 말은 내 마음에 떠오르는 어떤 것, 즉 뱀을 둘둘 마는 자들(하나님의 교회)이 말하는 것과 같은 것일 뿐, 나와 같이 균형을 잘 유지한 그리스도인들을 염두해 두는 것은 아니었다. 나는 내가 "천국의 열쇠"가 "음부의 권세"를 열어 음부의 무리들이 세계 도처에서 교회 성장을 더 이상 방해하지 못하도록 한다는 중요한 내용을 알아채지 못했을 정도로 얼마나 어리석었는 지를 알게 되었다. 그 "열쇠들은 무엇인가?" 분명히 "매는 것"과 연관된 어떤 것이다.

예수께서는 이미 그의 제자들에게 영적 전투를 가르치셨던 마태복음 12장에서 "매다"는 말을 사용하셨다(헬라어로는 데오라는 말을 사용하셨다). 예수께서는 이렇게 말씀하였다. "사람이 먼저 강한 자를 결박하지 않고야 어떻게 그 강한 자의 집에 들어가 그 세간을 늑탈하겠느냐? 결박한 후에야 그 집을 늑탈하리라"(마 12:29). 이 말씀과 병행구로 나타나는 누가복음 11장을 보면 누가는 강한 자를 "이기라"(헬라어 니카오)라는 말을 사용한다. 내가 제시하고 있는 요점은 성경적으로 말하자면 강한 자를 "결박하는 것"과 "강한 자를 이기는 것"으로 이것은 동의어이다.

이기는 자들이 상급을 받는다.

나는 어떤 이유에서든 "이기는 것"은 나를 결박하는 것보다 더 존경스러운 용어처럼 느껴지기 때문에 그것을 더 빨리 알기를 소망하였다. 특별히 예수께서 요한계시록 2장과 3장에서 소아시아의 일곱 교회들에게 쓴 일곱 서신들(사도 요한의 글을 통하여 쓴 편지)을 보면 "이기라"라는 말은 거듭 되풀이된다. "이기다"라는 말은 모든 일곱 편지들 중에 나타나는 한 가지 명령형 동사이다. (예외는 "귀 있는 자는 성령께서 교회들에게 하시는 말씀을 들을지어다"라는 경구이다). 더욱이 "이기다"라는 말이 나타날 때마다 예수께서는 누구든지 이기는 자에게 풍성한 약속을 주신다고 하신다. 예를 들면 "내가 이기는 자에게 내 보좌에 나와 함께 앉도록 하리라"(계

3:21). 나는 요한계시록을 처음 읽을 때부터 승리자가 되기를 원하였다!

요한계시록에서 **니카오**라는 말을 일곱 번 사용하는 것 외에, 예수께서는 성경 전체에서 **니카오**라는 말을 두 번 더 사용하신다. 그 한 번은 예수께서 행하시는 것을 언급하는 것이고, 또 한 번의 니카오는 그의 제자들이 행하도록 되어 있는 것을 언급하는 것이다. 그 첫 번째 언급은 요한복음 16장 33절에 나온다. 즉 "세상에서는 너희가 환란을 당하나 담대하라 내가 세상을 이기었노라"(이겼다는 니카오).

예수께서는 십자가 상에서 죽으실 때 "이기다"라는 말을 절정으로 말씀하셨는데, 나중에 바울은 그것을 이렇게 표현한다. "정사와 권세를 벗어버려 밝히 드러내시고 십자가로 승리하셨느니라"(골 2:15). 이것은 예수께서 말씀하신 것으로 이겨진 모든 영적 전투의 기초로 놓여 있게 된다. 우리가 행할 어떤 것이 아직도 남아 있는가?

어떤 사람들은 예수께서 "이기셨기" 때문에 우리는 단지 예수를 의지하고, 그분은 우리를 위해 모든 악한 세력을 다루실 것이라 생각하기를 좋아한다. 사실 하나님만이 악한 귀신들을 지배하는 궁극적 능력을 가지신 분이시지만 그분은 또한 우리도 그 능력을 풀어내는 역할을 하도록 허락하고 계신다. 예수께서는 요한계시록에서 그의 죽음과 부활 후에 신자들에게 "이기라"고 말씀하셨다. 요한복음 16장 33절 이외에 예수께서 한 번 더 "이기다"라는 말을 사용한 곳은 누가복음 11장 22절이다. 이 구절에서 더 예수께서는 그의 제자들에게 그들이 강한 자를 이기거나 결박해야 한다고 가르치고 계신다. 이 구절을 좀 더 상세하게 살펴보자.

바알세불의 세력을 헐라

바리새인들은 예수께서 바알세불, 즉 에크론을 치유하는 신의 능력을 사용함으로(왕하 1:2, 3, 6, 16) 귀신들을 내어 쫓는다고 그를 고소하였는데 예수 당시에도 귀신은 여전히 숭배되었다. 그러나 예수께서는 자신이 "성령이신 하나님의 손가락"(눅 11:21)을 사용함으로 그들을 내어 쫓았다고 말씀하지 않으셨다. 여기에서 바알세불은 사단 바로 아래 있는(마 12:26, 막 3:23, 26, 눅 11:18) 높은 계급의 귀신적 정사(마 12:24, 27, 막 3:22, 눅 11:15, 18)인 것으로 드러난다. 바알세불은 "귀신들의 통치자"라고 불리기도 하여 군인들의 통치자가 된 군대 사령관과 같은데, 사단은 총 사령관인 셈이다. 바알세불은 악한 왕국 강한 자들 중의 한 정사이다. 그래서 예수께서 이렇게 말씀하신다. "강한 자가 무장을 하고 자기 집을 지킬 때에는 그 소유가 안전하니라"(눅 11:21). 분명히 귀신적 정사의 가장 소중한 소유물들은 구원받지 않은 영혼들이다. 그 정사의 군대를 그대로 놓아두면 분명히 구원받지 않은 영혼들은 그가 소유하고 있어 구원받지 못한 채로 남아 있게 된다. 이는 사단이 그의 방식을 고수하기 때문이다.

그렇지만 강한 자의 무장은 "더 강한 자가 와서 저를 이길 때에는"(눅 11:21) 믿었던 무장을 빼앗기게 된다. "더 강한 자"는 성령, 곧 하나님의 손길이다. 오늘날 성령은 어디에 계신가? 성령은 우리 안에 계시다! 예수께서는 "성령이 너희에게 임하시면 너희가 권능을 받으리라"(행 1:8)고 말씀하셨다. 예수께서는 성령 없이 "이기라"고 우리에게 명령하신 것이 아니다. 그분은 성령의 능력으로 "이기라"고 말씀하셨다. 예수께서는 "나를 믿는 자는 나의 하는 일을 저도 할 것이요"(요 14:12)라고 말씀하셨다. 이 때문에 "강한 자를 결박하는 것"은 우리의 의무이다. "네가 땅에서 무엇이든지 매면 하늘에서도 매일 것이요"(마 18:19).

솔로몬 군도에 있는 〈가정 문서 선교회〉의 사역자는 7일간의 기도와 금식을 하는 동안 소중한 물건들인 쿠아이오 사람들을 강하게 진격적으로 결박하고 있었다. 그리하여 이들은 전략 차원 중보 기도를 통하여 저들의 귀신적 무장을 빼앗고 쿠아이오 사람들이 처음으로 그리스도의 복음을 들을 수 있게 하였다.

진지들을 헐어내라

딕 이스트만이 간직한 기록들에 따르면 "이 전략 차원 중보 기도를 통하여 쿠아이오 사람들에게 간 두 명의 선교사는 '87 진지들'을 밝혀냈고 기도하는 가운데 그곳을 영적으로 처리하였다고 보고한다.[6] 이것은 바울이 다음과 같이 말하는 고린도후서 10장 4절의 말씀이기도 하다. "우리의 싸우는 병기는 육체에 속한 것이 아니요. 오직 하나님 앞에서 견고한 진을 파하는 강력이라." 바울은 계속해서 진들은 두 가지 형태를 띠고 있다고 말한다. 즉 ①이론들(헬라어, **로기조마이**)과 ②높아진 것들(헬라어, **후프소마**)(고후 10:5)이 그것이다.

많은 사람들이 진들의 성격을 이해할 때 애매하거나 부정확한데, 그것은 이들이 이 두 가지 형태를 인식하지 못하기 때문이다. "이론들"은 개개인들이나 국가 정부와 같은 그룹들이 인간 심성, 결정, 선택들에 뿌리박은 진지들이다. 예를 들면 미국 정부가 이전에 시소 인디언들과 체결한 엄숙한 조약을 합의하기로 정할 때, "즉

각 대적이 허물어질 때까지 사용할 수 있는 진지를 만드는 것이다"
라고 했을 때와 같은 것이다. 이것에 대해서는 제 5장에서 상세하
게 설명한다. 그래서 제 5장의 제목은 "과거를 치유하는 능력"이
다.

"높아진 것들"은 영적 정사들인데 이를테면 영토 귀신들이다.
높아진 것들은 인간 심성에서 유래하는 것이 아니라 보이지 않는
어두움의 세력 가운데서 기원한다. 〈신 국제 신약성경 신약 사전〉
은 다음과 같이 말한다. "**후프소마**에 대해 신약성경이 사용한 것은
아마도 점성술적인 개념들을 반영하므로 우주적인 세력들을 책망
한다. … 하나님을 거스리고 하나님과 인간 사이에서 개입하기를
추구하는 세력들을 나타내는 것 같다."[7] 가정 문서 선교회 사역자
는 7일간의 전략 차원 중보 기도를 통하여 솔로몬 군도의 "높아진
것들"인 귀신 진지 87곳을 성공적으로 초토화시켰다.

그리스도를 증거하는 것은 당연한 의무이다.

우리가 꼭 해야 하는 것은 정확히 기도하여 사람들은 구원받게
하는 것이다. 그럼에도 사실상 이것은 항상 일어나지 않는다. 우리
는 사도 바울이 다메섹 도상에서 구원받은 것처럼 신적인 개입을
통하여 구원받은 사람들에 대해 듣는다. 그렇지만 그런 구원은 항
상 있는 방식이 아니다. 성경은 이렇게 말한다. "그런즉 저희가 믿
지 아니하는 이를 어찌 부르리요 듣지도 못한 일을 어찌 믿으리요
전파하는 자가 없이 어찌 들으리요"(롬 10:14).

다시 분명히 짚고 넘어가자. "강한 자를 결박함" 또는 "진들을
헐음" 그 자체로 영혼을 구원하지 못할까? 잃어버린 사람들은 예수

그리스도를 주와 구세주로, 개인적으로 믿음으로서만 구원을 받는다. 그러나 당신 주위에 있는 사람들과 세계 도처에 있는 많은 사람들에게 복음이 아무리 화려하게 전달된다 하더라도 그들이 그 **복음을 들을 입장**에 있지 않은 이유는 고린도후서 4장 4절 말씀처럼 "이 세상 신이 믿지 아니하는 자들의 마음을 혼미케 하여 그리스도의 영광의 복음의 광채가 비춰지 못하게 하였기 때문이다." 전략 차원 중보 기도는 하나님께서 우리에게 눈먼 자들을 없애고 그들이 최종적으로 복음을 들을 수 있도록, 그 포로된 자들을 풀어주라고 부탁하신 것을 수행하는 수단일 뿐이다. 그래서 이들은 자신의 삶을 예수 그리스도께 위탁할 것인지를 결정해야 한다.

많은 쿠아이오 사람들이 구원받았지만 다 구원받은 것은 아니었다. 나머지 사람들은 하나님께서 이들 중 **아무도 멸망치 않기를 원하시기** 때문에 계속적이고 지속적인 공격적 전도를 필요로 한다. 그러나 하나님의 사람들이 능력있는 기도에 종사였기 때문에 더 큰 수확은 이제 분명한 가능성으로 남아있다.

❖ 생각할 문제들 ❖

1. "페루의 왕자"는 브라질 선교사 예수엘을 대항하여 등장하였다. 당신은 "미국의 왕자" "와이오밍의 왕자" "휴스턴의 왕자"의 가능성을 어떻게 생각하는가?

2. 대부분의 미국인들이나 한국인들은 영토들을 다스리는 귀신 개념에 동의하면서도 왜 그 귀신 개념을 조롱하는가?

3. 당신은 "강한 자를 속박"하거나 "사단을 결박"하게 해 달라고 스스로 기도하거나 다른 사람이 기도하는 것을 들은 적이 있는가? 이것은 무엇을 의미하는 지를 논의해 보라.

4. 두 종류의 진들, 즉 "이론들"과 "높아진 것들" 간의 차이를 생각한 다음, 각 진들의 실례들을 말해보라.

더 자세한 참고들

- C. 피터 왜그너 『기도는 전투다』(Warfare Prayer, 1992)와 『영적 전투』(Confornting the Powers, 1996)를 보라. 기도 용사 시리즈의 첫 책인 『기도는 전투다』는 전략 차원의 중보 기도의 이론과 실천을 개진한다. 『영적 전투』는 전략 차원 중보 기도를 반대하여 제기된 몇 가지 비평에 대한 나의 최근 해답이다.
- 신디 제이콥스 『원수의 권세들을 점령하라』(Possessing the Gates of the Enemy, 1991, 1994 개정). 이 책은 전략 차원 중보 기도에 능동적으로 참여하기 바라는 사람들을 위한 탁월한 방법론에 관한 책이다.
- 딕 이스트먼 『여리고 시간』(The Jericho Hour, 1994). 세계 도처에 있는 진들이 어떻게 능력 기도로 허물어지는 가에 대한 것이다.
- 에드 머피 『영적 전투 백과』(The Handbook for Spiritual Warfare, 1992). 이 책은 영적 전투에 관해 가장 폭넓은 유용한 교과서이고, 가장 성경적인 내용을 담고 있다.
- 딘 셔먼 『모든 그리스도인의 영적 전투』(Spiritual Warfare for

Every Christian, 1990). 개인적인 용사의 삶에 대해 특별한 강조점을 포함하는 영적 전투에 관한 훌륭하면서도 기초적인 입문서이다.

Notes

1. This report, received from Thomas Moreno and Dawn Ministries, was published in Steve Bufton's "Friday Fax," March 18, 1996.
2. Evelyn Christenson, *A Time to Pray* (Eugene, Oreg.: Harvest House Publishers, 1996), p. 50.
3. David Bryant in personal correspondence with the author.
4. Dick Eastman, *The Jericho Hour* (Orlando, Fla.: Creation House, 1994), p. 47.
5. This case study was paraphrased from Dick Eastman's book *The Jericho Hour*, pp. 43-47. It is retold, in greater detail, in Eastman's more recent book *Beyond Imagination* (Grand Rapids: Chosen Books, 1997), pp. 221-230.
6. Ibid., p. 47.
7. J. Blunck, "Height," *The New International Dictionary of New Testament Theology*, Vol. 2, ed. Colin Brown (Grand Rapids: Zondervan Publishing House, 1975), p. 200. See also *Theological Dictionary of the New Testament*, Vol. 8, ed. Gerhard Friedrich (Grand Rapids: Wm. B. Eerdmans Publishing Company, 1972), pp. 613-614.

4 장
우리의 기도들을 조준하라 :
영적 매핑(지역 조사를 통한 진단과 처방)

오늘날 외과의사가 반드시 진단해야 하는 것이 외적 진단이고 엑스레이나 자석 공진에 메이징(MRI)이 없었을 때, 수술을 위해 수술실로 병상을 옮겼다고 상상하는 것은 힘들 것이다. 물론 몇 세대 전에 이것은 외과의사가 이룰 수 있었던 유일한 길이었지만 외과의사는 정밀한 정보의 부족 때문에 저지른 실수를 용서받을 수 있었다. 그러나 이것은 더 이상 용납되지 않는다. 오늘날 수술 전에 미리 어디에서, 또 어떻게 정확히 잘라야 하는 지를 알려주는 최근 기술을 사용하지 않는 의사는 뭔가 잘못된 일이 벌어졌을 때 오시술 소송에 직면할 가능성이 크다.

엑스레이와 스마트 폭탄들

과테말라의 목사인 해롤드 카발레로스는 "엑스레이가 의사에게 연관되어 있는 것 같이 영적 매핑은 중보 기도자들에게 연관되어 있다"[1]고 말한다. 나는 이보다 더 생생한 유추를 상상할 수 없다. 무엇보다도 이제는 영적 매핑이 왜 중요한 지와 영적 매핑을 적절하게 행하기 시작하는 방법을 이해하게끔 도와줄 것이다.

또 나는 밥 베켓트 목사가 영적 매핑을 기술하는 방식을 좋아한다. 베켓트 목사는 걸프전쟁으로 우리의 기억을 되돌려 사담 후세인의 많은 스커드 미사일들은 발사되었으나 연합군에게 극소의 손해만 가할 수 있었던 것을 설명한다.

누군가가 풍자적으로 후세인의 미사일들을 발사한 후 어디에 맞추었는지를 확인하려면 CNN 텔레비전에 주파수를 맞추라고 했을 정도이다. 베켓트는 이것이 그의 교회인 캘리포니아 주의 헤멧 시 거처 교회(Dwelling place)가 오랫동안 기도한 방식이었다고 말한다. 그는 다음과 같이 말한다. "우리는 원수에게 대항하고 있었지만 전략적 정보의 부족 때문에 구체적인 목표물을 겨냥하거나 맞추었는가를 가려내거나 식별할 수 없었다.[2]

베켓트는 스커드 미사일과 연합군의 "스마트 폭탄들"을 대조한다. 우리는 텔레비전을 통해서 저들이 겨냥한 곳의 굴뚝이나 창문이나 문에 폭탄이 정확하게 명중하였던 것을 보았다. 그 폭탄들이 그렇게 될 수 있었던 이유는 공습이 시작되기 전에 소수의 기술있는 정찰 전문가들이 적의 경계선에 숨어서 가장 우선적인 목표물에 놓여 있는 목표 조정물들을 컴퓨터에 프로그램화 하여 스마트 폭탄들을 쏘게 하였기 때문이다.

나는 밥 베켓 목사가 여러 번 이렇게 말한 것을 기억한다. "우리는 우리 교회들에서 지나치게 너무 많은 스커트 미사일을 갖고 기도하고 있었다. 우리는 스마트 폭탄으로 기도해야 한다!"

왜 어떤 기도들은 응답받지 않는가?

나는 이 시리즈의 다섯 가지 가정적인 질문들을 수반시킬텐데, 이 모든 것이 예결할만한 해답을 갖고 있다.

당신의 교회는 기도하는가? 물론 대답은 '예'
당신의 교회는 개개인들을 위해 기도하는가? '예'
당신의 교회는 가족들을 위해 기도하는가? '예'
당신의 교회는 목사와 교회를 위해 기도하는가? '예'
당신의 교회는 지역 사회를 위해 기도하는가? '예'

나는 내가 어느 특정한 주일 아침에 당신의 교회에 가서 회중들에게 "지금부터 이곳에 계신 여러분들이 개개인을 위해 기도한 것에 대해 응답받은 기도 간증들을 들으며 10분만 보냅시다"라고 제안했다면 그 시간을 내주는 것은 문제가 없을 것이라고 생각한다. 가족들을 위해 응답받은 기도, 목사와 교회들을 위해 응답받은 기도도 동일할 것이다. 그러나 나는 **지역 사회**를 위한 기도의 응답에 대해서는 대부분의 교회는 2분을 때우기도 힘들 것이고, 10분을 때우기란 더 힘들 것이라고 생각한다. 많은 사람들이 지역 사회를 위해 10년간 기도해 온 것은 인정해야 할 부분이지만, 지금은 지역 사회를 기도하는 것이 10년 전보다 더 약화되어 있다.

왜 그런가? 이 책을 읽는 대부분의 사람은 내가 말한 것에 지극히 동의할 것이다. 사람들이 동일한 기도를 하고 있다. 이들은 동일한 기도 신학을 갖고 있다. 이들은 동일한 성령을 모시고 있다. 이들은 동일한 하나님 아버지께 기도하고 있다. 그런데 이들 대개가 왜 지역 사회를 위한 기도의 응답을 보기보다는 개개인들, 가족들, 교회를 위한 기도에 더 구체적인 응답들을 보게 되는가? 나는 그 대답은 간단하다고 생각한다.

사람들이 흔히 그렇듯이 어떤 사람이 나에게 걸어와서 "피터 왜그너 씨, 당신은 나를 위해서 기도해주시겠습니까?"라고 요청한다고 생각해 보라. 물론 나는 그 사람을 위해 기도하겠지만 먼저 무엇을 해야할까? 나는 무조건 기도부터 시작하지는 않을 것이다. 나는 "내가 당신을 위해서 무엇을 기도해드릴까요?"라고 물을 것이다.

그 사람이 "나는 지금은 편하지 않습니다"라고 대답한다고 생각해보라. 나는 아직 그 사람을 위해서 기도할 준비가 되어있지 않기 때문에 "당신은 나에게 무엇이 잘못되었는지를 말씀해주실 수 있습니까?"라고 되물을 것이다. 나는 이 시점까지 그를 위해서 어떤 기도를 해주어야 하는지, 즉 상황이나 실직에 대한 위협이나 여자 친구와의 헤어짐 등에 대해 기도해야 하는지를 알지 못한다. 그래서 나는 그에 대한 충분한 정보를 얻기까지 그에게 계속 질문들을 던질 것이다. 그리고 나서야 비로소 나는 그 사람을 위해 기도하기 시작할 것이다. 당신도 똑같을 것이다.

우리는 우리 지역 사회에 대해 말할 수 있는가?

왜 우리는 이러한 통로를 밟는가? 분명히 우리는 오래 전에, 우리가 **개개인**을 위해 구체적으로 기도할수록 우리의 기도가 더 가능성있게 응답됨을, 경험을 통해 터득하였기 때문이다. 우리의 문제는 우리 대부분이 우리 **지역 사회**의 직접적인 문제들을 묻는 방법을 결코 배우지 않았다는 것이다. 우리가 그러한 일을 행하고 있어야 함에도 불구하고 우리에게는 그러한 일이 거의 일어나지 않는다.

제 1장 제목은 "기도는 능력있게 만들 수 있다. 그 외 다른 방법이 있는가?"이다. 이 책의 나머지 부분은 우리 모두가 가능한 한 가장 능력있는 길로 기도하도록 돕게 쓰여졌다. 영적 매핑, 즉 우리의 기도를 할 수 있는 한 정확히 조준하는 것은 우리가 다른 방식으로는 할 수 없는 능력있는 기도를 하는데 중요한 도움 중의 도움이다.

예를 들어보겠다. 며칠 전에 나는 〈포스퀘어 교회 세계 확장〉 잡지에 실린 스리랑카에서 온 보고서를 읽었다. 그 보고서는 쿠마라완사 목사와 그의 가족이 어떻게 '호로나' 라는 스리랑카의 한 지역에 들어가서 가정 교회를 시작하였는지를 전하였다. 이들은 보통 하는 식대로 그 지역의 영토 귀신들을 반대하는 전투 기도를 하였다. 이들은 전략 차원 전투 기도에 잘 훈련되어 있었다. 그러나 태동의 기미는 전혀 일어나지 않았다. 이들은 복음에 대한 큰 저항을 경험하였다. 불신자 무리들은 저들이 예배드리고 있는 집에 와서 돌을 던졌고 집회들을 방해했다.

호로나 출신의 한 여인이 구마라완사 부인에게 와서 그녀에게 그 지역을 지배하는 대장 귀신 이름을 알려준 그날까지 일들이 무산되는 것처럼 보였다. 결국 이들은 그들에게 필요한 목표물을 가지게 되었다. 이들은 "스커트 미사일 기도"에서 구체적으로 지배하는 귀신적 정사를 반대하는 "스마트 폭탄 기도"로 즉각 바꾸었다. 이들은 나사렛 예수의 이름으로, 또 성령의 능력으로, 이런 저런 식으로 귀신을 지배하는 권세를 발동하였다. 영적 분위기는 깨끗하여 졌고 일들은 빠르게 변화하기 시작하였다. 이 보고서는 "회중은 성장하고 있고 모체 교회는 전 지역으로 사역이 퍼져 나갈 것을 기대하고 있다"[3]라고 전한다.

호로나의 경우 변화를 이룬 것은 분명히 영적 매핑(진단, 조준, 처방)이었다. 이 경우를 볼 때, 중보 기도자들은 하나님께 전도 방해의 문제 해결책을 자신들에게 보여달라고 간청하는 것 외에는 수동적 역할을 하였다. 하나님께서는 이들에게 그들이 기도를 통해, 또한 목사 아내에게 여인이 방문하는 것을 통해 목표물을 조정하도록 허락하셨다. 하나님께서는 때때로 이렇게도 행하시지만, 또한 우리에게 지역 사회로 들어가 더 의도적이고 진취적이고 공격적인 영적 매핑에 가담하도록 사용할 수 있는 많은 도구들을 허락하시기도 하신다. 이제 우리는 중보 기도자들이 더 정확하게 조준할 수 있도록 우리 지역 사회의 중요한 문제들을 묻는 방법에 관해 더 깊이 알게 될 것이다.

영적 매핑을 정의함

영적 매핑이란 말은 1990년 대 말엽 〈샌티넬 그룹〉의 조지 오티스 2세가 조어한 것이다. 오티스의 소원은 "우리가 세상이 실제적인 만큼 보기를 배우도록 돕는 것이었지, 세상이 모습을 드러내는 것만큼 그 세상을 보기 위해 배우도록 돕는 것은 아니었다."[4] 조지 오티스는 내가 말하기 좋아하는 "우리의 제일 가는 그리스도교 간첩 단체"가 되었다. 오티스의 책들인 『거인들의 최후』와 『현란한 미로』는 그가 발견한 것들 중의 많은 것을 알려주고 있으며, 더 많은 책들이 출간되고 있다.

　오티스의 말은 간단한 것처럼 들리지만 그 의미들은 엄청나다. 첫째로 오티스의 말은 보이지 않는 세계가 우리 자신의 오감들을 매일 들락날락할 때 연관시키는, 보이는 세계를 초월하는 어떠한 거처에 존재해 있는 것을 전제한다. 둘째 오티스의 말은 보이지 않는 세계에 관한 어떤 것들은 보이는 세계에 있는 어떤 것들보다 이해하기에 더 중요한 것임을 의미한다. 이것은 우리가 사도 바울이 다음과 같이 말하는 것을 기억한다면 놀랄만한 일이 아니다. "우리의 돌아보는 것은 보이는 것이 아니요 보이지 않는 것이니 보이는 것은 잠깐이요 보이지 않는 것은 영원함이니라"(고후 4:18).

　아주 최근까지 그리스도의 몸인 우리가 보이지 않는 세계에 대해 무지하였던 것은 괄목할만 하다. 참으로 우리는 천국과 지옥, 또 하나님과 마귀를 알았고 우리 대다수가 귀신들을 내어 쫓지 않았는가? 그러나 그것은 효과적인 전쟁을 치루기에는 별로 충분하지 못하다.

　조지 오티스는 이렇게 말한다. "어떤 사람은 영적 차원의 길들이 바다가 선원들에게 익숙한 것처럼 보통 신자에게 익숙한 것으로 생각한다."[5] 그러나 그것은 사실과는 거리가 멀다. 왜? 오티스는 계속해서 다음과 같이 말한다. "문제는 많은 신자들, 특히 서양 반구에 있는 신자들은 영적 차원의 언어, 원리들, 기록들을 배우는 데 시간을 들이지 않았다."[6] 오티스는 우리가 많은 교사들을 갖지 않았음을 첨가해서 말한 것인지도 모른다. 나는 상당 기간 동안 신학대학원과 종교대학원에서 배웠지만, 그러한 지식이 존재하는 것에 대해 들어보지 못하였다. 나는 오티스가 말하는 것처럼 그런 것이 가능할 수 있다는 생각을 갖지 않았었다. 그러나 "영적인 영역의 세력들과 사건들을 물질 세계에서의 처소와 상황들로 이해하는 것을 강조할 수 있다"[7]라고 조지 오티스는 말한다.

용사들은 원수에 대한 정보를 소중히 여긴다

원수에 대한 정보를 앞질러 수집하는 것이 성경적이냐에 대해 의문을 제기할 사람은 없다. 하나님은 모세에게 이렇게 말씀하셨다. "사람을 보내어 내가 이스라엘 자손에게 주는 가나안 땅을 탐지하게 하라"(민 13:2). 모세는 가나안 땅에 얼마나 많은 사람들이 살았는지, 그들의 능력 평가와, 어떤 도시들이 어떠하였는지, 그들은 어떻게 작물을 키웠는지, 땅 어디에 숲들이 있는지(민 13:18-20)를 알기 원하였다. 모세는 상세한 정보의 가치를 알았다. 정탐하러 간 열두 사람 중의 한 사람인 여호수아는 나중에 두 사람을 여리고에 정탐꾼으로 보내어 요단 강을 건너서 약속의 땅을 점령하기 전에 더 구체적이고 최근의 자료를 얻었다.

오늘날 우리의 전투는 보이는 세계에서 인간과 싸운 여호수아의 전투와 같은 것이 아닐지도 모른다. 바울은 이렇게 말한다. "우리의 씨름은 혈과 육에 대한 것이 아니요 정사와 권세와 이 어두움의 세상 주관자들과 하늘에 있는 악의 영들에게 대함이라"(엡 6:12). 그러나 우리가 보이는 세계와 상호 작용하고 있든, 보이지 않는 세계와 상호 작용하고 있든 원리는 동일하다. 우리는 원수와 싸우러 나아가기 전에 우리가 할 수 있는 모든 정보를 수집해야 한다. 계획에 앞서서 무엇을 하지 않기로 결정하는 것은 어리석다. 바울은 이렇게 말한다. "이는 우리로 사단에게 속지 않게 하려 함이라 우리가 그 궤계를 알지 못하는 바가 아니로라"(고후 2:11).

이제 잠깐만 화제를 돌려보자. 어쨌든 우리가 사단의 궤계에 무지하다고 생각해 보라. 어떤 일이 벌어지겠는가? 왜? 물론 사단은 우리를 **남용할 것**이다. 나는 에드 실보소의 다음과 같은 말을 좋아한다. "실제 전투에서 가장 중요한 정보는 당신이 아는 것이 아니라 당신이 알지 못하는 것이다. 특별히 당신의 원수가 당신이 그것을 알지 못하는 것을 안다면 더욱 그렇다."[8]

나는 오늘날 사단이 아주 멀리 떠나 있다는 것에 대해 염려한다. 우리는 사단과 그의 사악한 무리들이 우리 도시들, 우리 나라들, 그리고 세계 도처에서 일을 벌이고 있는 것에 지독하게도 무지하였다. 실보소는 이에 동의한다. "일반적으로 말해서 오늘날 교회는 마귀의 계책들에 대해 위험하리만치 무지하다. 실제로 어떤 사람들은 마귀와 그의 계책들에 대해 무지한 지경까지 이른다. 이들은 자신들이 배타적으로 예수께 집중하고 마귀를 잊을 것이라고 오만하게 선언한다. 그렇지만 그러한 시절이 빠르게 걷혀 가고 있다."[9] 조지 오티스 2세와 같은 사람들의 수가 늘어나는 것과 마찬가지로 헌신되고 전문적인 영적 조준자들(지역 조사자들)은 이전보다는 훨씬 더 사람으로 하여금 사랑이 얼마 남지 않음을 알기 때문에 큰 노를 발하게 한다.

우리는 사단을 영화롭게 하는가?

사단과 어두움에 속한 귀신 세계에 대한 아주 많은 양의 정보를 수집하는 것은 사단을 영화롭게 하기 쉬운가? 소수의 지도자들은 붉은 깃발을 흔들면서, 보이지 않는 세계에서 일어나고 있는 것을 너무 깊이 탐구하지 말아야 한다고 말해왔다. 우리는 "믿음의 주요 온전케 하시는"(히 12:2) 예수만 바라봐야 한다고 제안한다.

나는 이에 대한 대답으로 영적 매핑이 예수를 바라보는 것을 반대한다는 주장을 이야기를 들어본 적이 없다고 말하고 싶다. 또 나는 예수를 바라보는 것이 사단의 계책들을 계속 무시함을 뜻한다면, 그것은 히브리서의 저자가 유념하는 것이 아니라고 말하고 싶다. 여호수아는 가나안 사람들을 영화롭게 하려고 여리고의 가나안 사람들에 대해 정보를 수집한 것이 아니라 가나안 족속들을 패배시키기 위해 정보를 수집하였다.

어떤 이들은 의학적 연구가 병을 영화롭게 한다고 주장한다. 옛날에 천연두는 에이즈(AIDS)가 오늘날 사람들을 죽이고 있는 것보다 더 많은 사람들을 죽이고 있었다. 우리는 과학자들이 천연두에 관해 알 수 있는 모든 것을 배우려고 수년 간을 보낸 다음, 최종적으로 백신을 발견해 냈을 때 안도의 한숨을 내쉬었고 그들을 칭찬하였다. 나는 그들이 온갖 제한된 상황에서 일하였을 때 천연두를 영화롭게 하는 것을 겁내어 망설였다고 믿지 않는다. 우리는 훔치고, 죽이고, 멸망시킬 능력을 가진 훨씬 더 악한 원수를 대면하고 있다. 영적 매핑의 분명한 목적은 그러한 원수 세력을 영화롭게 하는 것이 아니라 멸망시키는 것이다.

귀신들은 영토적일 수 있다.

나는 때때로 "영토 귀신들"이란 말을 사용하였다. 이것은 모든 귀신이 제한된 지역 무대에 국한되어 있음을 의미하는 것이 아니라, 아마도 상당수 귀신이 그럴 것이라는 의미이다. 우리가 어두움의 세력에 속한 운동 패턴들에 관해 갖고 있는 지식은 솔직히 말해서 제한적이다. 우리는 프랭크 페레티의 소설로부터 어두움의 세력들에 관한 아이디어들을 얻는데, 페레티가 처음으로 그에 대한 소설을 씀으로 말미암아 우리는 그것을 상기하게 되었고, 그것이 실제로 동시에 발생하는 정도를 볼 때 그것은 우리가 더 연구해야 하는 주제임이 분명하다는 것을 알게 되었다. 다행히도 영적 매핑에 관해 필요한 연구는 내가 말한대로 조지 오티스 2세에 의해 잘 수행되고 인도되고 있다.

> 어떤 높은 계급의 귀신들은 특정한 영역들에 배당되며, 하나님께서 원하신 어떤 것의 성취를 지연시킬 수 있는 능력을 갖고 있다.

조지 오티스 2세는 다음과 같이 말한다. "영적 매핑 철학의 핵심이 둥우리를 펼 곳은 영토 진지들 개념이다. … 인도, 나바호 인디언 땅, 카메룬, 헤이티, 일본, 모로코, 페루, 네팔, 뉴기니아, 중국 같은 곳들을 잠깐 방문하는 것 이상으로 우리가 관심을 쏟아야 하는 것은 신들과 귀신들의 계급 구조를 검증하고 세분화 하는 것이다. 이 영적인 존재들은 가정들, 마을들, 도시들, 계곡들, 지방들, 나라들을 다스리고 있으며 지역 사람들의 행동을 다스리는 특별한 능력을 행사한다."[10]

하나님께서 우리에게 보이지 않는 세계의 여명을 허락하신 성경적인 창문들 중 하나는 결코 지나칠 수 없는 다니엘 10장이다. 다니엘 10장은 영적 전투를 실행하는 방법을 제공하지 않을 뿐더러 영적 매핑 조사를 실행하는 방법도 제공하지 않는다. 그러나 다니엘 10장은 우리가 직면하고 있는 것을 이해할 때 크게 도움을 주는 다음 두 가지 정보를 제공한다. ①어떤 높은 계급의 귀신들은 특정한 영토들에 배정되어 있고 ②하나님께서 원하신 어떤 것들의 성취를 지연시킬 수 있는 능력을 갖고 있다. 이것을 살펴보도록 하자.

다니엘은 긴 기도와 금식을 시작하라는 한 비전을 받았다. 하나님은 다니엘이 금식을 하던 첫 날 다니엘의 사역을 돕기 위해 천사를 보냈다. 그러나 천사는 그 예언자에게 곧바로 달려갈 수 없었다. 왜? 천사는 다니엘에게 도착하였을 때 그에게 이렇게 말했다. "바사(페르시아) 국군(왕자)이 21일 동안 나를 막았음으로 내가 거기 바사국 왕들과 함께 머물러 있더니 군장 중 하나 미가엘이 와서 나를 도와주었느니라"(단 10:13). 그 다음 천사는 다니엘을 떠나기 전에 이렇게 말했다. "내가 어찌하여 네게 나아온 것을 네가 아느냐? 이제 내가 돌아가서 바사군과 싸우려니와 내가 나간 후에는 헬라군이 이를 것이라"(단 10:20).

기타 많은 영적 원리들, 교훈들과 가르침들은 이 이야기에서 인출될 수 있지만, 우리는 최소한 상당한 능력을 가진 어떤 귀신들에게 "페르시아의 왕자"와 "그리스의 왕자" 같은 이름을 붙일 수 있음을 배우게 되는데, 이들은 분명히 영토적인 명칭들이다. 페르시아 왕자는 이 책의 3장에 나타난 "페루의 왕자"와 상당히 같아 보인다.

우리는 마귀의 운용 방법에 관해 질문들을 던지기 시작할 때 이것을 이해하게 된다. 우리가 앞에서 읽은 대로 마귀의 주 소원 중에 하나는 복음을 듣는 것에 반대하여 불신자들의 마음을 눈멀게 하는 것이다(고후 4:3-4). 그렇지만 사단은 하나님이 아니므로 하나님의 속성들을 갖지 않는다. 예를 들어 사단은 하나님께서 편재하시는 것처럼 편재하지 않는다. 사단은 창조자라기 보다는 피조물이기 때문에 한 번에 한 곳에만 있을 수 있다. 또 사단이 세계 도처의 약 30억의 잃어버린 영혼들의 마음을 눈멀게 하는 데 성공해 온 것은 내가 이 이론을 쓸 때의 실정이다. 사단은 어떻게 이것을 성취하는가? 사단은 한꺼번에 30억이란 장소에 있을 수 없다.

분명히 사단은 어두움의 보이지 않는 왕국에서 자리를 차지하고 있는 수많은 영적 존재들에게 마음을 눈멀게 하는 책임을 위임해야 한다. 사단이 이 귀신들을 보내는 유일한 곳은 사람들이 있는 곳이고, 더 많은 사람들이 있을수록 귀신들의 양과 질은 부정적인 의미에서 더 클 것으로 기대된다고 가정하는 것이 논리적일 것이다.

이웃 사이들, 도시들, 지역들, 나라들 등등에서 인간 그룹이 모이는 곳이면 어디에서나 자기 휘하에 다른 많은 귀신들을 가진 더 높은 계급의 귀신들이 배당되었을 것이라고 기대할 수 있다. 이들은 우리가 때때로 "영토 대장 귀신들"이라고 말하는 귀신들이다. 사람들은 종교적 충성, 소명(직업), 어떤 자발적 연합들 같은 그룹 인척을 발전시키는 곳에서 그들을 지배하는 귀신들을 배척하지만 지리적 영역에는 아주 제한적이지는 않을 것이다. 예를 들자면 어떤 정사들이 고기를 포장하는 산업이나 금을 캐는 산업이나 자동차 산업 등등의 산업 현장에 배당되는 것에는 놀라지 않을 것이다.

귀신들의 이름을 발견할 수 있는가?
즉 귀신들을 나가라 명할 수 있는가?

국지 차원 영적 전투에 정규적으로 사역하는 사람들은 귀신들이 인격임과 이름들을 갖고 있음을 안다. 때때로 귀신들의 이름들은 **기능적**인데 이를 테면 "정욕 귀신"이나 "거절 귀신"이다. 귀신들은 때때로 고유한 이름들(고유 명사들)을 가지고 있는데 "레기온"(막 5:9, 군대) 등이다. 귀신들로부터 개인을 구원(귀신 추출, deliverance)을 하는 과정, 특히 더 힘든 경우들 중의 어떤 과정에서 자주 사역하고 있는 사람들은 단지 귀신의 이름을 발견하는 순간 거반 중요한 돌파를 경험한다.

이것은 귀신들의 이름을 분별하거나 명하는 것이 개인적 귀신 추출의 필수 사항이라고 말하는 것은 아니다. 나는 때때로 다음과 같이 '나가라' 명하는 것을 통하여 성공하는 것을 보았다. "이 더러운 귀신아! 네가 누구든 나가라!" 그러나 때때로 우리는 그 이름을 묻는다. 예를 들면 찰스 크래프트는 그의 훌륭한 책 『어두운 천사들을 패배시키라』에서 이렇게 말한다. "나는 귀신의 이름이 무엇인지에 대한 개념을 갖고 있지 않을 때는 그 귀신에게 자기 이름이 무엇인지를 나에게 알리라고 명한다. 때로 귀신들에게 자기 이름을 시인하게 하는 것은 어렵다."[11] 그러나 그렇게 하는 이유는 귀신들의 이름이 알려지면 그 취약점이 더 드러날 수 있음을 알기 때문이다. 이 때 그들은 목표물의 한 가운데인 명중을 맞히게 된다.

악의 속박에서 나라들을 자유케하려 기도하는 것이 개개인들을 자유롭게 하기 위해 기도하는 것만큼 크다고 보는 신디 제이콥스의 통찰로 되돌아가 보자. 나는 귀신의 이름을 아는 원리는 국지 차원 영적 전투에서 전략 차원 영적 전투로 이동 수행되어야 하는 것이라 생각한다. 귀신의 이름이 알려지는 것은 필수적인 것은 아니지만 어떤 상황들에서는 그 자체만으로 크게 도움이 될 수 있다.

우리가 제 1장에서 살펴본 것을 복습해 보건데, 바울이 빌립보에 있었을 때 복음을 전파하는 데 가장 큰 장애물 중의 하나는 영어 번역들에서 "점쟁이 귀신"(행 16:16)으로 언급된 노예 소녀 안에 있는 능력 귀신이었다. 그 귀신의 이름은 **기능적** 이름이었지만 이 경우에서 우리가 원 헬라어를 문자적으로 번역하면 **고유 명사** "비돈(뱀)"이 됨을 알 것이다. 바울은 그 도시를 지배하는 대장 영토 귀신이었을 것으로 생각되는 그 귀신을 내어 쫓았다. 그리고 그 결과로 그는 강하고 성장하는 교회를 개척하였다.

나는 이 장 앞부분에서 스리랑카에 일어난 사건을 전하였는데 그 내용에서 교회 개척자들의 기도는 어떤 사람이 목사의 아내에게 그 시를 다스리는 영토 귀신의 이름을 전해주기까지 비효과적이었던 것 같다. 귀신의 이름을 터득하는 것은 귀신 세력을 무너뜨리는 열쇠였고, 복음이 퍼지게 하는 것이었다. 또 우리는 1장에서 케냐 "기도 동굴"의 토마스 무디가 키암부를 다스리는 정사의 이름이 "마술사(점쟁이)"임을 발견하였음과 그 귀신의 인간적인 주요 채널이 "몸마 제인"이었음을 상기해야 한다. 무디 목사에 따르면 귀신의 이름을 아는 것은 그 시를 복음화 하는 데 있어서 큰 도움이 된다.

과테말라의 해롤드 카발레로스의 경험은 아프리카의 토마스 무디의 경험과 비슷하다. "우리는 강한 자를 알고 그를 속박하여 그의 전리품들을 나누는 것이 우리의 일들임을 배웠다. 우리는 영적 매핑을 통하여 가난한 자를 식별하도록 도움받는다. 어떤 경우들에서 우리는 영적 매핑을 통하여 우리를 영토 왕자나 영토 세력에 직접적으로 인도할 계열의 성격들을 알게 될 것이다. 또 다른 경우들에서 우리는 사탄이 조종하고 있는 자연인을 대면함을 깨달을 것이다. 또 다른 경우들에서 우리는 부패한 사회 구조와 대면함을 깨달을 것이다."[12] 악한 자와의 대면은 다양한 방식으로 모양을 띨 수 있다.

나는 내가 귀신의 이름들을 아는 이 문제에 보통 이상의 관심을 피력하는 것 때문에 사람들로부터 더 많은 비평을 받을지라도 그것을 별로 이상하게 생각하지 않는다. 권위있는 〈새 국제 신약성경 신학 사전〉은 다음과 같이 말한다. "실제적으로 모든 나라의 신앙과 사상을 볼 때, 이름은 사람이든 신이든 귀신이든 한 인격과 밀접히 연관되어 있다. 어떤 존재의 이름을 아는 자는 그 존재를 다스리는 세력에 영향을 줄 수 있다."[13] 이것은 학자들 가운데서 의견의 일치가 있는 것처럼 보이는데 그리스도인이나 비그리스도인이 보이지 않는 세계에 대해 평균적으로 가지고 있는 지식보다는 더 나은 지식을 가진 자들 가운데서 합치점을 보이는 것 같다.

> 우리는 우리의 기도들에서 진지들을 허물어 달라고 하나님께 더 매달리면 매달릴수록 우리의 기도는 더 능력있게 될 가능성이 크다.

그러므로 우리의 영적 매핑 과정의 일부는 영적 매핑이 가능할 때, 전도의 주 장애물이 되는 것으로 나타나는 정사들과 권세들의 이름들을 발견하게 되어 그들을 구체적으로 속박할 수 있다. 어느 정도 일반적인 의미에서 볼 때 전도자들은 가상된 강한 자를 단지 결박하려 하지 않을 수도 있다. 정사들을 결박하려 하지 않는 모습이 전적으로 비효과적인 것만은 아니지만, 여기서 우리는 기도를 통해서 진지들을 허물게 해 달라고 하나님께 더 매달리면 매달릴수록 우리의 기도는 능력있게 될 가능성이 더 큼을 배운다.

세 가지 중요한 질문들

어떤 경우들을 볼 때 영적 매핑은 복잡하고 고등(전문)적인 절차일 수 있다. 예를 들면 사단이 최근 복음 전파를 방해하기 위해서 사용하고 있는 계략들에 관해 정보를 연구하는 것은 조지 오티스 2세가 몇 년 간 소비한 그의 괄목할만한 새로운 책 『현란한 미궁』에 나타나는데, 그는 이 책을 쓰기 위해 세계 수많은 나라들에서 수많은 돈을 들였다. 특정한 그리스도인들 세대에서 소수의 사람들은 그런 차원의 영적 매핑을 행하도록 부름받을 것이지만 우리는 하나님께서 그런 영적 매핑을 하도록 선정하신 소수의 정예인들을 인하여 하나님께 감사할 따름이다.

동시에 하나님은 증가일로에 있는 많은 수의 일반 그리스도인들에게 자기 이웃이나 마을들이나 도시들을 위해서 열심히, 또 정기적으로 기도하기 시작하라고 요청하고 계신다. 자신의 기도들이 가능한 한 효과적이기를 소원하는 사람들은 훨씬 더 단순화된 영적 매핑 프로젝트들을 발전시킬 수 있다. 그렇게 하기 원하는 거의 모든 사람은 상당한 정도의 영적 매핑을 행할 수 있다. 작든 크든 영적 매핑 프로젝트를 수행할 때, 그것이 복잡하든 단순화 되었든 전체 초점을 유지하는 데 도움이 되는 다음 세 가지 중요한 질문들에 유념하는 것은 좋을 것이다.

1. **지역 사회는 무엇이 잘못되어 있는가?** 물론 당신의 지역 사회가 잘못된 것이 없다면 영적 매핑이나 공격적인 중보기도를 행할 필요가 없다. 그러나 소수의 사람들은 잘못된 것이 없다고 결론 내릴 수 있다. 때때로 잘못된 것의 목록은 아주 길어 어느 문제들을 먼저 돌파해야 할 지를 가려내거나 우선 순위를 정하는 것이 어렵다.

2. **지역 사회는 어떻게 그런 잘못된 방식을 얻었는가?** 이 둘째 질문에 대한 해답들을 발견하는 데는 상당한 시간이 걸릴 수 있다. 도시의 발견물 이후 거기에서 1번 문제의 구체적인 문제들이 있었는가? 그 문제들은 나중에 들어왔

는가? 그 문제들이 시작되게 한 것은 무엇이었는가? 많은 사람들은 일어나고 있는 것을 설명하는 **자연적 수단**만 보는 실수를 범할 것이다.

조지 오티스 2세는 이것을 경계시키며 이렇게 말한다. "이들은 영적 차원의 언어, 원리들, 기록들에 정통하지 않아 오히려 그것들에 대한 정치적, 경제적, 문화적 설명에 의지한다. 여기서 문제는 잘못된 과정이다. 즉 물질적인 영역이 실상의 기본이라는 것이다. 불행히도 잘못된 가정들은 잘못된 결론들로 이끄는 길을 갖게 된다."[14]

3. **그 지역, 사회에 관해 무엇이 이루어질 수 있는가?** 이 시점에서 영적 매핑 조사자들로부터 영적 전투 실천자들로의 전이가 흔하게 이루어진다. 이들이 반드시 동일한 것은 아니다. 우리는 제 2장의 앞부분에서 엑스레이가 영적 매핑은 중보 기도자와 연관되어 있는 것처럼 의사와 연관되어 있음을 말했다. 환자들이 엑스레이 촬영을 마치고 나서 그 엑스레이가 당신의 질병에 관해 어떤 것을 보여줄 수 있는 지를 알려고 아무리 궁금해 하더라도 그 엑스레이 전문가는 당신에게 아무것도 알려주지 못할 것이다. 왜냐하면 오직 엑스레이 내용을 주문한 의사만이 그 환자의 엑스레이 그림들을 판독하여 어떠한 치료가 필요한지 판정할 수 있기 때문이다.

어떤 의사들은 자기 병원들에서 고차원적인 엑스레이 장비를 작동시킬 수 없으므로 훈련받은 전문가들을 필요로 한다. 마찬가지로 중보 기도자들은 환자, 영적 매핑 연구자들을 필요로 한다.

> 그리스도의 몸(교회)을 볼 때, 눈은 귀를 필요로 하고
> 귀는 손을 필요로 한다. 우리는 함께 팀을 이루어 나갈 때
> 우리가 스스로 할 수 없는 하나님 나라의 놀라운 일들을 할 수 있다.

그러나 그 연구자들은 자주 발견하는 모든 것의 영적 의미들을 이해하는데 필요한 분별 은사를 받지 않아, 현장에서 영적 전투를 시작하는 방법에 관해 아무것도 말할 수 없다. 물론 어떤 사람들은 두 가지를 결합시키지만 우리는 그들이 그렇게 할 수 없다고 해서 놀랄 필요는 없다. 그리스도의 몸(교회)을 볼 때 눈은 귀를 필요로 하고, 귀는 손을 필요로 한다. 우리는 함께 팀을 이루어 나갈 때 우리가 스스로 할 수 없는 하나님 나라의 놀라운 것들을 행할 수 있다.

매핑을 위한 세 가지 중요한 영역들

영적 매핑에서 중요한 개척 사역은 몇 년 전 해롤드 카발레로스 목사의 지도력 하에서 콰테말라 시의 엘 샤다이 교회에 의해 이루어졌다. 엘 샤다이 교인들은 영적 매핑을 단지 기억물로 실행했을 뿐 마귀의 영역을 탐구하기 위해서 실행하지는 않았다. 그렇지만 그들은 그것을 이용하여 자신들의 지리 영역을 복음화하고 영적으로 무장시키려 하였다. 이들이 사용한 모델은 모든 이들과 상황들에 동일하게 추천될만한 것은 아니다. 다른 많은 접근법들 역시 이와 동일하게 잘 역사할 수 있다. 그렇지만 나는 최소한 한 가지의 구체적인 현장 실례도 들지 않고 이 장을 마치기를 원치 않는다. 내

가 예로 들 이 접근법은 특히 흥미있고 도움이 되는 접근법이다.

　엘 샤다이 교회는 영적 매핑팀을 세 단위(분대들)로 나눴고 각 분대의 구성원들은 그 과정 동안 서로 의사소통조차 하지 못하게 되어 있었다. 이것은 일반적인 원리가 아니라 단순히 저들이 이 특별 프로젝트를 하는 동안 운용하기로 정한 방식이다. 각 분대는 영적 매핑의 3대 영역들을 조사하는 임무를 할당받았다. 각 조사는 다음과 같이 진행되었다.

　역사적 요인들 : 주로 도서관 자료들을 통하여 연구하는 이 그룹은 지역 사회의 이름, 그 공동체가 왜 그런 이름을 가졌는가? 그 지역명의 근본적 의미, 그 지역명과 귀신 세계와 거짓 신앙들 간의 가능한 연관 관계 등을 조사하였다. 그 다음 이들은 영토 자체를 조사하고 그 지역과 주변 지역들과 구별되는 특성들, 굳이 있다면 교회들이나 교회에 대한 개방성, 사회 경제적 상태, 지역 사회의 죄악 센터들, 최근 그 지역에서 일어났던 변화들 등을 탐구하였다. 또 이들은 그 지역의 역사를 파헤치고 왜 그 지역이 창설되었는가? 창설자들은 어떤 종교를 신봉하는가? 과거 고생스러웠던 사건들, 교회의 역사, 저주나 영토 귀신들의 임재 시사점 등을 캐물었다.

　물리적 요인들 : 또 다른 그룹은 지역 사회 안과 주변에 있는 물리적 물건들을 연구하였다. 카발레로스는 "마귀는 무한한 자만 때문에 번번히 자신의 발자국을 뒤에 남겨 놓는 것처럼 보인다"[15]라고 관찰한다. 이 연구의 출발점은 옛 지도와 새 지도 등 지도들을 연구하는 것이다. 때로 한 시의 배열은 일종의 패턴을 시사할 것이다. 예를 들면 45° 정북남 바깥 쪽에 배열된 도시는 배열상 주술 종

교의 영향력 혐의를 제기한다. 이것은 때때로 그 도시가 프리메서니교도(혼합 사이비 종교)들에 의해 창설된 경우이다. 배열 목록들은 공원들, 기념비들, 고고학적 장소들, 동상들, 술집, 낙태 시술 병원, 창녀집이나 포르노 가게들 같은 센터들, 그리스도교든 비그리스도교든 예배 센터들, 정치적·경제적·법적·교육적·군사적·문화적·세력 본부 센터들이 있는 건물들 등으로 이루어진다. 각 지역 사회 뒷골목의 사회·경제 상태도 주의해서 관찰된다.

영적 요인들 : 세째 그룹은 영적 환경을 조사했다. 이 그룹은 꽤 특별한 팀이다. 카발레로스는 이렇게 말한다. "이 영적 영역에서 일하도록 부름받은 자들은 중보 기도자들, 곧 귀신 분별 은사에서 유동성 있고 정확히 하나님의 음성을 듣는 자들이다."[16] 이들은 주술 종교와 기타 비그리스도교 예배 센터들 뿐만 아니라 교회들을 놓고 기도하고, 천국들이 열리고 닫히는 것을 느끼며, 특정한 하부 지역들 간의 내적인 영적 경계선들을 그리며, 지역 사회를 다스리는 악한 세력을 갖는 특별한 정사들과 권세들의 정체를 탐색하였다.

엘 샤다이 교회 팀들은 강도 높은, 일종의 진 사역 기간이 끝난 후 자신들의 노트들을 비교하여 보고는 깜짝 놀랐다. 역사적 요인들을 연구한 첫 번째 팀은 마야 제국으로 거슬러 올라가는 특별한 주술 종교 고고학 장소에 초점을 맞추었던 것이다. 물리적 요인들을 연구한 두 번째 팀은 그 지역에 있는 마술 센터들과 그 지역의 빈 집을 배당하여 조사하였다. 영적 요인들을 연구한 세 번째 팀은 그 지역을 다스리는 영토 귀신이 강한 자로서 우상 숭배와 마술(점)의 인간적 실천자로 군림하고 있음을 분별하였다. 중보 기도자들은 이 강한 자가 가진 물리적 특성들을 언급하였다. 그 다음 이들은 그 특별한 목표물들을 향한 능력있는 전략 차원 중보 기도를 행하기 시작하였다.

이들은 잭 헤이포드가 묘사하는 '인용 - 비인용' 상황들(제 2장 참조) 중의 한 상황에서 분명히 하나님의 음성을 들은 한 시점에서 내가 "쌍방 통행 기도"라고 부르는 것을 실천하고 있었다. 주께서는 이렇게 말씀하고 계셨다. "내가 매일 신문 지상 몇 쪽 몇 쪽에서 그 인간의 첫 이름, 둘째 이름을 너희에게 알려주리라." 그리고 분명히 다음 날 그 사람의 모습은 그 명시된 신문 지면에 있었고, 그는 중보 기도자들에게 이전에 알려진 물리적 묘사와 합치하는 것을 보게 된다. 그는 마야 고고학 장소 바로 그 길 건너편 빈 집의 소유자인 것으로 판명되었다!

엘 샤다이 교회 교인들의 기도들은 진력을 다한 영적 매핑의 결과로 그 정보를 사용하면서 더 정확히 조준하게 되었으므로 그들이 할 수 있었던 것보다 더 능력있게 되었다. 이들은 자신들의 영적 프로젝트가 그들이 할 수 있었던 것보다 더 능력있게 그 시에서 복음을 확장하는데 문들을 열게 하였다고 믿었다.

우리는 영적 매핑이 아직 초보적인 단계에 있기 때문에 더 많은 정보를 집단적으로 고대하고 앞으로 언젠가 있을 더 많은 통찰들도 기대한다. 영적 매핑이 더 발전할수록 우리의 기도는 더 유능하게 될 가능성이 크다.

❖ 생각할 문제들 ❖

1. 당신은 지역 사회에 관해 영적으로 중요한 질문을 하기 시작했

다면 처음 질문들 중의 두세 가지는 무엇이 되겠는가?

2. 우리가 전투 가운데 있다면 원수에 대한 **정확한 정보**를 갖는 것이 얼마나 중요하다고 생각하는가?

3. 당신은 사단을 영화롭게 하는 영적 매핑을 행한다고 말하는 어떤 사람에게 어떻게 말하겠는가?

4. 당신 도시를 영적으로 매핑할 때 역사 요인들, 물리 요인들, 영적 요인들 간의 차이를 논의해 보라.

자세한 참고서들

- 『The Last of the Giants』(1991), 『The Twilight La byrinth』(1997). 조지 오티스 2세는 영적 매핑 운동의 창설자이므로 이 두 책은 필독서이다. 이 책은 영적 매핑 프로젝트들을 실행하기 원하는 자들이 사용해야 할 각 단계의 교훈적인 교본이다.
- 『지역 사회에서 마귀의 진을 헐라』(Breaking Strongholds in Your City, 1993). 이 책은 영적 매핑에 관한 실제적인 양서이고 조지 오티스 2세, 헤롤드 카발레로스, 신디 제이콥스, 밥 베켓트, C. 피터 왜그너 및 기타 전문가들에 의한 기고장들을 포함한다.
- 국지 차원 영적 전투(귀신들을 내어쫓음)에 관한 더 자세한 정보를 원하는 사람들은 내가 가장 추천하는 다음 세 책들을 보라. 『Evicting Deononic Intruders』(1993), 『Defeating Dark

Angles』(1992), 『*Deliverance from Evil Spirits*』(1995)

Notes
1. Harold Caballeros, "Defeating the Enemy with the Help of Spiritual Mapping," *Breaking Strongholds in Your City*, ed. C. Peter Wagner (Ventura, Calif.: Regal Books, 1993), p. 125.
2. Bob Beckett, "Practical Steps Toward Community Deliverance," *Breaking Strongholds in Your City*, p. 158.
3. Anonymous, "Changed by the Power of God," *Foursquare World Advance* (September-October 1996): 5.
4. George Otis Jr., "An Overview of Spiritual Mapping," *Breaking Strongholds in Your City*, p. 32.
5. Ibid.
6. Ibid.
7. Ibid.
8. Ed Silvoso, *That None Should Perish* (Ventura, Calif.: Regal Books, 1994), p. 98.
9. Ibid., p. 100.
10. Otis, "An Overview of Spiritual Mapping," *Breaking Strongholds in Your City*, pp. 34, 35.
11. Charles H. Kraft, *Defeating Dark Angels* (Ann Arbor, Mich.: Servant Publications, 1992), p. 187.
12. Caballeros, "Defeating the Enemy with the Help of Spiritual Mapping," *Breaking Strongholds in Your City*, p. 136.
13. H. Beitenhard, "Name," *The New International Dictionary of New Testament Theology*, ed. Colin Brown, Vol. 2 (Grand Rapids: Zondervan Publishing House, 1976), p. 648.
14. George Otis Jr., *Spiritual Mapping Field Guide* (Lynnwood, Wash.: The Sentinel Group, 1993), p. 14.
15. Caballeros, "Defeating the Enemy with the Help of Spiritual Mapping," *Breaking Strongholds in Your City*, p. 141.
16. Ibid., p. 143.

5 장
과거를 치유하는 능력:
한 몸시하는 회개

우리는 보통 시대가 아닌 때에 살고 있다. 우리는 예수의 지상 대명령을 성취할 수 있는, 헤아릴 만한 가능성을 갖고 있는 예수의 갈보리 죽음 이후 첫 세대이다. 이전 세대가 그렇다고 말할 수 없는 한 가지 이유는 그들은 세계 복음화의 발전이나 남은 임무를 정확히 계산할 필요한 도구들을 소유하지 못했기 때문이다.

우리는 이제 그것을 행하는 기술을 갖고 있고, 우리의 고차원적인 그리스도교 연구 센터들에 의해 그 계산들이 수행되고 있다.

지상 대명령 터널 끝에 있는 빛

지상 대명령 끝에 있는 빛을 보는 것은 중요한 것이지만, 일이 이루어지게 하는 것은 실제적으로 별개로 중요한 것이다. 즉 아직 복음을 듣지 못한 세 개의 종족 그룹들 중의 각 그룹 가운데서 생동적인 교회 개척 운동을 확립하는 것이다. 그것이 이루어질 때, 세계의 곳곳에 태어난 모든 아이는 역사상 처음으로 자기 생애에서 예수 그리스도의 복음을 들을 합당한 기회를 가질 것이다. 이것은 예수께서 다음과 같이 말하는 한 가지 방식이다. "이 천국 복음은 모든 나라들에 증거로서 모든 세계에서 전파되어 있을 것이다"(마 24:14의 예수님의 말씀을 풀어 볼 것).

2000년간 예수께서 마태복음 16장 18절에서 "음부의 권세가 이기지 못하게 하라"는 말씀을 하셨는데, 하나님 나라는 그 반영으로서 한 "음부의 권세" 후에 또 다른 음부의 권세를 무찌르며 견고하게 전진하였다. 그 결과, 말하자면 사단이 벽 쪽으로 후퇴하였다. 조지 오티스 2세는 다음과 같이 말한다. "만군의 주님의 군사들은 이제 뱀의 최종 진지들을 포위하였다. … 남은 임무는 전투의 가장 도전적인 단계인 것이 분명하지만 루시퍼의 군대들은 현재 영적 자원을 가진 신자들 공동체를 대면하고 있다. 이 신자 공동체가 적절히 동기부여되고 굴복되고 통일된다면 참으로 엄청나게 될 것이다.[1]

오티스는 왜 우리가 "전투의 가장 도전적인 단계"에 직면할 것이라 말하는가? 적어도 두 가지 이유 때문이리라.

첫째, 아직 복음을 듣지 못한 종족 그룹들의 절대 대다수는 사단이 세계 다른 어떤 지역에서 웅크리고 있던 것보다 아주 오랫동안 더 깊이 웅크리고 있었던 세계의 일부분에 놓여 있음을 확고히 주장할 수 있다. 우리는 바벨탑과 에덴 동산의 고대 장소들로 더 가까이 갈수록 이것이 더 사실일 가능성이 크다는 것을 알 수 있다.

둘째 이유는 요한계시록 12장 12절에 나타난다. "이는 마귀가 자기의 때가 얼마 못된 줄 알므로 크게 분 내어 너희에게 내려갔음이라." 지상 대명령을 완성할 수 있는 세대가 진정으로 이 세대라면 우리는 사단이 전례 없던 분노를 발하고 있는 대상자들로서 놀라지 말아야 한다.

이것은 세계 선교가 더 이상 상용적인 사업, 즉 현장 유지 운명이 될 수 없는 이유이다. 조지 오티스 2세는 다음과 같이 말한다. "자신들이 1970년 대 추수 사역 전략들을 1990년 대 실상에 적용할 수 있다고 생각하는 그리스도인들은 무례한 각성 중에 있는 것이다. 어제의 평온한 상태들을 위해 쓰여진 전략 기획들과 정책 교분들은 신속하게 박물관 자료들이 되고 있다."[2]

초자연적인 능력 증가

세계 복음화는 하나님의 활동이고 정선된 인간 집행자들을 통해 실행되기 때문에, 하나님께서 그의 백성들에게 그 임무를 완성하는 데 필요한 지식, 도구들, 자료들을 공급하실 것으로 기대해야 한다. 이것은 정확히 하나님께서 오늘날 행하시고 있는 것처럼 보인다. 윌리엄 캐어리가 200년 전에 인도로 들어가 "현대 선교 운동"이라 부르는 것을 시작한 이후로 하나님께서는 우리에게 세계 선교를 향한 가장 큰 능력 증가를 제공하고 계시다고 믿는다. 이 증가들은 능력의 저수지인 이제 온 그리스도의 몸(교회)에 가용한 세 가지 초자연적으로 능력있는 영적 자료들을 통하고 뚫리고 있다. 이것들은 아주 새로운 것은 아니지만 이전 수십 년 간 오직 작은 분파의 신자들은 그 자원들을 접하게 되었다. 세 가지 모든 영적 자원의 명칭들은 1990년 이후에 조어되었다. 그 명칭들은 다음과 같다.

1. **전략 차원 영적 전투**. 이것은 제 3장의 주제이다.
2. **영적 매핑**. 이것은 제 4장의 주제이다.
3. **한 몸시하는 회개**. 이것은 제 5장의 주제이다.

그러므로 이제 **한 몸시하는 회개**를 논의해 보자.
이사야 58장 12절은 다음과 같이 말씀한다. "네게서 날 자들이 오래 황폐된 곳들을 다시 세울 것이며, 나는 역대의 파괴된 기초를 쌓으리니 너를 일컬어 무너진 데를 회복하는 자라 할 것이며, 길을 수축하여 거할 곳이 되게 하는 자라 하리라." 분명히 이전 세대들이 원인을 일으킨 상처들로 되돌아가고, 그 상처들을 대면하는 것이 가능하다.
나는 약 50년 전에 그리스도인이 되어 교회 출석자가 되었지만 이제까지 한 몸시하는 회개에 대한 강단 설교나 과거 상처 치유에 관한 설교를 들은 기억이 없다. 나는 존중할만한 학교들에서 대학원 종교 과정의 네 개의 학위를 받았으나 나의 교수들 중 어떤 사람도 그러한 것이 가능함을 암시해주지 않았다. 당신은 마틴 루터, 요한 칼빈, 존 웨슬리 같은 고전 신학자들의 글들에서 한 몸시하는 회개에 관한 부분들을 찾을 수 없을 것이다. 그 때문에 나는 이 장의 주제가 "새롭다"고 말한다. 분명히 '한 몸시하는 회개'란 말은 우리 대다수에게 새롭지만 우리가 곧 보겠듯이 성경들에서는 새로운 것이 아니었다.

우리가 존 도슨이 지은 『미국의 상처들을 치료하라』고 이름 붙인 이 주제에 관한 새롭고 훌륭한 교과서를 갖게 된 것은 지극히 다행한 일이다. 내가 보기에 이 책은 10여 년 간 모든 교단 그리스도교 지도자들이 쓴 책 중에서 가장 영향력 있는 책들 중의 하나이다. 도슨의 이 책은 내가 이 장에서 쓰려고 하는 한 몸시하는 회개에 대해서 확신을 갖도록 모든 것을 제공하고 지원하기 때문에 더욱 그렇다. 나는 이 책의 중요성 때문에 풀러신학대학원 학생들에게 『미국의 상처들을 치료하라』를 필독서로 요청하고, 국제 화해 협회를 창설한 존 도슨을 정기적으로 초청하여 내 강의 시간에 와서 가르침으로 나를 돕게 하였다.

『미국의 상처들을 치료하라』의 출판 이후에 회개와 화해의 분명한 목적을 위한 분명한 행사들이 빠르게 미국에서 뿐만 아니라 세계 도처들에서 증가되기 시작하였다. 일본 그리스도교 지도자들은 제 2차 세계대전 당시 일본 점령을 회개하기 위해 아시아 도시들로 갔다. 브라질 지도자들은 야수 같은 전쟁 때문에 파라과이인들에게 회개하였는데, 그 전쟁은 자기들의 것이 아닌 땅을 자기 것으로 귀속시켰을 뿐 아니라 피비린내 나는 대학살도 포함하였다. 독일인들은 폴란드에서 히틀러의 잔인한 행위들을 회개하러 모였다. 뉴질랜드인들은 원주민 마오리 사람들에 대한 자신들의 남용과 압제를 공개적으로 인정하고 고백하였다.

이곳 미국에서 루터교도들은 마틴 루터의 글들에서 발견된 반셈족 운동을 회개하였다. 미 남침례교도들은 전국 총회에서 미국 흑인들에게 노예 제도를 수긍한 것을 사과하는 공식적인 행동을 취하였다. 감리교 지도자들은 100년 이전에 덴버 근처의 샌드 크리크에서 아라파호 인디언과 쉐인 인디언들의 잔학하고 수치스런 대학살을 주도한 감리교 평신도 사역자 존 치빔턴 대령의 죄가 남은 장소에서 회개한 그룹이 있었다. 몇 달 후에 미 감리교 총회는 자기 조상들의 행동을 비난하고 샌드 크리크 잔학 행위를 사과하는 해결안을 통과하여 같은 탄원을 내놓았다.

1996년 워싱턴 DC 존 F. 케네디 체육관에서 5만 명의 프라미스 키퍼스(Promise Keepers, 순결 약속을 지키는 자들) 대회에서 A. R. 버나드(흑인계 미국인) 목사는 연사들 중의 한 사람이었다.

그는 이 세대 죄의 실상을 말하였다. 그는 모든 세대에 걸친 인종 차별주의는 미국 역사 전체에 걸쳐 하나님의 마음을 가장 슬프게 한 미국의 죄라고 주장하였다. 그는 백인들에게 자신들의 인종 차별주의를 회개하라고 도전장을 던졌고, 소수 집단들에게 자신들의 냉혹함을 회개하라고 도전장을 던졌다. 수많은 사람들이 운동장의 강단 앞에서 응답하여 모였고, 이들 모두가 성령의 깊은 감동을 받았으며 대다수는 공개적으로 울고 있었다.

이 행동의 진실성과 적합성에 대한 의심은 괄목할만한 하늘의 현상으로 말끔히 불식되었다. 하루 종일 하늘에는 목장 구름이 뒤덮여 있었고, 약간 비가 오고 나서 그 분위기는 끈적끈적한 화씨 65도나 되는 날씨가 되었다. 공개적인 회개는 오후 4시경에 일어났다. 약 5천 명이 모여서 일부는 운동장에서, 일부는 관중석에서 "당신이 손을 뻗으시사 이 나라를 치료하소서"라는 찬양을 함께 부르고 있었다. 이들이 "당신의 얼굴을 우리에게 다시 비추게 하소서"라는 찬양을 부르게 되었을 때, 구름은 즉각 걷히고 햇빛은 그날 처음으로 내리쬐었다. 10분도 못 되어서 하늘에는 한 점의 구름도 남아 있지 않았고, 스코어 보드(점수 기록판)의 온도계에 따르면 밝

은 햇빛이 빠르게 운동장에 내리쬐어 온도계는 화씨 5도 가량이 올라갔다.[3]

이러한 일들은 세계 도처에서 점점 더 자주 일어나고 있는데, 성령께서 교회들에게 말씀하고 계시는 더 중요한 것들 중 하나임에 분명하다. 하나님께서 우리에게 사용하라고 권장하시는 것처럼 보이는 이 영적인 능력이라는 도구 배후에 있는 어떤 원리들을 이해하려 해보자. 성령께서 교회들에게 말씀하고 계시는 것에 귀를 기울여 보자.

개인 회개

"한 몸시하는 회개"는 많은 사람들에게 정통하지 않은 개념이지만 "개인 회개"는 그들에게 정통한 개념이다. 죄는 시시때때로 우리 개인 생활을 침해할 수 있고 침투한다. 죄가 발동될 때, 죄는 개개인들인 우리에게 영향을 미칠 뿐 아니라 그 파급 효과는 우리 가족, 우리 친구들, 우리 직장, 우리 건강, 우리 삶의 총체적인 것에 손해를 끼치는 대로 번져나갈 수 있고, 또 번져 나간다. 우리는 이에 대해 어떤 일을 할 수 있는가? 물론 이것은 강단에서 전파하는 우리가 자주 들어온 어떤 것이다. 모든 신학생들은 죄에 대한 주제로 시험을 통과할 수 있다. 우리는 루터, 칼빈, 웨슬리의 글들에서 죄가 반복되어 있는 것을 보게 된다.

우리가 복습해 볼 때, 하나님께서는 우리를 사랑하시고 우리와 사귐을 갖기를 소원하심을 알 수 있다. 그러나 죄가 우리 삶에 들어올 때 죄는, 하나님께서 우리에게 있기 원하시는 모든 것을 방해받게 하는 방해물을 일으키고, 하나님께서 우리 삶에서 달리 행하시기를 구하시는 것이 이루어지는 것을 방해한다. 그렇지만 우리는 우리 아버지와의 사귐에서 더 이상 동일 차원에만 머물러 있지 않다. 왜냐하면 우리의 사귐에서, 하나님께서는 우리에게 어떤 문제가 이르는 것의 근원인 죄를 속할 기회를 주셨기 때문이다.

그 근본 원리는 "피흘림없이는 죄사함도 없느니라"(히 9:22)는 말씀에 나온다. 구약성경 전체에 걸쳐 죄사함을 위해 흘린 피는 일반적으로 제사드린 황소와 염소들과 기타 짐승들의 피였다. 각 개인의 새로운 죄를 위해서는 새로운 제사가 요청되었다. 그러나 예수께서 십자가 상에서 그 피를 흘리셨을 때, 단번에 그런 제사를 변경시키셨다. 이제 예수의 피는 어디에서나 언제라도 일어날 수 있는 모든 죄들을 넉넉히 용서한다. 우리는 더 이상 짐승들을 가지고 제사드리지 않아도 된다.

죄의 용서를 보장하는, 필요한 단계들은 모든 신자들에게 널리 알려져 있다. 우리는 첫째, 죄를 구체적으로 밝힌다. 이 단계에서 일반적인 죄의 규명만으로는 충분하지 못할 것이다. "주여 내가 아마도 죄를 안 지었다면…"이라고 핑계 댐으로 엉거주춤하는 것이나, 죄짓는 것에 대한 어떤 모호한 경향을 고백함으로 엉거주춤할 시간이 없다. 우리가 오직 죄의 고유 명사로 위탁한 죄를 식별하기만 한다면 우리는 다음 단계 곧 하나님께 죄를 고백하여 그의 용서를 구하는 단계로 나아가게 된다. 우리가 우리 죄를 진실하게 고백할 때, 하나님은 "미쁘시고 의로우사 우리 죄를 사하시며 모든 불의에서 우리를 깨끗케 하실 것이다"(요일 1:9). 죄는 용서받는다. 이 시점 이후에서 우리의 책임은 하나님께 순종하여 동행한 다음, 그 죄가 다른 사람들에게 어떠한 손해를 가한 것이든지 그것을 고치는 것이다. 대부분의 경우들에서, 특정한 죄가 그 입술로 고백되기까지 다른 사람들에게 괴롭혀 온 상처들을 치료하려 하는 것은 결실 없는 노력이다.

집단 죄를 대면하라

이는 인류학자들이 자주 우리에게 상기시키듯이 일반적으로 우리 서양인들, 또 구체적으로 우리 미국인들은 인류의 대다수에게 좀 색다른 것처럼 보이는 개인주의로 특색을 이룬다. 미국의 개척 정신은 "우리는 우리 운명의 주인들"이라는 개념을 우리 안에 주지시켰다. 우리는 "자수 성가한 사람"을 존경한다. 우리는 자력으로 자신을 처리할 수 있다고 생각한다. 내가 성공적이려면 신용을 얻는 것을 기대하지만 내가 실패하면 책망을 받으리라 기대한다.

세계의 다른 종족들은 훨씬 더 집단적으로 생각하는 경향이 있다. 예를 들어 한 청년이 결혼하기로 결정하는 것은 보통 개인의 선택이 아니라 가정이라는 그룹의 결단이다. 세계의 대다수 중요한 문화들을 볼 때, 그들의 중요한 모든 결정들은 그룹에서 내려진다. 별로 중요하지 않은 문제들만이 개인의 판단에 맡겨진다.

나는 이것이 비서양 그리스도교 지도자들이 상당수 서양인들이 한 몸시하는 회개 개념을 이해하는 것보다 훨씬 더 쉽게 이 회개 개념을 이해하는 여유를 갖게 되는 이유들 중의 하나라고 생각한다. 한 몸시하는 회개는 집단 죄의 실상을 전제한다. 바꾸어 말하면, 개개인들이 죄를 지을 뿐만 아니라 그룹의 사람들부터 죄를 짓는다. 이것은 가정만큼 잘 된 그룹일 수도 있고(출 20:5, 6; 레 18:25, 15:9), 국가만큼 큰 그룹일 수도 있다(사 65:6, 7; 렘 15:10, 15:4, 7; 16:10-12; 애 5:7). 이것은 산업체일 수도 있고 정부 부서일 수도 있으며 인종일 수도 있고 학교일 수도 있다.

많은 개개인들은 사회적 조직망 안에서 함께 의미있게 연관되는 곳이면 어디서나 그 그룹의 한 개인으로서가 아닌 집단으로서의 죄를 지을 수 있다. 그룹이 죄를 지을 때, 그 그룹의 각 구성원은 이 모양 저 모양으로 한 사람이 죄악에 개인적으로 연관되든 그렇지 않든 집단 죄로 동일시된다(출 32:9-14; 렘 3:25, 시 106:6; 단 9:8, 20; 스 9:6, 7; 느 1:6-7, 9:2).

하나님께서는 우리에게 개인 죄를 대면할 길을 열어주신 것 같이 집단 죄를 대면할 길도 열어주신다. 나는 하나님께서 각 나라, 즉 지정학적인 나라이든 문화적으로 결속된 종족 그룹이든 사람들에게 한 가지 목적을 갖고 계시다고 믿는다. 그러나 그 그룹이 죄를 짓는다면 그 나라는 하나님께서 근원 죄의 용서 없이 그 나라가 존재하기 원하시는 온전한 모습이 될 수 없다. 이에 대한 전형적인 성경구절은 역대하 7장 14절이다. 즉 "내 이름으로 일컫는 내 백성이 그 악한 길에서 떠나 스스로 겸비하고 기도하여 내 얼굴을 구하면 내가 하늘에서 듣고 그 죄를 사하고 그 땅을 고칠지라." "땅을 고치는 것"은 **개인적** 영역을 언급하는 것이 아니라 분명히 **집단적** 영역의 언급이다. 그러므로 저들의 죄를 사하는 것에 대해 말하는 또 다른 방식인 "저들의 죄를 용서하는 것"은 **집단 죄**를 용서함을 뜻한다.

나는 나의 친구인 〈국제 중보 기도자 협의회〉의 요하네스 파시우스가 집단 죄 용서에 대해서 이렇게 말한 것을 좋아한다. 파시우스는 이렇게 말한다. "땅을 고치는 방식에서 우리가 기억해야 할 한 가지 중요한 문제가 있다. 그것은 나라의 고백되지 않은 역사적 죄이다. 고백되지 않은 죄(악)는 우리가 개인이라고 말하든 국가라고 말하든 사단적 세력들의 발등상이다. 고백되지 않은 죄는 사단적인 지배의 기초를 구성한다. 그러므로 우리 백성을 귀신적인 진지들에서 구출하는 것을 도와야 한다면 우리는 고백되지 않은 죄를 다루는 방식을 찾아야 한다."[4]

집단 죄를 용서받음에 대한 단계들

집단 죄를 용서받게 하려는 우리의 접근법은 우리가 개인 죄를 다루는 방식과 동일하다.

첫째, 우리는 집단 죄, 즉 **나라의 죄를 구체적으로 밝힌다**. 이것은 내가 앞장에서 설명한대로 영적 매핑(지역 조사를 통한 진단과 처방) 과정이다. 예를 들면 나는 자세한 연구와 분석을 오랫동안 한 후에 인종 차별이 미국의 제일 가는 집단 죄라고 주장한 '프라미스 키퍼들'(Promise-Keepers, 순결 약속 준수자들) 집회 강사 R. 버나드 목사의 말에 동의하고 싶다. 어떤 사람들은 낙태를 제일 가는 집단 죄 목록으로 언급하지만, 내가 보기에는 낙태는 인종 차별의 하부 목록이다. 왜냐하면 낙태는 어떤 인간들에게는 실제적으로 중요하지 않은 것처럼 취급되고 있기 때문이다.

우리가 실상의 기초에 더 구체적이고 더 가까이 나아가려 할 때, 미국이란 나라에서 인종 차별을 영속화시키는 원수를 허용한 제 1차적인 진지들 중의 하나는 우선 아프리카인들을 노예 삼아 우리 해변가로 데려 온 것임을 곧 알게 된다. 나는 이것이 한 국가인 우리 나라가 범죄한 제 1의 집단 죄(그 크기로 볼 때)라 믿는다. 그러나 더 깊고 더 근본적인 죄는 이 뿌리에 놓여 있다. 즉 미국에 이주한 유럽계 이민자들이 그 땅의 주인들인 미국 원주민들(인디언)을 취급한 방식이다. 나는 그것이 우리가 인디언들을 더 공의롭게 다루었더라면 우리는 결코 아프리카 사람들을 노예로 데려와 팔지 않았을 것이라는 논쟁할만한 가정이라 생각한다. 예를 들면 캐나다는 스스로 "첫 민족"이라고 부른 존재를 다르게 취급하였고, 저들은 결코 미국인들이 행한 것처럼 노예 무역에 종사하지 않았다.

둘째 단계는 나라의 **죄를 집단적으로 고백하고 하나님께 용서를 구하는 것**이다. 개인적인 죄와 대조된 국가 죄의 큰 사회 연루 때문에 이 단계는 일반적으로 결과들을 성취하기 위해 훨씬 더 많은 것을 요청한다. 설령 있다 해도, 이 단계는 오직 한 가지 공적 행동으로만 성취될 수 있다. 충분한 국가 회개를 위해 아주 세밀한 부분까지 요구하는 것은 이 전체 개념의 상대적인 미숙함으로 인해 복잡해지게 만든다. 이 한 몸시하는 회개 운동의 한 가운데 서 있는 지도자들인 우리들조차도 내가 이 글을 쓰고 있는 지금, 배우는 과정의 상승곡선 상에 있음을 발견한다.

실례를 들자면 미국 남침례교도들이 최근 그들이 노예 제도에 참여한 것을 "사과한다"고 말한 것을 주목할 수 있다. 그것은 노예 제도에 대한 한 몸시하는 면을 갖지만, 그 결정을 이끄는 논쟁에 참여한 어떤 지도자들은 오늘날 우리들이 과거 세대 사람들이 범한 죄들을 "회개"하는 것은 부적절하다고 주장한다. 나는 그 회개가 아주 적합하다고 주장하지만 또 한편으로 그 회개는 한 몸시하는 회개 배후에 있는 성경적, 신학적 원리들을 이해하는 다른 사람들보다 더 긴 기간이 걸릴 것이라 생각한다. 더욱이 나는 어떤 사람은 그 반대 입장에 서서 주장을 펼치며, 한 몸시하는 회개를 옹호하는 우리를 비판할 것이라 예상한다.

집단 죄를 용서받는 셋째 단계는 **예수 그리스도의 피를 적용하여 하나님께 용서를 구하는 것**이다. 피흘림 없이는 죄사함도 없다. 그러나 예수 그리스도의 피는 우리를 모든 죄에서 개인적으로 뿐 아니라 집단적으로 깨끗케 한다(요일 1:7-9).

마지막 단계는 **순종**하며 살고, 죄로 야기된 **상처(원인)들을 고치는데 필요한 것을 행하는 것**이다. 많은 경우들을 볼 때, 이것은 특히 국가적인 죄악이 여러 세대들을 거쳐 온 경우들에서 긴 과정이 될 것이다. 이 배후에 깔려 있는 이유들에는 어떤 설명을 붙여야 한다.

죄악은 한 세대에서 또 다른 세대로 전달된다.

버지니아 주 버지니아 비치 시의 레젠트대학교 신학대학원의 구약 교수인 게리 그레이그는 나의 친구인데 그는 이렇게 말한다. "일반적 죄의 원인(한 세대에서 또 다른 세대로의 죄, 죄책, 속박의 순환)은 주의 분리적인 거룩한 성격의 일부를 반영한다." 그는 출애굽기 25장을 가리키면서 이렇게 말한다. "하나님은 하나님의 성결을 통하여 조상들의 죄악이 그를 미워하는 자들의 3-4세대 후손들에게 오게 하거나 지명시킨다."[5]

이 시점에서 죄와 죄악간의 차이를 이해하는 것은 도움이 된다. 죄는 구체적인 행동이지만 죄악(히브리어 어원)은 세대에 걸쳐 전해 내려온 죄에서 기인하는 죄책 상태를 가리킨다. 예를 들면 미국인들은 오늘날 누구도 개인적으로 노예 무역에 종사하며 살지 않지만 사회 속에 있는 노예 제도 죄악의 부패 영향들로 인하여 고생당한다. 나는 "3-4세대" 그룹이라는 말은 비유로 이해될 수 있다고 믿는데 이 그룹은 계속됨을 뜻한다. 그렇다면 얼마나 오랫동안 계속되는가? 악한 과정을 시작한 죄의 행동이 피흘림으로 용서받기까지이다.

시간은 상처를 치료하지 못하지만 대신에 상처는 계속되는 각 세대로 이동될 때 점점 더 고통스럽게 된다. 한 가지 성경적인 예는 자기 형제 아벨을 살해한 가인의 죄이다. 다섯 세대 후 라멕 역시 살인죄를 범하였고, 자기 죄를 조상 가인의 죄와 구체적으로 동일시 하였는데, 다음과 같이 말함으로 그리하였다. "가인을 위하여는 벌이 7배일진데 라멕을 위하여는 벌이 77배이리로다"(창 4:24).

우리는 1972년 로스엔젤레스 소요 기간에 있었던 인종 차별이 이전 세대에 있었던 바로 그것일 뿐만 아니라 대통령의 훈시, 법용 조처, 대법원 판례의 계속적인 원조 사격에도 불구하고 더욱 악화됨을 깨닫는다. 예측할 수 있는 것은 인종 편견은 적절한 영적 조처가 취해지기까지 계속 악화될 것이라는 점이다.

오직 그리스도인들은 국가적 죄를 용서받을 수 있다.

원인적인 죄가 적절히 회개되고 하나님께 용서받는 것을 보기 위해 누가 조처를 취할 수 있나? 우리는 이것을 통해 피흘림 없이는 죄사함도 없다는 원리(히 9:22)로 되돌아가게 된다. 이제 죄를 용서받는데 가용한 유일한 피는 예수 그리스도의 피이다. 회개하여 죄들을 용서할 수 있는 예수 피의 능력을 말할 권세를 가질 자격이 있는 유일한 사람들은 이미 예수의 피로 구속받은 자들, 곧 그리스도인들이다. 왕들, 수상들, 대장들, 대통령들, 판사들(사사들), 장군들 기타 사람들은 예수의 피 말고 자신들의 직위로는 중요한 회개 행위를 위한 요직의 인물들로 지정될 수 없다. 그러나 그들이 그러한 행사들, 즉 회개를 인정하는 공적 행사에 참여하는 가운데 회개가 일어나고, 용서의 제스추어들이 어떻게 해서라도 적절하게 제안될 때 회개가 임하게 될 수 있다.

    이 과거의 상처를 치유하는 데 주도권을 가진 그리스도인들이 근원죄를 범한 세대들 가운데 있지 않을 것이고, 또 있지도 않다. 그러나 이들은 그 세대들과 한 몸시될 수 있지만, 아무도 과거 죄에 대한 책임을 질 수 없다. 분명히 그 죄들을 실제적으로 범한 자들은 그 죄짐을 짊어질 수 없다. 이들은 죄가 어떻게 존재하든 죽었고 영원한 운명의 자리에 서 있다. 한 몸시하는 회개와 과거 개인들이 자신들의 개인적인 죄들을 해결함과 혼동하지 말자. 우리는 어떤 사람들이 옹호하는 것처럼 산 신자들이 죽은 신자들을 위해 세례받을 수 있음을 옹호하는 것도 아니며, 우리의 행위들이 어떤 사람들이 연옥에서 보내도록 받은 시간을 줄일 수 있다고 주창하는 것도 아니다.

    더욱이 대부분의 경우들을 볼 때, 세대를 거쳐 전달된 죄악의 임재는 상징적인 것 이상의 것이라는 정직성이 드러날 것이다. 예를 들면 인종 차별이 우리 나라의 주 죄임이 나에게 점점 더 분명해졌을 때, 나는 인종 차별로 직접 전염될 수 있었던 것을 오랫동안 부정해 나간 것을 깨달았다. 이제 나는 결코 노예를 사거나 팔지 않았다 할지라도 나도 인종 차별주의자이고 깊이 인종 차별주의를 후회함을 인정할 수밖에 없다. 그러므로 나는 한 몸시하는 회개에 참여할 때 내 주위에서 보여지는 부정에 대한 책임을 스스로 떨구어내려 하지 않는다. 나는 내 개인 죄를 고백하는 시점에 이를 때, 또한 내 조상들의 죄도 고백한다.

    존 도슨은 그것을 이런 식으로 요약한다. "어떤 사람이 스스로를 우리 시민 국가나 우리 조상들의 하부 문화와 같은 집단 존재들과 한 몸시하지 않는다면 솔직한 고백 행위는 결코 일어나지 않을 것이다. 우리는 이것을 통해 집단 죄가 시인되지 않는 상해와 침해의 세계로 떨어지게 되며, 화해는 결코 시작되지 않고 옛 증오들만 더 깊어진다."[6]

이 상황에서 존 도슨은 "한 몸시함"으로 무엇을 뜻하는가? 도슨은 "한 몸시함은 인간이 동일시될 수 있는 영역에서 자신을 의식적으로 포함시키는 행동을 의미한다"[7]고 말한다.

실례들을 들어보면, 나는 원주민 미국인들을 대적해 영구화한 불의와 쉽게 한 몸시할 수 있다. 왜냐하면 나의 조상들은 모호크 계곡 땅에서 캐나다로 내몬 환경을 조성하는 데 성공하는 사람들 가운데서 살았기 때문이다. 또 나는 단순히 백인계 미국인이기 때문에 비인간적인 노예 산업을 내 몸의 일처럼 받아들일 수 있다.

과거의 죄들은 실제적으로 용서받을 수 있나?

이 세대에 사는 그리스도인들이 과서 세대에서 일어난 것 때문에 조금이라도 어떤 것을 행할 수 있는 명제를 받아들이기란 어렵다. 예를 들면 〈카리스마〉 잡지의 한 화난 독자는 다음과 같은 표현으로 글을 씀으로써 한 몸시하는 회개에 대한 논고에 응답하였다. "나는 조부모의 확실한 죄악들 때문에 사과할 책임을 느끼지 않고, 그 조상 때문에 어떤 사과들을 받거나, 어떤 빚들을 되돌려 받기를 기대하지도 않는다. 어떤 사과들을 받거나 어떤 빚들을 되돌려 받기를 기대하지 않는다. 어떤 인디언들이 내 조상들이 자기 조상들에게 상해를 가했다고 느낀다면 그들은 나의 조상들에게 그 조상들을 위해 사과하라고만 요청할 수 있다."[8]

나는 얼마 전에 존경받는 복음주의 성경학자인 내 친구와 더불어 그 문제를 논의하였다. 그는 과거 세대들의 죄를 용서받는다는 개념은 성경에 가르쳐져 있지 않고, 신학적으로 건전하지 않다고 나에게 확신시켰다. 다른 많은 사람들은 나의 친구 교수와 〈카리스마〉 잡지 독자의 의견에 동의할 것이다.

이에 대한 이유들 중의 하나는 우리의 복음주의적인 성경 오리엔테이션(개요)인 신약성경에 아주 중점을 두고 있다고 생각하는 데 있다. 신약성경은 한 몸시하는 회개를 명시적으로든 묵시적으로든 거의 말하지 않는다. 신약성경의 풍성한 가르침은 집단적인 죄의 성격에 관해 말하며, 훨씬 더 드문 빈도로 동료들의 죄와 동일시하는 개념이 나타난다. 그러나 풍성한 구약성경의 가르침은 집단 죄와 산 개인들을 이 땅에서 오래 전에 죽은 자들의 죄와 동일시함의 타당성을 나타낸다.

이런 이유 때문에 우리는 번번히 신약성경이 구약성경에 기초하고 있다는 사실을 간과한다. 풀러신학교 학도들에게 히브리어와 구약성경을 가르치는 게리 그레이그는 다음과 같이 말한다. "구약성경은 신약 교회의 성경이므로 초대 교회에 가용한 죄와 고백의 유일한 성경 모델을 제공하였다."[9]

바울이 디모데에게 "모든 성경은 하나님의 감동으로 된 것으로 교훈과 책망과 바르게 함과 의로 교육하기에 유익하니, 이는 하나님의 사람으로 온전케 하며 모든 선한 일을 행하기에 온전케 하려 함이니라"(딤후 3:16-17)고 말하였을 때, 그는 구약성경을 언급하고 있었지, 요한복음이나 베드로전서나 사도행전을 언급하고 있는 것은 아니었다. 우리는 사도들이 "성경적" 신자들임에 동의한다면 그들이 구약성경 원리들을 알고 가르쳤음을 깨달아야 한다.

나는 이미 역대하 7장 14절의 집단적 죄의 성격을 말하였다. 역대하 7장 14절은 하나님께서는 자기 백성의 죄를 용서하시고, 즉 집단적 죄를 속하시고 그들의 땅을 고치실 수 있고, 고치는 것을 입증함을 확인한다. 어떤 사람들은 이 구절이 과거 세대들에 대한 죄가 아닌 현대 세대들에 대한 죄를 언급한다고 주장한다.

> 우리는 사도들이 성경적 신자들임에 동의하면
> 그들이 구약성경 원리들을 알고 가르쳤음을 깨달아야 한다.

그러나 느헤미야의 고백 기도는 이렇게 이루어졌다. "내 아비의 집과 나는 죄를 지었나이다"(느 1:6). 또 다니엘은 "나는 내 죄와 내 백성의 죄를 고백하고 있나이다"(단 9:20). 두 성경구절을 볼 때, 다니엘과 느헤미야는 자기들이 범하지 않은 과거 세대들의 우상숭배 죄를 자신과 한 몸시하며 고백하고 있다. 또 이들은 자신들이 그 죄들로부터 기인하는 죄악으로 인해 개인적으로 영향받아 왔음을 인정하였다.

사울의 "민족적 진멸"을 용서받음

다윗은 이스라엘이 한때 3년간 기근으로 고통당할 때 왕이 되었다. 다윗은 "쌍방 통행 기도"를 믿었기에 자기 백성이 그 특별한 기간 동안, 곧 사투를 벌이는 상황이 될 수 있는 것 때문에 고통 당할 것인지를 하나님께 물었다.

하나님께서는 "그 고통은 사울이 기브온 족속들을 죽였기 때문에 그와 그의 피를 갈망하는 집 때문이로다"(삼하 21:1)라고 대답하셨다. 이것이 과거 세대의 죄에 속한 죄악은 연이은 세대에 물리적 영향을 실제적으로 끼치고 있음을 보여주는 경우이다.

　약속의 땅의 거주민들인 기브온 족속들은 여호수아가 그 당시 가나안 땅을 점령하는 다른 족속들에게 행하고 있던 대로 그들을 전멸시키는 것이 아니라 그들을 보호하도록 그와 맹약을 협정맺는 데 성공하였었다(수 9장을 보라). 이스라엘 족속들은 13세대 동안 그 맹약을 지켰었다. 우리는 정확히 그 맹약이 어떻게, 왜 체결되었는 지에 대한 상세한 내용을 갖고 있지 않지만, 사울 왕은 그 당시 한 시점에서 어떤 이유 때문에 이 모종의 "민족 말살"을 행하기로 분명히 결정하고 기브온 족속 대다수를 학살하였다. 이 엄숙한 맹약을 어긴 심각한 죄는 사울의 세대에서 적절하게 처리되지 않았지만, 하나님께서는 그 일을 잊지 않으셨다. 그 죄악은 계승 세대들에 넘겨졌고, 그 심판이 기근으로 임하였다.

　다윗은 더 자세한 설명이 필요없었다. 한 몸시하는 회개의 성경적 원리들에 잘 언급된 것처럼 다윗은 그 기근을 벗어나는 길이 사울의 죄 속함을 확보하는 것임을 알았다. 다윗이 그 과거의 죄에 개인적으로 전혀 가담하지 않은 것은 분명하다. 사울은 죽어서 오래 전에 사라졌기 때문에 그 죄에 관해 아무것도 할 수 없었다. 이스라엘의 왕인 다윗은 그 나라를 대신해 집단적인 조처를 취할 책임이 있었다.

　"피흘림이 없이는 죄사함도 없음"을 이해하고 난 다음 이러한 질문을 하게 된다. 어떤 피를 흘려야 하는가? 펼쳐지는 이야기는 인간 제사가 유대 법으로 금지되어 있기 때문에(신 12:31), 성경학자들 가운데는 상당한 논란이 야기된 기사이다. 다윗의 시점에서 재앙이 일어난 것이 이상하기 때문에 다윗이 하나님의 뜻에 따라 행동하고 있었느냐 하는 문제들이 제기된다. 그럼에도 불구하고 다윗은 생존한 기브온 족속들에게 다가가서 그들에게 정확히 어떤 피를 흘려야 하는 지를 결정하라고 요청하였다.

다윗은 "무엇으로 내가 속죄하리요?"(삼하 21:3)라고 물었다. 기브온 족속들은 다윗에게 자기 조상들을 죽인 다음 만인이 보도록 시체들을 내걸어 두었던 일곱 명의 피흘린 사울 후손들을 자신들에게 넘겨야 한다고 응답하였다. 말할 필요도 없이 예수께서 그의 피를 흘리셨기 때문에 그러한 그들의 요청은 더 이상 필요하지 않지만, 그 당시는 달랐다. 다윗은 그들에게 옳든 그르든 일곱 사람들을 넘겨주었고, 그들의 피는 흘려져 과거 세대 사울 왕의 죄는 용서받았다.

그 결과는 무엇인가? "또 하나님께서 그 후에야 그 땅의 기도를 들으셨더라"(삼하 21:14). 기근은 이제 끝났다!

나는 과거 상처를 치유하는 것에 관한 이보다 더 명백한 성경의 가르침을 발견하지 못하였다. 초대 교회 열두 사도들과 기타 지도자들은 사울 죄의 속죄 이야기를 아주 잘 알고 있었다. 그럼에도 그들이 복음서들이나 서신들에서 한 몸시하는 회개에 대해 상세하게 말하지 않은 사실은, 내가 생각하기에는 그들이 하나님께 예배드릴 때 구약에서의 악기 사용을 자세히 말하지 않은 사실 못지 않게 중요하다. 이 때문에 모든 현대 교단들은 "무악기"파가 되기에 이르렀지만, 오랜 세월에 걸쳐 그리스도의 몸(교회)의 집단적 지혜는 달리될 수 있었다.

우리 대부분은 구약성경이 사도들의 유일한 성경이었다는 사실 때문에 사도들이 개척하여 목양한 교회들에서 악기들이 사용되고 있었다고 가정한다. 그러므로 하나님께서 이제 신약성경 시대들에서 과거 세대들의 죄를 속하기 원하신다는 구약성경의 주장은 마찬

가지로 동일한 해석 과정을 거쳐 적용할 수 있는 것이다.

한 몸시하는 회개의 능력을 풀라

이 책은 능력있는 기도에 관한 것이다. 내가 나열한 모든 형태의 기도 중에서 복음을 전파하는 길을 열어주는 한 몸시하는 회개 기도의 가능성을 뛰어넘을 것은 없다. 왜? 3장으로 되돌아가 보건데 나는 불신자들이 예수 그리스도의 복된 소식을 받아들이지 않는 주된 이유는 이 세상의 신인 사단이 사람들의 마음을 눈멀게 하는데 성공하였기 때문임을 강조하였다(고후 4:3, 4). 하나님께서는 우리에게 능력있는 영적 전투 무기들을 주셨는데, 이 무기들이 적절하게 사용될 때, 그 눈멀게 하는 자들을 제거할 수 있다. 그러나 많은 경우들을 볼 때, 세워진 특정한 진지들이 사단에게 행하고 있는 악한 사역을 계속하게 할 법적 권리를 주었기 때문에 보통 기도들은 거의 효과가 없는 것처럼 보인다.

우리는 이제 과거 세대들의 죄와 우리 세대에 나타나는 그 결과적인 죄악이 우리 상당수가 상상했던 것보다 훨씬 더 이 진지들을 세우고 강화하는 데 기여하였음을 깨닫는다. 성경은 이것을 영적 전투와 연관시키며 우리에게 다음의 말씀을 알려준다. "우리 싸움의 무기들은 육적인 것이 아니요 진들을 파하는 하나님의 강력이라"(고후 10:4).

내가 앞에서 말한대로 이 영적 진지들 중의 한 영역은 "이론들"인데, 이 말은 헬라어 **로기스무스**의 번역이다(고후 10:5). 이 **로기스무스**는 그러한 진들이 특정한 인간의 결정과 행동 등을 통하여 등장하게 됨을 의미한다. 사울이 기드온 족속들과의 언약을 깨뜨린 것이나 미국 정부가 미국 인디언들과 이와 동등하게 유효한 수없이 많은 맹약들, 즉 "조약들"을 위반한 것과 같은 집단 죄수들은 원수에게 구원받지 않은 자들의 마음이 복음에 눈멀게 하고 또 그가 이것을 행하고 있는 동안 훔치고, 죽이고, 멸망시키는 **법적 권리**를 제공하는 진지들을 구성한다.

한 몸시하는 회개는 그러한 진들을 파하는데 도움이 된다. 예를 들어 보기로 하자.

패청가 족 인디언들은 소보바 족 인디언들의 과거 상처를 치료한다.

패청가 족 인디언들과 소보바 족 인디언들은 현재 남 캘리포니아라고 불리는 곳에 자리를 잡고 있던 두 인디언 부족들이다. 이들은 유럽인들이 도착하기 오래 전에 한이 맺힌 원수가 되었다. 한번은 현재 샌디에고 근처에 살고 있는 패청가 족 인디언들이 지금은 캘리포니아 헤멧 시, 즉 팜 스프링스의 샌 재킨토 산맥 바로 건너편에 살고 있던 소보바 족 인디언들의 영토를 침투하였다.

두 부족의 용사들은 맹렬한 싸움을 벌였다. 싸움이 계속되자 소보바 족 여자들과 어린이들은 위험을 피하여 샌 재킨토 산맥의 계곡 깊은 곳에 몸을 숨겼다. 패청가 족 용사들은 돌진하였고, 이들은 일단 소보바 족을 패배시킨 다음 계곡에 숨어 있는 여자들과 어린이들의 발자취를 따라갔다. 이들은 무자비하였다. 숨어 있는 여자들과 어린이들을 발견한 패청가 족 용사들은 무방비 상태의 피신자들을 한 사람 한 사람씩 냉혹한 피를 흘리며 살해하여 나갔다. 오늘날까지 지도 상에서 그곳의 이름은 "대학살 계곡(그레이트 매서커 캐년)"으로 기록되어 있다.

이 대학살은 마귀에게 진을 제공하게 되었다. 여러 세대가 지나면서 소보바 족 인디언들은 퇴락하였고 형편없게 되었다. 얼마 전 소보바 족 인디언 리저베이션(보호구역)이 미국 레지부르에 의해 보호되고 있는 미국 삼백 곳 이상의 인디언 보호구역 중 가장 난폭한 곳으로 알려졌는데, 이들은 한 달에 한 명을 살해하는 것이 보통이었으며, 그것도 인디언이 인디언을 죽이는 것이었다.

거처 교회

그러는 동안에 백인들은 헤멧 시에 정착하였고, 활기찬 직장 은퇴인들의 지역 사회가 되었다. 밥 베켓트와 그의 아내 수전 베켓트는 헤멧 시로 이사하여 거처 교회를 세웠다. 거처 교회는 지속된 발전을 향유하였고 지금은 800명 이상의 신자들을 가진 영적 본거지가 되었다. 밥 베켓트는 〈영적 전투 네트워크〉의 주요 지도자들 중의 한 사람으로 등장하였고, 미국 전역을 다니며 또 세계 도처에 다니며 선교 대회 강사로 일해달라는 많은 부탁을 받고 있다. 그는 나의 풀러신학대학원 강좌들에서 정규적인 객원 강사로 일하고 있고, 나는 나의 학생들을 연례적으로 헤멧 시로 현장 여행을 시키고 있다.

오랫동안, 그의 교회가 상당히 고통스런 물결을 지나오고 있을 때, 그는 헤멧 시에서 신디 제이콥스와 기타 노련한 용사들로 특징을 이루는 연례 영적 전투 대회를 기초하였다. 그러한 대회들 동안 상당수 백인들은 자기 조상들이 인디언들에게 행했던 잔학한 죄악을 회개하였고, 의미있는 화해가 일어났다. 한 몸시하는 회개의 씨앗들이 심겨졌다. 소수의 소보바 족들과 패청가 족들은 다시 태어났고, 믿음을 가진 사람들로 성장하기 시작했다.

어떤 시점에서 밥 베켓트는 그의 교인들이 가장 압박적인 그 지역의 사회 문제, 곧 샌 재킨토 산맥 마을 바깥어귀에 놓여있는 소보바 족 보호구역의 폭력을 돌파하기 위해 아주 영적으로 성숙해 있음을 분별하였다. 교회의 중보 기도자들을 통하여 그들은 하나님의 때를 분별하여 소보바 인디언들을 위하여 예언적 중보 기도, 한 몸 시하는 회개, 예언 행동의 날 등을 정하였다. 베켓트는 그 교회 장로들, 중보 기도자들, 지금은 교인이 된 그리스도인 소보바 족과 패청가 족 사람들을 한 곳에 소집하였다.

이들은 특별한 날에 모인 다음 그들의 자동차와 승합 자동차를 '대학살 계곡' 입구로 몰고가서 대학살 유적지에 이르렀고, 죄없는 소보바 족의 피가 흘려졌던 곳의 마른 산정까지 걸어 올라갔다. 이들은 더럽혀진 땅에 한 그룹으로 서서, 예수 그리스도를 대학살 계곡과 소보바 국가의 정당한 주님으로 받아들여 예배드리고 높여드리는 귀한 시간을 보냈다. 다음으로 이들은 긴 기도 시간을 갖고 하나님께 그들의 과거 세대들이 피흘린 죄책 가운데 있는 이 땅을 정결케 해달라고 간구하기 시작하였다.

적절한 시기가 이르자 그리스도인 패청가 족들은 공개적으로 그리스도인 소보바 족에게 말을 건넸는데, 그 조상들의 죄를 고백하고 대학살의 용서를 구하면서 그리하였다. 소보바 족이 진실로 패청가 족을 용서하였을 때, 그 계곡에서는 마른 눈물은 찾아 볼 수 없었고, 이 두 인디언 족 모두가 자신들의 선조 부족과 한 몸시하는 회개를 하였고, 이전 세대의 지도자들을 대신하여 용서를 행동에 옮기고 있었다.

그 그룹은 한 마음이 되어 하나님께 대학살의 죄를 용서해 달라고 간청하고 난 다음, 그분께 예수 그리스도께서 흘린 피를 기초하여 죄를 속해 주심에 감사드렸다. 이들은 예수의 죽음을 기억하면서 모두가 성찬식에 참여하였는데, 어떤 사람들은 포도주를 들고 있다가 상징적으로 포도주를 그 땅에 부었다. 이들은 그리스도의 피의 능력이 한 때 거기서 죄없는 자들의 피를 흘린 악한 세력들을 압도함을 함께 선언하였다.

땅에 말뚝을 박음

성찬식 이후에 밥 베켓트는 "말뚝을 박음으로"으로 예언 행동을 실행하였다. 그는 3피트 2인치 참나무 말뚝을 가져와서 끝을 뾰족하게 만든 다음 말뚝 네 면에 성경 구절을 새겨 넣었다. 그는 기도하면서 큰 믿음을 갖고 땅에 말뚝을 박는 것을, 옛날에 일어난 영적 사업을 인치는 예언 행위처럼 실행하였다. 베켓트가 이 일을 마쳤을 때, 사람들은 저마다 '대학살 계곡'에서 포도송이만한 자갈들을 집어든 다음 자신들의 자동차와 승합 자동차를 샌 재킨토 산맥 바로 아래쪽에 위치해 있는 소보바 인디언 보호구역으로 몰고 갔다.

베켓트는 이전에 소보바 족 추장으로부터 그 보호구역에 들어가 소보바 사람들을 위해 기도하겠다는 허락을 받아놓았었다. 그러한 허락없이는 감히 그곳에 들어갈 수가 없었다. 한 카운티 사회 사업가는 자신은 그 보호구역에 한 번도 들어가지 못하였다고 실토했는데, 왜냐하면 그녀가 그곳에 들어가려 할 때마다 인디언들이 그녀의 승합차에 총알을 난사하였기 때문이라고 했다. 그곳에서의 폭력은 흔했고 조절할 수 없었다.

한 번은 그 보호구역에서 베켓트 그룹이 묘지에 모였다. 이전 영적 매핑은 어두운 세력들의 자리가 소보바 족 묘지에 놓여 있음을 나타냈다. 이들은 거기서 능력있는 기도가 수반된, 또 달리 연장된 예배 시간을 가졌다. 밥 베켓트는 바로 그 순간 땅에 둘째 말뚝을 박으면서 소보바 인디언 보호구역의 **폭력적인 저주를 깨뜨리는** 행사를 추진하였다. 베켓트의 뒤를 이어 그의 그룹은 추억물로 자신들이 들고 온 포도송이만한 자갈들을 엄숙하게 그 말뚝 주변에 쌓았고, 그들의 자동차로 집으로 돌아갔다.

어떤 일이 일어났는가?

폭력에서 수확으로

내가 묘사한 한 몸시하는 회개의 공적 시행은 1992년 8월에 일어났다. 그때 이후로 (나는 4년 후에 이 책을 쓰고 있는데) 소보바 보호구역에서는 단 한 건의 살인 사건도 저질러지지 않았다. 예외가 있다면 전혀 관계가 없는 상황에서 일어난 우발적인 살인 사건뿐이었다. 한때 지배적이었던 폭력 사건들은 이제 예외가 되었다. 사회 사업가들은 마음대로 그곳을 드나들 수 있게 되었고, 사단의 눈멀게 하는 자들은 사라졌다. 소보바 족의 3분의 1은 이제 회심되었는데, 이들 중에는 이 인디언 족의 무당도 포함되어 있었다. 그는 이제 거처 교회의 안내장으로 봉사한다!

나는 풀러신학대학원 학생들과 최근 현지 답사 여행을 할 때(역자도 같이 갔었음), 전도 집회들이 개최되어 사람들이 매일 밤 구원받고 있는 거대한 흰 텐트가 쳐져 있는 집회 장소를 보았다. 더욱이 이같은 부흥이 남 캘리포니아 주 다른 10개 인디언 부족들 가운데서도 퍼지고 있다는 소식을 듣게 되었다.

남 침례교도들, 일본 중보 기도자들, 기드온 족속들, 프라미스 키퍼스(순결 약속을 지키는 자들), 또는 소보바 인디언들, 기타 빠르게 늘어나는 많은 수의 사람들이 하나님께서는 우리에게 과거를 치유하는 능력을 진실로 주셨다는 간증을 할 수 있다.

❖ 생각할 문제들 ❖

1. 어떤 의미에서 지상 대위임령은 우리 세대에서 완성되어야 한다고 말하는 것이 정확한가?

2. 당신은 왜 과거 그리스도 세대들이 한 몸시하는 회개를 인정하거나 가르치지 않았다고 생각하는가?

3. 죄와 죄악 간의 차이를 할 수 있는대로 자세하게 설명하라.

4. 당신 스스로 개인적으로 한 몸시할 수 있는 집단 죄들을 몇 가지 열거해 보라(그 죄들이 반드시 당신 자신의 개인 죄가 아닐지라도 그리해 보라). 당신은 이들 중에 어떤 죄를 회개하는 것이 소중하다고 생각하는가? 다른 사람들은 그 집단 죄를 놓고 당신과 함께 회개해야 하는가?

더 자세한 참고서들

■ 존 도슨 『미국의 상처들을 치료하라』(*Healing America's Wounds*, 1994). 이 책은 한 몸시하는 회개에 대한 최초의 감동

을 주는 교과서이다. 이 책은 필독서이다!
- 요하네스 파시우스 『하나님의 발전소』(*The Powerhouse of God*, 1995). 이 책의 제 5장 "나라들의 죄를 고백함"을 보라.

Notes
1. George Otis Jr., *The Last of the Giants* (Grand Rapids: Chosen Books, 1991), p. 144.
2. Ibid., p. 225.
3. This is taken from an e-mail eyewitness report of the event by Gary Greig, who teaches Hebrew and Old Testament to seminary students at Regent University, Virginia Beach, Virginia.
4. Johannes Facius, *The Powerhouse of God* (Tonbridge, Kent, England: Sovereign World Ltd., 1995), p. 44.
5. Gary S. Greig, "Healing the Land: What Does the Bible Say About Identificational Repentance, Prayer, and Advancing God's Kingdom?" Unpublished paper written at Regent University (June 25, 1996), p. 9.
6. John Dawson, *Healing America's Wounds* (Ventura, Calif.: Regal Books, 1994), p. 30.
7. Ibid., p. 31.
8. *Charisma* (December 1993): 6.
9. Greig, "Healing the Land," p. 39.

6 장
당신 교회를 위한 신선한 기도 에너지

능력있는 기도의 인큐베이터(아기를 기르는 유리관)는 어떤 차원에서든 교회이다. 우리 교회들의 기도 에너지가 증가할 때, 즉 1990년 경 이후 미국과 한국에서 기도 에너지가 극적으로 증가하고 있을 때, 기도 효과들은 더 넓은 그리스도교 공동체를 통하여 비율적으로 퍼져나갈 것이고, 하나님의 나라는 불가항력적으로 확장될 것이다.

기도가 적을수록 능력도 적다

능력있는 기도를 향한 운동은 1990년 오래 전에 중국에서 시작되었다. 중국은 능력있는 기도 운동의 결과로 부분적이지만 이 글을 쓸 당시, 주마다 달마다 가장 큰 교회 성장을 체험하고 있는 가장 가능성이 큰 세계의 한 나라가 되어가고 있었다. 그곳에 있는 대부분의 교회들은 당신의 지역 사회에 있는 교회들처럼 외모적인 유사성은 전혀 띠고 있지 않다. 중국 정부는 공산주의이기 때문에 그리스도교에 대해 전혀 호의적이지 않다. 중국 정부는 사람들에게 그리스도교는 "외국 정교"이고 거의 성공을 하지 못하고 있다고 납득시키려 한다.

비교적 적은 수의 중국 그리스도인들은 우리와 같은 교회 건물들에서 만나고, 소수 교회만이 정부에 등록되어 있다. 그렇지만 대다수 중국 그리스도인들은 가정 교회들에서 모이고, 가능한 한 일반 시민이나 정부 관료들의 눈을 피해 모이려고 한다. 수많은 새 가정(처소) 교회들이 매주 개척되어 모이기 시작한다. 어떤 조사자들은 매일 하루에 35,000명의 중국인들이 예수 그리스도를 주와 구세주로 엄청나게 받아들인다고 평가한다!

이런 일이 어떻게 일어날 수 있는가? 세계에서 가장 빠른 교회 성장 중의 성장이 가능한 한 모든 수단을 동원하여 복음의 확장을 방해하는 정부 형태 하에서 일어나고 있지 않는가? 그러한 **성장은 기도를 통하여 일어난다**.

이름을 밝히기 꺼려하는 한 조사자는 다음과 같이 보고한다. "오늘날, 중국 교회 성장의 두드러진 모습은 모든 신자의 **훈련받은 기도 생활**인 것으로 나타난다. 중국 그리스도인들은 주께 다음과 같은 것들을 놓고 기도한다. ①깨어 경계하고 기도하는 정신 ②다른 사람을 위해 기도할 책임 ③기도할 시간과 장소 ④동료 일꾼들과 기도하는 에너지 ⑤기도할 때 사용할 적합한 표현. 이들은 이러한 식으로 모든 사람들에게 더 기도할 것을 간곡히 요청한다."[1] 나는 중국인들이 그들의 많은 시간을 할애하여 더 나은 기도 시간을 놓고 기도하는 방식을 사랑한다! 중국인 교회들이 양과 질에서 상승

곡선을 그리고 있는 것은 놀라운 것이 아니다.

나는 최근, 간단히 잉(YENG)이라는 이름으로 불리는 전도자에 관한 보고를 받았다. 그의 협력자는 복음이 전혀 전파되지 않은 마을에서 전도 집회를 하는 설교자였다. 그 집회 소문을 들은 일부 지역 깡패들이 문제를 일으켰다. 잉 형제는 깡패들이 들어오는 것을 보자마자 강단에서 명령을 했다. 그는 성령께서 자기에게 깡패들이 하나님의 위대함을 알지 못하기 때문에 그 집회를 방해하려 한다는 것을 알게 하심을 느꼈다. 그러면 잉 형제는 어떤 일을 행했는가? 그는 기도하고 다음과 같이 하나님께 아뢰었다. "하나님, 당신이 위대하시고 참된 하나님이심을 이 사람들에게 보여주십시오. 기적을 행하여 주십시오!"

잉 형제는 기도의 응답으로 성령의 능력이 흐름을 느꼈을 때, "여기 혹시 귀머거리 있습니까?"라고 물었다. 한 여인이 귀머거리 여인을 앞으로 데리고 왔다. 귀머거리 여인은 질문을 듣지 못하였던 것이다. 잉 형제는 하나님께서 그 귀머거리 여인을 고쳐주실 것을 기도하였고, 그녀는 즉시 고침받았다! 그 다음 그는 귀머거리인 모든 사람들은 앞으로 나오라고 초청하였다. 그리고 하나님의 은혜로 그 귀머거리들은 각각 청중들이 보는 앞에서 즉시 고침받았다.

> 중국 그리스도인들은 멀리 퍼진 표어를 갖고 있다.
> 즉 "기도가 적으면 능력도 적다. 기도가 없으면 능력도 없다."

그것을 본 몇몇 사람들이 병든 일가 친척을 데려오기 위해 그 집회장을 뛰쳐나갔다. 깡패들은 어떠했을까? 이들은 자신들이 목격한 사실에 놀라서 그리스도인에 대한 태도를 빨리 바꾸었고, 자신들의 병든 식구들 중의 일부를 데려오기 위해 집으로 갔다. 그날 밤 늦게, 8명의 중풍병자들 중 6명이 기도를 받고 즉시 고침받았다.

그 보고자는 다음과 같이 계속 전한다. "그 기적들 때문에 깡패들을 포함한 모든 마을 사람들은 예수를 믿었다!"[2] 중국 그리스도인들은 널리 퍼진 표어를 갖고 있다. 즉 "기도가 적으면 능력도 적다. 기도가 없으면 능력도 없다!"[3]

당신의 교회는 "기도하는 집"이 될 수 있는가?

예수의 가장 흔히 인정되는 말씀 중의 하나는 그분이 돈 바꾸는 자들을 예루살렘 성전에서 내어 쫓으셨을 때 언급되었다. 예수께서는 "기록된바 '내 집은 기도하는 집' 이라 일컬음을 받으리라"(마 21:13)고 말씀하셨다. 그때 이후로 많은 사람들이 그 말씀을 교회에 적용하여, "하나님 우리 교회를 '기도하는 집' 으로 만드소서"라고 기도하였다.

현대 기도 운동이 증가 일로에 있는 획기적 변화의 결과로 미국과 세계 도처에 있는 점점 더 많은 교회들이 이제는 "기도하는 집들"이란 명칭을 양심적으로 받아들일 수 있다. 나는 그러한 많은 교회들이 이제는 역사상 이전 어느 때보다도 더 크다고 확신하는데 순수한 숫자로 측정하든, 기존 교회들의 퍼센트로 측정하든 그렇다.

나의 두 친구 글랜 마틴과 다이앤 긴터는 아주 최근에 개교회에서의 기도에 관한 책을 썼다. 나는 그 책의 제목을 좋아한다. 즉 『발전소 : 기도하는 교회를 세우는 한 단계 한 단계의 지침』(*A Step by Step Guide to Building a Church That Prays Broodman & Holman*)이다. 이들은 이 책에서 기도하는 집들인 교회들에 대해 말한다. 이와 반대된 교회들은 단지 이런 저런 종류의 자질구레한 기도 사역만 갖는 교회들이다. 이들은 내가 발견한 좋은 표현으로 작품을 만들었다.

> 참으로 능력있는 '기도하는 집'은 개인과 집단 삶의 모든 모습에 배어 있는 기도를 가질 것이다. 중요한 기도를 하는 것은 기획할 때, 만날 때 등등 첫 번째로 시작하는 일에 나타날 것이다. 또 강단에서, 주일학교 반들에서, 소그룹 상황들에서 기도에 관한 가르침이 있을 것이다. 교인들은 기도를 우선 어떤 문제를 해결하는 데 사용되어야 할 주 요인으로 생각할 것이다. 모든 교인들은 어느 정도에서 기도에 참여할 것이다. 기도는 개인과 총체로서의 교회 삶에서 근본적인 자리를 잡을 것이다.[4]

마틴과 긴터는 기도를 강조하는 교회가 개인 교회들 차원에서와 총체인 교회 집단 차원에서 행동하는 기도를 볼 것임을 강조함을 유의하라. 연구서들은 실제적으로 모든 그리스도인들과 또 비그리스도인 대다수가 기도로 믿음을 보여줌을 가르친다. 이들 대부분의 사람들은 시시때때로 기도한다. 그렇지만 너무 많은 그리스도인들이 식사 때 은총의 감사를 말하는 것과 이따금씩 위기 때 기도하는 것 외에, 일반적인 생활 방식의 일부로써 계속적인 기도 태도를 취하는 점에 있어서는 부족하다. 어떤 사람들은 매일 기도 시간을 할애하여 하나님과 대화하고, 하나님의 음성에 귀를 기울이는 일을 하지 않는다. 기도하는 집인 교회의 교인들은 영적 미지근함을 초월하여 아버지 하나님과 계속적인 교통을 발전시키는 경향이 있다. 기도없는 삶은 이상하게 느끼기 시작한다.

열쇠 : 당회장 목사

교회가 설령 있다손치더라도 어느 날 아침 일어나 보니 교회가 기도하는 집이 되어 있음을 발견하는 경우란 거의 드물다. 나는 부흥 운동을 통하여 이러한 일이 일어난 것에 대한 이야기들을 들었지만, 그런 경우들을 볼 때조차 부흥은 기도 공백이 있는 곳에서 일반적으로 일어나지 않았다. **부흥은 거의 언제나 기도하고 있는 교인들에 대한 하나님의 응답으로 임하였다.** 교회가 그 이상의 기도하는 집으로 변천하게 되는 것은 교회 지도자들의 의도적인 활동을 통하여 일어날 것이다. 이 부흥에서 핵심적인 사람은 당회장이다.

> 기도 지도자들의 빈번한 경구는
> "중보 기도로 얻게 되는 것은 중보 기도로 유지해야 한다"이다.

나는 25년 이상 동안 목사들이 교회 성장 역학을 이해하도록 도움을 주는 속에서 상당수 목사들은 잘못된 것들에 너무 많은 시간과 에너지를 소비하고 있다고 결론내렸다. 그러므로 나는 목사들이 지도력의 우선 순위를 재조정하도록 도우려 한다. 나는 목사들에게, 은사받은 평신도들에게 자신들이 행하여 온 것들 중 점점 "더 많은 것을 위임하라고" 끊임없이 권한다. 나는 목사들에게 성경을 인용하여 목사들의 주 역할이 "봉사 지역을 위해 성도들을 무장시키는 것"(엡 4:12)임을 상기시킨다. 또 나는 목사들에게 그들의 교회가 성장하려면 그들이 위임할 수 없는 두 가지가 있는데, 그것은 그들의 **지도력과 믿음(또는 비전)**이라고 충고한다.

더 최근에, 나는 개교회들의 기도 생활 연구 결과로, 처음에는 싫었지만 목사가 위임하지 말아야 하는 것들 목록에 셋째 항목을 부득불 더하였다. 즉 **교회가 반드시 기도하는 집이 되려면 당회장 목사가 그 비전을 투여하고 교회 기도 사역의 지도력을 가정해야 한다는 것**이다. 그것은 목사가 기도 사역의 **행정과 실행**을 위임할 수 없음을 뜻하지는 않는다. 기도 사역의 행정과 실행은 중보 기도자들과 다양한 종류의 기도 지도자들에게 위임되어야 한다.

모든 교인들은 자기 목사가 개인 생활과 목회에서 기도를 우선 순위에 두었음을 의심할 여지없이 알아야 한다. 이것이 사실이면 기도는 계속적으로 강단에서 강조될 것이다. 기도의 능력을 인정하지 않고는 설교가 거의 전파되지 못할 것이다. 목사는 임시적인 대화를 할 때도 다른 어떤 주제보다 기도를 빈번하게 활동 무대로 돌려야 할 것이다. 응답받은 기도에 대한 간증들은 교회 생활의 일반적인 부분이 되어야 할 것이다. 목사는 좋은 의미의 말로 교인들과 총체인 회중의 기도 생활에 관해 다른 사람들에게 자랑하고 하나님께 기도하며 그로 인하여 그분께 영광을 돌릴 것이다.

기도 동굴에서의 기도 생활

나는 제 1장에서 케냐 키암부의 "기도 동굴"이 능력있는 기도를 통하여 어떻게 개척되었느냐 하는 이야기를 말하였다. 기도 지도자들의 흔한 경구는 "중보 기도로 얻어지는 것은 반드시 중보 기도로 유지되어야 한다"이다. 토마스 무디 목사는 이 말을 믿지 않을 수 없었다. 왜냐하면 그는 자신이 목양하는 교회의 제일 우선 순위는 끊임없는 기도라는 사실을 의심할 수 없었기 때문이다. 무디의 기도 동굴 교회는 기도하는 집의 초자연적인 모본이고, 당회장인 그는 계속적인 기도 사역에 대한 현장 지도력을 제공한다.

> 기도는 하나님께서 우리 일에 쉽게 들어오시고 우리가 하나님의 일에 쉽게 들어갈 수 있을 정도로 우리가 하나님과 융합되는 수단이다.

매주 토요일 아침 기도 동굴 교회의 당회장 무디 목사를 포함한 모든 교회 직원은 중보 기도자들을 모아 7시에서 12시까지 기도한다. 장로들 중의 한 사람은 교회의 기도 활동만 관리하고 조정하는 일에만 전담한다. 이 교회의 임명된 중보 기도팀은 약 400팀이나 된다. 이 기도팀 중에 열두팀은 특별히 토마스 무디가 "기동 타격 분대"라고 부르는 "위기 중보 기도자들"로서 높은 수준에서 기도로 봉사한다. 이들은 분별과 예언, 중보 기도에서 큰 은사를 받는다. 이들은 교회 바로 옆에 건축된 "발전소"라고 불리는 작은 기도실에서 3일 내지 4일을 보낸다. 중보 기도자들은 매일 24시간 기도하면서 발전소를 차지한다. 한 달에 한 번 "덤불 사역"이라 불리는 중보 기도자들만의 기도 퇴수회는 아침 8시 30분부터 오후 5시까지 숲에서 하루종일 모인다(아프리카인들은 "덤불 사역"을 그저 '덤불'이라 부른다).

이 교회에서 "아침 영광"이라 불리는 기도회는 매일 오전 5시에서 6시 30분까지 개최된다. 이 기도회는 매일 저녁 "기도 폭풍" (Operation Prayer Storm) 기도회와 어울린다. 금요일 저녁에는 교회가 저녁 9시에서 아침 6시까지 철야 기도를 지원한다. 남전도회, 청년회, 여전도회, 유년 주일학교 사역은 각 특별 영역을 담당하는 충실한 기도팀을 갖고 있다. 교회 성경학교에 있는 학생들은 하루에 계획의 일부로 2시간 동안 기도하도록 되어 있다. 성경학교는 오전 8시에서 9시까지 매일 아침 기도회를 하기로 계획되어 있고, 학생들은 오후 2시에서 3시까지의 "기도 학교"에 필수적으로 출석한다.

수직적 차원과 수평적 차원

나는 토마스 무디가 "우리는 왜 기도 동굴에서 그처럼 크게 기도를 강조하는가? 기도는 우리가 하나님과 연합하게 되는 수단인데 하나님께서 우리의 일에 쉽게 들어오시고 우리는 하나님의 일에 쉽게 들어갈 수 있는 경지에 이르기 때문이다"라고 말하는 것을 들었다.

하나님의 일에 들어가는 것은 기도 신학의 훌륭한 유추(비유)이다. 이것은 수직적 차원, 곧 우리의 하나님과의 관계에 적용된다. 또 나는 그랜 마틴과 다이앤 긴터가 기도는 교회 생활의 수평적 또는 대인적인 차원에 어떻게 영향을 끼칠 수 있는지를 덧붙여 보여 주는 것을 좋아한다. 이들은 기도는 기름과 같은 역할을 한다고 말한다. "기도는 윤활유를 제공하여 다른 지체로 구성된 교회로서의 모든 구성원들을 온전히 하나로 일치될 수 있고, 마찰없이 함께 일하며, 그들이 스스로는 결코 성취할 수 없었던 일을 실행할 수 있다."[5]

교회에서 필요로 하는 많은 종류의 기도 가운데서 차별을 둔 것

없이 기도는 기도라고 가정하는 것이 쉬울 것이다. 예를 들면 무디는 "중보 기도자들"로 임명된 기도하는 자들과 중보 기도자들이 아닌 기도하는 자들 간을 분명히 구분짓는다. 중보 기도자들 중에서 작은 수의 그룹은 때로는 확신있는 기도 임무들을 받은 특별한 "기동 타격대"로서 간주된다.

마틴과 긴터는 기도가 기름과 같다면 다른 종류의 기름은 다른 종류의 기계에 필요함을 지적한다. 이들은 이렇게 말한다. 동일한 개념이 기도에 적용된다. '**다른 종류의 상황들에는 다른 종류의 기도들이 있다**. 하나님께서는 가장 적절한 때에, 우리가 어떤 특정한 결과들을 위해서 어떻게 기도하고, 어떻게 간구하며 다른 사람들을 위해 어떻게 중보 기도하는가, 그리고 특별한 상황들에서 어떻게 영적 전투를 행해야 하는지 그 방법을 우리에게 보여주셨다. 이러한 방법들을 필요에 따라 채우며, 적당히 사용했을 때, 우리의 삶은 매우 윤택해질 수 있고 우리의 교회들은 최고를 향해 달려갈 수 있을 것이다"[6]

기도와 교회 성장

나는 주로 기도가 교회의 성장이나 비성장에 어떻게 관계되어 있는 지를 이해하기 원하였기 때문에 몇 년 전 기도 운동에 관심을 갖게 되었다. 나는 교회 성장 교수로 일하고 있기 때문에 이것을 기대했던 것이다. 나는 교회 성장이 쉬운 임무일 것이라 생각하였고, **가장 많이 기도한 교회는 가장 많이 성장하고 적게 기도한 교회들은 적게 성장하는 것을 발견하였다**. 결국 이것은 내가 기도에 관한 설교들에서 들어왔던 것이다. 대부분 나의 친구들은 그것이 사실이라고 생각하였다.

내가 첫 번째로 놀란 것은 기도 주제에 관해 이전에 철저하게 연구한 자료가 거의 없었다는 점이다(웨슬리 듀웰만 기도를 강조하였다). 겉으로 보기에는 기도와 교회 성장 간의 직접적이고 긍정적인 상호 관계의 가정은 아주 강하여, 연구서들은 차고 넘치는 것처럼 보였다. 나는 성장하는 미국 교회들을 연구하고, 그 목사들을 면담하고, 그 성장 역학을 분석하는 데 오랜 세월을 보냈다.

내가 미국 교회 성장에 관해 저술한 처음 두 책을 보면, 기도에 대한 언급은 색인에서조차 "기도" 자리를 배정하지 않았을 정도로 무시되었다. 나는 나의 세 번째 책 218쪽에서 기도에 관해 한 단락을 말하였다. 내가 많은 교회들을 돌아다니면서 성장하는 거의 모든 교회를 볼 때, 목사들과의 대화들 가운데서 기도는 드물게만 중요한 주제로 드러났다. 그러므로 나의 결론은 우리가 기도에 대해 정의하여 온대로 "교회가 기도하는 집"이 되는 것이 반드시 교회 성장의 필수물은 아니라는 것이었다.

내가 최근 복음주의 그리스도교 정상 지도자들에 의해 쓰여진 세 권의 영향력 있는 책들을 읽었을 때, 나는 여러 가지를 의심하게 되었다. 그 첫 책은 토니 캠포로와 고든 에리쉬먼이 쓴 『당신의 교회가 세상을 변화시킬 수 있는 101가지 방법들』이라는 책이다. 그 101가지 방법 중에 기도는 단 한 방법도 들어있지 않았다. 그 다음의 두 책들은 저자들이 교회 성장 운동에서 가장 유명한 인물들이기 때문에 나에게는 훨씬 더 중요하였다. 그 저자들은 빌 하이벨스와 존 본이었는데, 두 사람 다 나의 개인적인 친구들이다. 이들은 이 논평의 색깔이 비평이 아니라 우리가 교회 성장에서 기도의 역할을 논할 때, 제일 우선 순위에 항상 있지 않을 수도 있다는 상호 승인임을 알고 있다.

　빌 하이벨스는 미국에서 가장 영향력 있는 교회인 일리노이 주 베링턴 시의 〈윌로우 크릭 공동체 교회〉로 널리 알려진 교회의 당회장 목사이다. 빌 하이벨스가 그의 아내 린 하이벨스와 함께 쓴 최근의 책은『교회를 재발견하라 : 윌로우 크릭 공동체 교회의 이야기와 비전』이라는 제목을 붙인 책이다. 이 책 겉 표지 뒷장에 나의 개인적 추천서가 실려 있는데, 이 책은 상당히 양서이며 통찰력 있는 책이다. 이 책 제 1부는 그 교회의 이야기를 전한다. 제 2부는 그 교회에 사용된 교회 성장 원리들을 분석한다. 이를테면 교회 비전을 구성하는 6대 요소들, 비전을 실행하는 7단계 전략, 그 교회 운동을 나누는 10대 가치관, 참 그리스도 제자의 5가지 특성 등이다. 그러나 흥미있게도 이 책 제 2부의 교회 성장 역학 28항목들 중에도 기도는 들어있지 않았다!

　존 본은 미조리 주 볼리바 시의 〈대형 교회 연구 센터〉 소장 일을 맡고 있다. 그는 이 나라에서 대형 교회는 주말 출석 인원 2,000명 이상으로 이루어진 교회들에 대해 지칭하는 것으로 간주된다고 말한다. 나는 그의 훌륭한 책『대형 교회들과 미국 도시들』을 풀러 신학대학원의 나의 수업 시간들에서 사용한다. 이 책의 핵심 장은 "성장하는 교회들에 나타난 예견할만한 변화들"인데 존 본은 이 장에서 더 작고 성장하지 않는 미국 교회들로부터 대형 교회들을 분리시키는 그 대형 교회들의 특성들을 주의깊게 분석한다. 그는 이 교회 성장 원리들을 20가지로 나열하는데 이들 중에도 기도는 들어있지 않았다(그러나 존 본은『세계 20대 교회』에서는 교회 성장과 기도 간의 연관을 말했었다).

　하이벨스와 본은 기도를 크게 믿고 자신들의 삶에서 기도를 실천한다. 빌 하이벨스는 기도 생활에 관한 총체적인 책『너무 바빠서 기도할 수 없다』를 저술하였다. 만일 당신이 기도가 교회들의 성장에서 어떤 역할을 하느냐에 대해 이 두 사람 중에 한 사람에게 물었다면, 당신은 **능력있는 기도 없이 크고 영향력있는 교회는 그들이 역량을 갖고 있는 만큼 결코 성장할 수 없다**는 깊은 확신으로 주장하는 20분간의 독백을 들을 수 있을 것이다. 이들은 **교회 성장은 하나님의 일이요, 성장을 주실 수 있는 분도 하나님**임을 긍정한다. 이 모든 것은 성장하는 교회의 목사들이 교회 성장 요인들의 주 목록에 기도를 포함시키지 않았다고 해서, 교회 성장에서 기도는 반드시 우연일 수밖에 없다는 나의 잘못된 생각을 고치도록 도와주었다.

기도는 교회 성장의 주 요인이다.

켄터키 주 루이빌 시 남침례신학대학원의 톰 레이너 박사는 내가 기대하고 있었던 것의 알맹이를 제공하였다. 그는 미국에서 찾을 수 있는 가장 전도 잘하는 교회 576곳을 연구하였다. 그렇지만 그는 목사들이 기도를 교회 성장의 한 요인이라고 말할 때까지 기다리지 않았다. 그는 그 목사들의 의견에 모든 것을 맡겼다. 레이너는 기도를 목사들이 평가한 성장 요소 목록에 포함시켰다. 그는 성장하는 교회들의 거의 70%는 전도 성공의 주 요소로 기도를 포함시켰음[7]을 발견함으로써 나의 연구의 짐을 덜어주었다.

다음은 이 성장하는 교회들의 목사들이 답한 몇 가지 내용이다. "기도, 집단 기도는 우리 교회에서 전도 도약을 설명한다." "나는 하나님께서 우리 교회에 손길을 펴신 주 이유는 기도에 기초한 우리의 헌신이라고 믿는다." "대화들을 통한 우리의 성장이라니요?

교회 성장은 1주일, 7일간 일어나는 우리의 기도 사역의 결과입니다."[8]

레이너는 이렇게 말한다. "그러므로 우리는 **대부분 전도로 성장하는 교회들은 또한 기도하는 교회들**임을 확신을 갖고 결론 내린다."[9]

애리조너 주 피닉스 시 소재 대형 제일 하나님의 성회 교회의 당회장인 토미 바넷은 기도와 전도가 어떻게 그의 교회를 도약시켰는지를 말한다. 그는 어느 일요일 기도와 부흥에 대해 설교하였고, 회중으로부터 엄청나게 열정적인 반응을 받았다. 그때 그는 매주 월요일 아침 6시에 기도회를 시작한다고 선언하였다. 다음 날, 1000명 남짓되는 사람들이 기도하기 위해 몰려왔다.

바넷은 다음과 같이 말한다. "우리가 기도하기 시작했을 때, 우리 교회에서 일들이 일어나기 시작하였다. 많은 사람들은 구원받았다. 우리는 하루 24시간 교회에 한 목사를 배치하므로 교인들은 잃어버린 사람들이 구원받도록 인도할 수 있었다. 또 어떤 사람은 새로 구원받은 자를 세례받게 하기 위해 시계 주위에 준비되어 있었다." 이것은 단지 팬 선풍기 안에 있는 후래쉬 불빛이었는가? 아니다. 토미 바넷은 다음과 같이 덧붙여 말한다. "부흥은 결코 멈추지 않았다. 우리 교인들은 부지런히 충실히, 조직적으로 금식하고 기도하고 하나님을 구하기 시작하였다. 그 다음 이들은 길가로 나가서 증거하며 사람들을 예수 그리스도께 구령하였다."[10]

내가 이 글을 쓸 때, 미 서해안 지역에서 가장 크고 가장 빨리 성장하는 교회는 캘리포니아 오렌지 카운티에 있는 〈새들백 밸리 커뮤니티(공동체) 교회〉이다. 이 교회의 주간 출석수는 최근 13,000명 가량이다. 개인적 친구이자 내가 존경하는 **릭 워랜 목사의 제일 우선 순위는 기도이다.** 그는 최근 나에게 보낸 편지에서 이렇게 말하였다. "우리는 기도와 교회 성장을 아주 하나로 연관시켜 생각하여 새들백 교회의 교회 성장을 위해 기도에 헌신하는 것을 교인의 조건으로 붙입니다. '당신은 교인이 되기로 서명해야 하는 전 교인 맹약의 지체이기 때문에 기도에 헌신하지 않으면 그 맹약에 참여할 수 없습니다.'" 릭 워렌 목사는 계속해서 다음과 같이 말한다. "저는 미국에서 교인들에게 교회 성장을 위해 기도하라고 요청하지 않는 어떤 교회가 있는 지를 알지 못합니다"[11] (릭 워렌의 『목적을 추구하는 교회』를 읽으면 이 점이 상세히 전개된다).

이 시점에서 나는 오해받기 원치 않는다. 나는 교회가 더 기도할수록 더 성장한다고 제안하고 싶지 않다. 교회 성장은 그보다는 훨씬 더 복잡하다. 성장하지 않는 많은 교회들은 역동적인 기도 사역자들을 갖고 있지만, 다른 성장 요소들이 부족하다. 나는 다음과 같이 말하는 릭 워렌 목사의 말에 동의한다. "누군가 담대하게 분명한 것을 말해야 한다. 즉 **기도만이 교회를 성장시키는 것은 아니다**." 워렌은 "기도는 필수"라고 주장하지만 계속해서 이런 것도 관찰한다. "교회를 성장시키는 것은 기도보다 훨씬 더한 것을 드리는 것이다. 그것은 숙련된 행동을 드리는 것이다."[12] 이제 기도와 교회 성장 간의 관계를 알았으니 기도의 기본 규칙들로 나아가 보자.

규칙에 따르는 기도를 하라

내가 여러 번 말한대로 기도는 다 동등하지 않다. 이것은 기도의 다른 무대만큼, 또는 기도 이상으로 개교회의 기도 생활과 사역에 적용된다. 나의 또 다른 책, 기도 용사 시리즈 네 번째 책인『기도하는 교회들만이 성장한다』(46-56쪽)를 보면, 여기에서 일부는 반복되지만 상당히 자세하지는 못하고 약간의 몇 가지 강조점들을 포함시킨 4가지 기도 규칙들을 열거한다. 교회가 진정으로 기도하는 집이 되도록 인도하는 목사는 이 규칙들이 모든 차원에서 회중의 참 옷감으로 짜여있음을 확인해야 한다.

규칙 1 믿음으로 기도하라. "믿음이 없이는 하나님을 기쁘게 할 수 없다"(히 11:6). 기도에서 믿음은 하나님께서 기도에 응답할 것임을 믿는 것이다. 내가 제 2장에서 논의한 쌍방 통행 기도는 중요한 것인데, 바로 이 점에서 중요하다. 우리는 하나님께로부터 음성을 듣는 정도에서 다음과 같이 말씀하신 예수와 함께 할 수 있다. "아들은 스스로는 아무것도 할 수 없지만 아버지께서 행하시는 것을 본 대로 행할 수 있다"(요 5:19). 우리가 하나님께로부터 들려오는 음성을 듣고 주어진 상황에서 그의 뜻을 안다면 우리는 훨씬 더 큰 믿음으로 기도할 수 있다. "우리가 하나님의 뜻대로 무엇이든지 구하면 그는 우리를 들으시느니라"(요일 5:14).

기도에서 우리의 믿음은 우리 기도들이 응답되는 것을 아는 것보다 더 긴 시간 동안 건설되는 것은 아니다. 강한 기도 사역을 갖는 교회들에서 내가 발견한 한 가지 공통적인 흠은 기도에 대한 응답들은 기도한 사람들과 때때로 충분히 공유되지 않는다는 것이다. 성경이 "하나님은 기도에 응답하신다"고 가르치는 것을 믿는 것은 중요한 한 가지 일이다. 대부분의 기도하는 자들은 이렇게 되는 것을 믿지만, 그것만으로는 충분하지 않다. 우리는 최근 기도 요청 사항들을 교인들의 손에 맡겨 주는 상당히 효율적인 방식들을 발전시켰지만, 기도들에 대한 응답으로 동일한 일을 행하는 데 있어서는 아주 뒤쳐져 달리고 있다. 우리가 공유하는 모든 긍정적 응답은 기도한 자들의 믿음을 세워주고, 저들의 장래 기도들은 더 믿음을 갖고 있기 때문에 끊임없이 더 능력이 있다.

내가 방문한 한 교회는 교인들이 주간 내내 기도하러 오는 큰 방을 따로 배정하였다. 사람들은 항상 그곳에서 기도하고 있고, 어떤 사람들은 다른 사람들보다 더 긴 시간 동안 기도한다. 방 오른쪽 벽 큰 게시판에는 기도 요청 사항들이 붙어 있었는데, 거기에 많은 기도 목록이 걸려 있었다. 중보 기도자들은 그들의 선택에 속하는 요청 사항들을 위해 기도하고 그것을 떼어나갔는데, 중보 기도자들은 그들을 위해 기도하고 금식했으며, 마침내 응답받아 게시판에 기도 제목이 붙어 있지 않게 하였다. 그 기도실의 오른쪽 벽에는 응답받은 기도 목록들이 걸려있는 또 다른 큰 게시판이 걸려있다. 또한 중보 기도자들은 응답들에 대해 스스로 도움을 받은 것과 하나님의 신실하심과 그의 능력을 인하여 그분께 찬양을 올려드렸다. 모든 응답은 믿음을 세웠고 기도 사역은 번성하였다.

규칙 2 순결한 마음으로 기도하라. 기도의 효과는 우리의 하나님께 대한 관계가 서든지 그렇지 않으면 그 관계가 무너지든지 하는 것이다. 우리가 하나님을 더 가까이 하고 아버지와 더 친밀하게 될수록, 하나님의 뜻을 더 정확하게 알아 우리의 기도는 더 능력있게 될 것이다. 그러나 우리가 고백하지 않은 죄, 잘못된 태도, 부적합한 습관, 의심하는 동기 같은 우리 삶에 들어온 좋지 않은 것들을 허용한다면, 우리는 우리가 바라는 하나님과의 관계를 유지할 수 없다. 그러한 것이 사실이라면, 우리는 이러한 것들을 말끔히 씻어내기 위한 즉각적인 관계들을 취해야 한다. 하나님께서는 우리에게 이러한 것을 행할 방법들과 수단을 주셨는데, 비록 우리가 빈번히 우리에게 사역하고 우리가 자유롭도록 도울 수 있는 다른 사람들의 도움을 구해야 한다 하더라도 그러실 것이다.

금식은 하나님께서 우리가 그분과 더 가까운 관계에 들어가도록 제공하신 수단 중의 하나이다. 도리스와 나의 개인적인 중보 기도자들 중의 한 사람인 앨리스 스미스는 이렇게 말한다. "영적 분별은 금식할 때 여러 가지 유익들 중의 한 가지 유익이다. 금식은 우리 능력을 날카롭게 하여 광명의 나라를 분별하게 하고 어두움의 나라도 분별하게 한다. 우리의 능력은 분별을 통하여 주어진 상황에서 하나님의 시각을 보도록 고양된다."[13]

금식은 나 자신을 포함하여 나를 아는 대부분 그리스도교 지도자들이 이 괄목할만한 1990년 대 10여 년 간 우리에게 임했을 때까지 용케 숨겨진 것들 중의 하나였다. 이제 금식은 우리가 잃어버린 시간을 메꾸는 경향으로 바뀌는 것 같다. 빌 브라이트의 첫 번 40일 금식에 주어진 넓은 매체 지면 할애와, 수많은 지도자들을 이끈 연속적인 기도와 금식 행사들은 새로운 동기를 창출하였다. 내가 기억하기에 처음에 금식은 미국에서 잘 알려지게 되었다. 우리는 금식을 행할 때, 이제는 금식을 비밀리에 준행하는 대신에 금식 실천에 대해 말하는 것을 좋아한다. 금식 주제에 관한 훌륭한 책들은 엘머 타운즈의 『금식 기도를 통한 영적 승리』(도서출판 서로사랑, 1998)와 같은 책들인데 그 저자들은 우리가 이전에 가졌던 통찰보다 더 깊은 금식에 대한 이해를 제공한다. 나는 금식에 대해서는 제 10장에서 역점을 둘 것이다.

내가 금식을 볼 때, 그 순수한 결과는 우리가 하나님께 가까웠던 것보다 더 큰 규모에서 하나님의 백성을 하나님께 가까이 인도하는 것이고, 우리 기도는 더 능력있게 될 수 있도록 우리 마음을 정결케 되도

록 도울 것이라는 점이다.

규칙 3 능력으로 기도하라. 나는 청년 시절 거듭난 후에 성령을 삼위일체의 일부로 인정하는 복음주의 전통에서 양육받았지만, 훨씬 더 강한 양육은 아니었다. 우리는 오순절 교도들과 같은 그룹들이 성령에 관해 너무 많이 말하는 것을 보았을 때, 엄청나게 당황했었다. 또 우리는 성령에 대한 오순절 교도들의 강조가 예수의 영광을 앗아가고 있고, 그 영광을 적절하게 받을만한 분은 삼위일체의 인격이신 바로 그분뿐이라는 점을 주장하며, 서로 불평하는 경향이 있었다. 우리가 깨닫지 못하여 실제적으로 행하고 있던 성령을 끄는 것(우리는 성령을 부정하지는 안았을지라도)은 다른 여러 가지 것들 중에서 우리 기도들을 약화시키고 있었다. 우리는 바울이 다음과 같이 말했을 때 의도한 것을 피상적으로만 이해하였다. "성령 안에서 무시로 기도하고 간구로 기도하라"(엡 6:18).

예수께서 자신은 제자들을 떠나야 한다고 그들에게 처음 말했을 때, 그 말은 제자들의 심정에 상당한 동요를 일으켰다. 베드로는 예수께서 "사단아 내 뒤로 물러가라!"(마 16:23)고 말해야 했을 정도로 강하게 저항하였다. 그러한 일들이 조용해지자 예수께서는 그들에게 자신이 떠난다면 그들에게 더 큰 유익이 올 것임을 말하였다. 그것은 어떻게 유익이 될 수 있었는가?

예수께서는 이렇게 말씀하셨다. "그러하나 내가 너희에게 실상을 말하노니 내가 떠나가는 것이 너희에게 유익이라. 내가 떠나가지 아니하면 보혜사가 너희에게로 오시지 않을 것이요 가면 내가 그를 너희에게로 보내리라"(요 16:7). 이것을 분명히 말하자면, 예수께서는 그의 제자들에게 그가 그들에게 하라고 부르셨던 일 때문에 제자들이 삼위일체의 **둘째 인격**과 더불어 유익을 얻었던 것보다, 더 많은 유익을 **셋째 인격**의 즉각적인 임재로 얻게 될 것이라 말씀하시는 것이다.

나는 오늘날 우리 삶과 사역들에서 성령의 중요한 역할을 인정하는 데서 독보적인 것만은 아니다. 그 결과 나는 성령의 능력과 은사들에 관해 말하고 내 생애와 사역에서 성령의 능력과 은사들을 분명하게 전유화할 때, 나의 이전 금지사항 중에 상당수를 흘려보냈다. 나의 영적 일들에 대한 새로운 열성은 반드시 그 대가가 있다. 나의 옛날 친구들 중 대다수는 나를 정확하게 거절하지는 않지만 내가 그들에게 "너무 은사 운동교도"인 것처럼 보이기 때문에 그들은 나에게 거리감을 두는 것이 더 편안한 것처럼 느끼는 것 같다. 그렇다 하더라도 우리가 성령의 충만을 받아 성령의 모든 은사들을 역사시키는 만큼 우리의 기도는 더 능력있게 됨을 나는 여전히 믿는다.

규칙 4 끈기있게 기도하라. 싱가포르의 개인 간증을 제시함으로써 이 규칙을 더 상세히 말하고자 한다. 고든 탠은 그의 아름다운 아내 킴 리가 일종의 암에 걸렸음을 알기 전까지 그의 삶에서 하나님 없이 필요한 모든 것을 얻으려 했던 싱가포르 의사이다. 검사 내용들은 특정한 호르몬의 위험 수준인 1만 유니트(리터)에 도달하였음을 보여주었다. 암 세포는 몇 주 안에 줄어들지 않았으며 근본적인 치료가 필요하였다. 고든 탠은 처음에는 그가 해온 대로 예수께 기도하기로 작정하였다. 그러나 일주일 후에도 호르몬 수준은 1만 유니트 그대로 남아 있었다. 그는 이렇게 말했다. "나는 계속 기도하고 있었지만 벽을 향해 기도하고 있는 것처럼 느껴졌다. 하나님으로부터 오는 응답은 없었다. 나는 내가 예수를 일찌감치 보았던 것만큼 일찍 예수께 버림받았다고 생각하였다."

몇 주가 안되어 호르몬 수치는 2만 유니트까지 올라갔는데 그것은 위기를 예견하는 것이었다. 그 경우를 본 다른 다섯 의사들 중 네 의사는 즉각적인 암 치료를 요청하였다. 한 명의 의사는 한 주간 더 기꺼이 치료를 허용하려 했고, 고든 탠은 그 제안을 선택하였다. 그는 당시 실정을 이렇게 전한다. "나는 이 단계에서 산산조각 나 있었다. 나의 총체적인 삶은 뿔뿔이 흩어져보였다. 나는 하나님이 계신 곳에서 4주 동안 온전히 기도할 수밖에 없었다." 그는 필사적인 생사투 상황에서 성령의 감동을 간청하되 성령님께 병원에 와서 그의 아내에게 기름붓고 치유해 달라고 기도하였다. 그가 그렇게 하였을 때, 킴 리 부인은 온 몸이 강해지는 능력을 느꼈고, 잠시라도 앉아 있으면 몸이 부숴질 것 같았던 그 몸에 힘이 생겼다.

탠 박사는 다음과 같이 말하였다. "나는 상처받은 사람으로 주님 앞에 아이처럼 나아갔다. 나는 온전히 4주 동안 내 임무, 즉 '그녀를 치료하라!'에 소명을 걸고 있었다. 나는 온전히 4주 동안 '주여, 그녀를 치료하여 주십시오. 그녀를 치료하여 주십시오. 그리하면 나는 당신이 원하는 것이 무엇이든지 행하리이다' 라는 기도 대화를 주고받았다. 그날 밤, 나는 모든 것을 그분께 굴복시켰다. 다음 날이면 결정적인 피검사의 결과가 나올 것이었다. 나는 '주 예수여, 나는 낭떠러지에 떨어졌습니다. 나는 바위에서 굴러떨어져 있습니다. 당신께서 지금 나를 구원하시지 않으시면 나는 끝장입니다. 그러나 주님 당신의 뜻대로 하옵소서' 라고 기도하였다."

다음 날 피검사 결과 호르몬은 1,400 유니트로 떨어졌고, 그 호르몬 수치는 0(제로)수준으로 떨어졌다. 킴 리는 기적적으로 치유

받았다.

고든 탠은 자신의 기도가 처음에는 응답되지 않는 것처럼 보였음을 생각하면서, 자신이 **낮은 수준의 믿음을 가졌었지만 계속해서 하나님께 간구하는 지속성을 갖은 것을** 기뻐하였다. 그는 그런 기도를 다음과 같이 요약한다. "그 기간 나의 교만은 내 영이 주 앞에 가루같이 되기까지 서서히 부숴졌다. 그러나 내가 완전히 부숴지기 전에 하나님께서 나를 구원하셨다. 주께서는 내가 그분께 어린 아이같이 되기까지 내가 부숴지는 것이 필요했기 때문에 나를 그렇게 만드셨고 그 후 다시 살리셨다."[14] 탠 박사는 기도의 네 번째 규칙인 지속성을 배웠던 것이다.

무엇인가 변화가 일어나게 하라

나는 이 장을 증가하는 수의 실천적이고 효과적인 신바람 나는 개념들을 수록하기 위해 질질 끌지 않을 것이다. 이 개념들은 당신의 개교회를 '기도하는 집'으로 변화시키도록 도움을 주기 위해 등장하고 있는 것이다. 당신은 이 장 마지막 부분의 참고 자료 부분에서 무엇인가 일어나게 도울 수 있는 소중한 도구들을 발견할 것이다.

그러나 나는 한 가지 개념을 부각시켜야 한다고 생각하는데, 그 개념은 개교회가 20년 안에 교회들, 지역 사회들, 세상의 복음을 받지 못한 사람들을 위해 기도의 효과성을 배가시키기 위해 할 수 있는 가장 능력있게 될 가능성을 갖게 될 것처럼 보이는 것이다. 나는 이제 "개교회 기도실"을 말하고자 한다.

기도 운동의 전반적인 교정이 아직 배정되지 않더라도 어떤 사람들은 미국에 있는 2,000개 교회 이상이 기도실들, 기도 채플들, 다락방들, 기도 센터들, 또 무슨 이름으로 불리든 기도하는 곳을 설치하였다고 평가한다. 가장 많은 수의 기도실들을 갖고 있는 두 교단은 미 남침례교회와 미 연합감리교회인 것 같다.

내가 알고 있는 이 기도 운동의 가장 유명한 전국적 지도자는 텍사스 주 칼리지 스테이션(대학역)의 올더 스케잇 연합감리교회의 전 당회장 테리 티클인데 이 분은 〈갱신 미니스트리스〉(사역들)의 창설자이기도 하다. 테리는 전국 방방곡곡에서 기도실 운동을 적극적으로 추진하고 있고, 『기도하는 방을 만들라』라는 주제에 관한 교과서를 썼다. 그는 이 책에서 이렇게 말한다. "기도를 위해 고안한 장소나 센터는 어떤 회중에게 계속된 기도가 가능하게 만들어 준다. 이런 면에서 교회와 도시는 압도적인 기도에 빨려 들어갈 수 있다."[15]

아마도 당신의 교회는 기도실로 배정될 수 있는 방을 찾을 가능성을 갖고 있을 것이다. 오하이오 주 신시내티 켄우드 침례교회는 하루에 24시간, 일 주일에 7일간 운영하는 기도실을 갖고 있다. 다음은 기도실에 대한 그들의 묘사이다. "따뜻하고 초대하는 방처럼 설치되어 있는 기도역(센터)들에는 작은 제단 영역, 안락한 의자들, 바닥 쿠션들, 모임 책상, 다섯 개의 연구 책상들이 있다. 또한 기도역(센터)들은 최근의 기도 정보를 갖고 있어 선교, 직원, 회중의 욕구들, 정부 지도자들 등등과 같은 다양한 욕구들에 관한 기도를 자극한다."[16] 다음 도표는 그 교회 기도실의 평면도이다.

전형적인 기도실은 한두 개의 전화를 갖고 있다. 어떤 기도실은 따로 배정한 팩스 기계를 들여놓을 수 있을 것이고, 어떤 기도실은 E-Mail(컴퓨터 통신)을 장착하여 세계적인 조직망까지 접근해 갈 수 있는 컴퓨터 통신 수단까지 설치할 수 있을 것이다. 테리 티클이 말하듯이, 기도실은 "기도가 일어날 수 있는 곳, 즉 방이든 장소든 모인 홀이든 제자들이 다락방에서 만난 것처럼 기도할 수 있는 곳이다. 이 실제적인 방에서 사람들은 기도하고, 부르짖고, 간청하고, 기다리고, 평온을 유지하고, 중보 기도하고, 하나님으로부터 응답받는 것을 믿을 수 있다."[17]

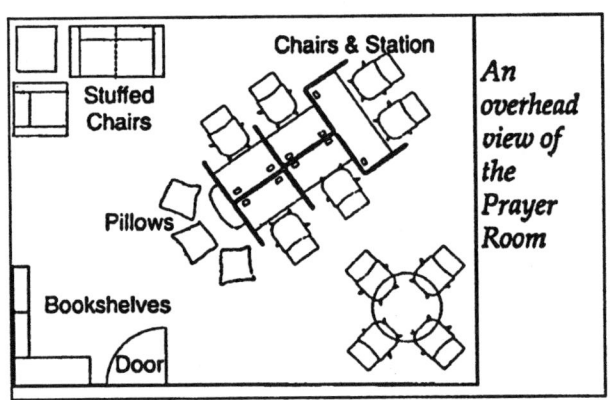

하루 24시간 전임 직원을 두려 하는 개교회 기도실은 교회가 기도하게 할 수 있는 헌신들 중의 헌신이다. 또 개교회 기도실은 하나님 나라의 유익을 돌려받을 아주 큰 가능성을 갖고 있다. 또 이 기도실은 보통 교회를 '기도하는 집'으로 바꾸는 중요한 단계를 구성한다.

당신의 교회는 '기도하는 집'이 될 수 있는가?

❖ 생각할 문제들 ❖

1. 1에서 10까지의 계수 상에서 당신은 당신 교회의 "기도하는 집"의 수준을 어떻게 평가하겠는가? 왜 그렇게 생각하는가?

2. 당신은 다른 목사들이 기도에 우선 순위를 두는 것보다, 기도에 더 큰 우선권을 두는 것처럼 보이는 어떤 목사를 알면 열거해 보라. 그 목사들은 어떤 점에서 다른가?

3. 하나님께서 당신의 기도에 응답하지 않으신다면 당신은 다시 기도하는가? 얼마나 오랫동안 계속 기도하는가?

4. 당신의 교회에서 능력있는 기도를 일으키기 위해 행할 수 있는 것들이 있다면 무엇이 되겠는가?

더 자세한 참고서들

- 피터 왜그너『기도하는 교회들만이 성장한다』(Churches That Pray, 1993). 이 책은 "기도하는 집"으로 교회를 변화시키는 방법에 관해 더 많은 원리들과 개념들을 제공하는 기도 용사 시리즈의 네 번째 책이다.
- 테리 티클『기도하는 방을 만들라』(Making Room to Pray, 1993). 이 책은 당신 교회에서 기도실을 시작하고 유지하는 데 필요한 철저한 방법론을 제시해줄 것이다.
- 엘빈 밴더 그랜드『기도하는 교회 자료』(The Praying Church

Sourcebook, 1990). 세 가지 노트북으로 된 이 자료들은 실제적으로 당신 교회에서 기도 활동에 대해 지금까지 생각해 온 모든 개념을 포함한다. 나는 이 책을 강력하게 추천하는 바이다.
- 글랜 마틴, 다이앤 긴터 『발전소』(Power House, 1994). 이 책의 부제는 "기도하는 교회를 세우기 위한 한 단계 한 단계 지침"이라고 되어 있다. 나는 이 주제에 관해 이 책보다 더 좋은 책을 알지 못한다.
- 수커랜 『기도하는 교회』(The Praying Church, 1987). 이 책은 내가 교회의 집단 기도 생활을 발전시키는 데 기초를 삼은 가장 좋은 책이다. 이 책은 당신 교회의 기도 집회를 위한 생동적인 개념들을 포함하고 있다.

Notes
1. This report is found in Carl Lawrence with David Wang, *The Coming Influence of China* (Gresham, Oreg.: Vision House Publishing, Inc., 1996), p. 52.
2. From the Internet "New Wine China Ministries," <new-wine@grmi.org> (February 25, 1996).
3. Lawrence, *The Coming Influence*, p. 52.
4. Glen Martin and Dian Ginter, *Power House: A Step-by-Step Guide to Building a Church That Prays* (Nashville: Broadman & Holman Publishers, 1994), p. 17.
5. Ibid., p. 15.
6. Ibid., p. 16.
7. Thom Rainer, *Effective Evangelistic Churches* (Nashville: Broadman & Holman Publishers, 1996), p. 67.
8. Ibid., p. 69.
9. Ibid., p. 71.
10. Tommy Barnett, "Revival Begins with Prayer," *Enrichment* (Fall 1996): 24.
11. Personal letter to the author from Rick Warren, dated December 20, 1996.
12. Rick Warren, *The Purpose Driven Church* (Grand Rapids: Zondervan Publishing House, 1995), p. 58.
13. Alice Smith, *Power Praying: Instruction on Prayer & Fasting* (Alice Smith, 7710-T Cherry Park Drive, Suite 224, Houston, TX 77095, 1996), p. 2.
14. Gordon Tan, "The Healing of Kim Li Tan," *Asian Report* (September-October 1985): 11-12.
15. Terry Teykl, *Making Room to Pray: How to Start and Maintain a Prayer Room in Your Church* (Anderson, Ind.: Bristol Books, 1993), p. 9.
16. Karen Navera, ed., *An Invitation to the Prayer Room at Kenwood Baptist Church*, pamphlet published in 1995.
17. Teykl, *Making Room to Pray*, p. 16.

7 장
지도자들의 개인 중보 기도는 하나님의 선물

나의 친구 〈선교 21 인디아〉(Mission 21 India)의 존 드 브리스는 최근 내가 잊지 못할 선교지 보고서를 답신해 왔다. 봄베이의 대형 새 생명 교회의 4명 실행 목사들 중의 한 목사는 윌리 슬로운이다. 슬로운과 그의 아내는 10년 간 인디아 낙풀에서 교회 개척 선교사로 사역해왔다. 이들의 이야기는 다른 많은 선교사들의 이야기와 아주 흡사하였는데, 이들은 거의 모든 종류에 속하는 심한 반대에 직면한 것 같았다. 이들은 자신들이 알고 있는 모든 인간의 방법을 동원하였지만, 1992년 쯤 10년 간의 강행군 끝에 수고의 결실로 단지 6곳의 작은 가정 교회들만을 세울 수 있었다. 나는 "그곳의 어려운 환경들을 생각할 때 그들이 얻은 그 결실은 우리가 기대할 수 있는 것의 전부였다"고 생각한다. 많은 선교 후원자들도 그렇게 생각했으나 윌리 슬로운은 달랐다.

윌리 슬로운은 솔직히 형편없는 결실에 당황하였다.

전임 중보 기도자들

그러므로 1992년, 슬로운 부부는 새로운 프로젝트를 실행하려 하였다. 이들은 중보 기도자들을 활용하기 시작하였고 그들을 끊임없이 하나님의 보좌 앞에 있게 하였다. 1995년 10월 20일 쯤, 여자들과 두 명의 남자들로 구성된 중보 기도팀은 슬로운 부부를 위해 매일 전담으로 기도하고 있었다. 중보 기도자들은 전략 차원 영적 전투 원리들을 이해하는 사람들이었고, 이들의 기도들은 훨씬 더 능력있는 종류로 알려졌다. 슬로운 부부는 3년 동안 개인적인 중보 기도를 받고 있었는데, 이들은 이전처럼 동일한 방법들을 사용하면서 180곳 이상의 가정 교회들을 개척하는 데 성공하였다. 이들은 이전에는 10년 간 6곳의 새 교회들을 개척하였으나 이제는 한 달에 6곳의 새로운 교회들을 개척하고 있었다.

나는 목사들이나 기타 그리스도교 지도자들이 자신들의 사역들에서 그런 종류의 증식적 효과성을 보기 원치 않음을 알지 못한다. 분명히 다른 대안들이 증식 효과 그림을 차지할 가능성이 있지만, 목사나 선교사나 신학대학원 교수나 기타 지도자들은 일종의 팀으로 된 개인적 중보 기도자들을 양성하는 것이 사역 능력을 증가시킬 수 있는 큰 가능성임을 알지 못한다. 그들은 자신들이 이미 가지고 있는 것으로 효과를 증대시킬 수 있는 단계를 알지 못한다.

나는 이 주제에 관한 교과서로 나의 책 『방패 기도』가 목사들을 위해서 쓴 가장 중요한 책이 될 것으로 간주한다. 나의 친구 엘머 타운즈는 『방패 기도』가 처음 출간되었을 때, 이 책을 읽고 나에게 이러한 독후감 편지를 써 보냈는데, 다음과 같은 내용이었다. "피터 왜그너 씨, 이 책은 당신이 쓴 20-30권의 책들 중에서 당신이 죽을 때까지 가장 좋은 책이 될 것입니다. 왜냐하면 당신은 이 책 때문에 가장 기억할만한 사람이 될 것이기 때문입니다." 나는 엘머 타운즈의 그 말에 동의한다.

나는 신학대학원 교수들의 글을 인용했는데, 마지막 장에서 나의 친구 톰 레이너의 '기도와 교회 성장에 관한 연구'를 언급하였다. 톰 레이너는 지난 몇 년 간, 말하자면 교회 성장 운동의 300대 타자들 중의 한 사람으로 등장하였다. 톰 레이너는 남 침례신학대학원의 빌리 그레이엄 전도 학교, 교회 성장, 선교학과 과장(석좌교수)이 되기 전에, 크고 빨리 성장하는 교회를 목양하였다. 다음은 톰 레이너의 간증이다.

> 나는 1972년 주로 피터 왜그너의 영향 때문에 하나님께서 나의 목회와 내 가족을 위한 중보 기도자들을 일으켜 달라고 기도하기 시작하였다. 나는 앨러버마의 버밍햄시에 있는 큰 교회 목사였다. 내가 그 당시를 생각해 볼 때, 나는 그 시절이 내 목양에서 가장 어려운 시기였음을 안다. 그러나 하나님께서는 몇 사람들을 부르시사 나를 위해 매일 중보 기도하게 하셨다. 나는 이전에 한 번도 알지 못했던 내 목회의 기도 능력을 알기 시작하였다. 하나님께서는 다시 한 번 나에게 **기도의 우선 순위와 능력**을 보여주시고 계셨다.[1]

가장 적게 활용된 영적 능력 자료

나는 1987년 말엽을 분명히 기억한다. 그때 나는 주께로부터 기도에 관해 연구하고 가르치고 글을 쓰라는 임무를 처음 지시받았다. 나에게 기도는 전혀 정통하지 않은 분야였으므로, 나는 기도에 관한 책들을 모아 기도 도서관을 두고, 내가 잃어버린 시간을 활용할 수 있는 한 책들을 많이 읽기 시작하였다. 나는 지금 기도에 관한 책들을 열 개의 선반에 모았다. 여러 가지 목표들 중에서 나의 초기 목표들 중의 하나는 그 당시 많은 관심을 받지 못하던 기도 분야에서 영역들을 규명하려 하는 것이었다. 내가 곧 분별한 그 영역들 중의 하나는 그리스도교 지도자들을 위한 중보 기도의 문제였다.

내 기억으로는, 내가 지도자용 중보 기도 자료로 발견한 유일한 자료는 미국 역사에서 기도에 관해 가장 유명한 저자인 E. M. 바운즈의 한 책에 실린 한 장의 제목뿐이었다.

E. M. 바운즈는 1912년에 쓴 『기도를 통한 능력』이라는 책에서 "설교자들은 교인들의 기도를 필요로 한다"라고 이름 붙인 한 장을 할애하였다. 이 장은 그의 전체 책 568쪽에서 단 2쪽만 차지할 정도로 간단하였지만 중보 기도는 E. M. 바운즈의 특성대로, 직설적으로 표현되어 있다. E. M. 바운즈는 다음과 같이 말한다. "설교자에게 특별히 기도 실천은 꽤 비사용으로 전락되거나 불연속적인 것이 된다. 때때로 우리는 기도 실천을 목회의 하찮은 것으로 나무라면서, 기도를 목회의 비효율적인 것으로 여기는 자들의 공개적인 천명을 들어왔다." 바운즈는 이것에 대해 어떻게 생각하는가? "그것(중보 기도)은 아마도 지식과 자기 충족수의 교만을 공격할 것이다. 또 전자들은 기도 실행을 하찮은 것으로 여겨지도록 방치

한 사역 때문에 공격받고 책망받아야 한다."²⁾

1912년 목사를 위해 기도하는 것이 활용되지 않았다면 동일한 일은 1987년에도 전해질 수 있다. 목사를 위한 기도는 그 이후 75년 간 많은 미국 교회들에서 널리 활용되지 않았다고 해도 무방할 것이다. 나는 장구한 교회 역사를 통하여 그리스도의 몸(교회)에서 의도적이거나 명백한 방식으로 목사를 위한 기도가 실천된 증거를 보지 않을 수 없다. 나는 나의 책 『방패 기도』 첫 쪽에서 다음과 같이 아주 담대하게 말하였다. "오늘날 우리 교회들에서 가장 활용되지 않은 영적 능력 자료는 그리스도교 지도자들을 위한 중보 기도이다."

방패 기도의 필요성을 발견하라

E. M. 바운즈의 책을 통해 깨달은 바와 같이 하나님께서 내 생애에서 '지도자들을 위한 중보 기도'에 관한 책들에 부여된 제목들을 통해 개인 중보 기도의 소중성을 깨닫게 하시는 여러 환경들을 허락하지 않으셨다면 나는 결코 중보 기도의 중요성을 알아차리지 못하였을 것이다. 1982년 나는 13년 간 계속 가르치게 될 캘리포니아 주 패서디나의 레이크 애비뉴 회중 교회에서 장년 주일학교반을 만들었다. 나의 아내 도리스와 나는 이 반을 "120 친교반"이라고 이름을 붙이고, 이것이 우리의 30년 간 사역과 연관된 처음 그리스도교 그룹일 것임을 깨닫게 되었다. 내게 그 30년 간의 사역은 자동적으로 우리를 위한 실속있는 기도 논의를 제공하고 있었던 것처럼 보였다. 그것은 내가 기대한 그리스도인들의 자기 지도자들을 위한 기도보다 훨씬 더 높은 수준이었다.

나는 1983년 차고 사다리에서 떨어지는 사고를 당했으나 생명에는 아무런 지장이 없었다. 나는 12피트 가량 높이의 사다리에서 떨어져 뒤통수와 목을 시멘트 바닥에 쳐박았다. 이 사건은 내 목숨을 앗아갈 수도 있었다. 만약 장년 주일학교반의 여자 청년 기도자들 중의 한 사람인 캐디 샐러가 기도하지 않았더라면 나의 생명은 빼앗겼을 것이다. 그녀는 나와 10마일 떨어진 곳에 있었는데 주님께서 그녀에게 누군가가 중요한 필사적인 사투의 상황에 처해있다고 말씀하시는 음성을 들었고, 그 즉시 그녀는 그를 위해 중보 기도를 할 필요를 느꼈다. 이것은 그녀에게 색다른 일이었지만, 그녀는 하나님께 순종하여 내가 바닥으로 떨어지고 있는 바로 그 시간, 죽음으로 떨어지고 있는 자를 보호하도록 주께서 천사 무리를 보내달라고 20분 간 간절히 기도하였다. 그러한 중보 기도는 7년간 계속되었는데, 캐디 샐러는 그 기간 동안 도리스와 나의 주(主) 개인 중보 기도자로 봉사하였다. 그 잔물결 효과는 학급을 통해 퍼졌고, 다른 많은 사람들이 특별한 방식으로 우리를 위해 기도하기 시작하였다.

    1987년 내가 기도를 연구하기 시작할 즈음, 나는 캘리포니아주 샌디에고 스카이라인 웨슬리언 교회 당회장 존 맥스웰과 개인적으로 절친하게 되었다. 맥스웰은 다른 여러 가지 것들 중에서도 자신은 그 교회에서 100명 정도의 사람들이 자기와 자기 사역을 위해서 지속적으로 기도에 헌신하도록 양육되었다고 나에게 말했다. 나는 스카이라인 웨슬리언 교회에서 일어나고 있는 것을 연구하는 특별한 시점을 맞이하였다. 회상컨데, 내 자신의 개인 기도 파트너들을 육성시키는 데 있어서 존 맥스웰보다 나에게 더 큰 영향을 준 사람은 없었다.

    이 글을 쓰고 있는 지금, 나의 아내 도리스와 나는 200명 이상의 실제적인 기도 파트너들을 갖고 있다. 우리는 이 기도 파트너 그룹 중의 하나를 〈I-1 중보 기도자들〉이라 부르고, 다른 이들은 〈I-2 중보 기도자들〉이라 부른다. 우리는 나머지 사람들을 〈I-3 중보 기도자들〉로 여긴다. 우리는 이들 세 그룹 기도자들 모두가 아주 중요하다고 생각하지만, 중요한 사역은 〈I-1 중보 기도자들〉과 〈I-2 중보 기도자들〉에게 더 밀접하게 관계시킨다. 나는 내 성경 표지 안쪽에 이들 각 사람의 사진을 붙여놓고, 매일 내 기도에서 그들의 이름을 부르며 그들 사역을 통해 우리 사역에 임하는 신적 능력을 인하여 하나님께 감사드리고 있다.

중보 기도자들을 위한 승리

주일학교를 조금이라도 다닌 사람이라면 출애굽기 17장에서 모세가 여호수아의 군대를 위해 근처 산에서 중보 기도하고 있는 동안, 르비딤 골짜기에서 여호수아의 군대가 아말렉 군사들을 어떻게 패배시켰는지에 관한 이야기를 들었을 것이다. 여호수아는 군대 역사책에서 전투에 이긴 사령관으로 전해내려온다. 그렇지만 우리는 그 공적이 그의 우수한 군사적 기술이나 용감성을 통해서가 아니라 하나님의 능력으로 성취되었음을 안다. 르비딤 골짜기에서의 신적 능력이 흘러나오게 한 인간적인 주 도구는 중보 기도자 모세였다. 모세의 손이 올라갔을 때 여호수아는 승리하고 있었지만, 모세의 손이 내려졌을 때 여호수아는 패하고 있었다. 아론과 훌은 모세 곁에 있으면서 모세가 중보 기도자로 기도할 때 그를 지탱해주는 역할을 하였고, 결국 그 전쟁에서 여호수아는 크게 이겼다.

르비딤 전투는 기도로 승리하였다. 당신은 여호수아가 그 당시 얼마나 많이 기도하였다고 생각하는가? 분명히 여호수아의 기도를 다 합산해도 별로 많지 않았을 것이다. 여호수아는 오늘날 나에게 많은 목사들을 상기시켜 준다. 목사들은 전투 선두 대열에 서 있는 사람들이다. 이들은 하나님 나라의 선두 대열에서 매일 전투를 벌이고 있다. 그것은 쉬운 일이 아니다. 다른 직업에 비해 탈진되는 비율이 높다. 중보 기도에 대한 연구 내용은 목사가 개교회의 성장이나 비성장 또는 건강의 약화 등 목회의 여러 요인 중에서 제일 가는 요인임을 보여준다. 마귀가 목사들을 찾아다니고 있는 것은 놀라운 일이 아니다.

> 목회에서 승리하기 위해서는 두 가지가 동시에 일어나야 한다.
> 즉 목사나 지도자는 더 기도해야 하고, 중보 기도 받는 것을 배워야 한다.

테리 티클은 다음과 같이 말한다. "우리는 모든 방향에서 목사들을 방해하는 보이지 않는 원수와 싸우고 있다."[3] 그렇지만 목사들의 전투는 헬라어 지식이나 조직신학 정통성이나 강단 커뮤니케이션 기술이나 기타 다른 선한 성품으로 이길 수 있는 것이 아니다. 목사들은 여호수아가 하나님으로부터 도움을 받은 것처럼 그분의 도움을 필요로 한다.

E. M. 바운즈는 다음과 같이 말한다. "공기가 허파에 필요한 것처럼 설교자에게는 기도가 필요하다. 설교자가 기도하는 것은 절대적으로 필요하다. 설교자가 기도하고 있는 것은 절대적 필수사항이다."[4] 목회에서 승리하기 위해서는 두 가지가 동시에 일어나야 한다. 즉 목사나 지도자는 더 기도해야 할 뿐만 아니라 중보 기도받는 것을 배워야 한다.

목사는 더 기도해야 한다.

얼마 전 나는 미국 목사들에 관한 연구 프로젝트를 실시하던 중, 목사가 하루 평균 22분 기도한다는 사실을 발견하였다. 이것은 나를 크게 놀라게 하지는 않았지만, 4명의 목사 중 1명 이상이 하루에 10분 이내로 기도한다는 것을 발견하고는 많이 놀랐다. 나는 목사들을 위한 세미나들이나 강좌들에서 내가 이 사실을 말할 때, 내 말에 머리를 끄덕이거나 동의하는 사람들을 볼 수 있었다. 우리들 모두는 기도가 더욱 필요하다는 점에 동감하였다.

나는 나의 강좌들에서, 중보 기도자들의 기도를 받는 것에 관해 계속 말하기 전에 내가 가르치고 있는 목사들에게 자기 훈련을 더 실천하고 더 기도하는데 확고한 결단을 내리라고 권면한다. 그것은 결국 그들의 선택이다. 모든 사람이 하루 24시간을 살고 있으며, 우리가 어떻게 그 시간을 운영하기로 결정할 지는 궁극적으로 우리 각 사람에게 달려 있다. 우리는 하루의 마무리 시점에서 어떠한 이유들에서든 우리가 가장 높은 우선 순위 목록들이라고 생각하고 있는 것을 행한다. "나는 너무 바빠서 기도할 수 없다"라는 구실을 대는 것은 핑계대는 것에 지나지 않는다. 차라리 "오늘 내가 해야 할 일들 중에는 기도하는 것보다 더 우선적인 것들이 있습니다"라고 말하는 것이 더 솔직하였을 것이다.

내가 지난 장에서 말한 윌로우 크릭 커뮤니티 교회의 빌 하이벨스 목사는 이에 동의한다. 그 때문에 그는 『너무 바빠서 기도할 수 없다』라고 제목을 붙인 기도에 관한 책을 한 권 썼다. 하이벨스 목사는 좋은 모본이다. 왜냐하면 미국에서 가장 큰 교회가 된 그 교회를 이끄는 하이벨스 목사보다 더 바쁜 목사는 아마도 없을 것이기 때문이다. 빌 하이벨스는 오랫동안 기도는 자신의 매일의 삶에 있어서 생활 방식의 일부일 뿐이라고 생각한다. 하이벨스는 다음과 같이 말한다. "나는 달리는 중에서도 기도하며 하나님의 인도하심을 받으려 한다. 왜냐하면 나는 내 삶의 발걸음이 삶을 분석할 내 수완 능력에 벅찬 것임을 분명히 알기 때문이다. … 나는 그날 늦게까지 내 사역이 어느 모로든 의미가 있는 지를 생각해 보았다."[5]

그것의 해결책은 무엇인가? "나는 하나님 앞에 조용히 나아감으로써 내 자신의 훈련된 접근법을 발전시켰다. 그것은 내가 항상 실제적으로 집착한 유일한 영적 훈련이었는데, 나는 하나님 앞에 평온한 것이 내 생활을 아주 풍성하고 윤택하게 하였기 때문에 그 평온을 버리려는 유혹을 받지 않는다."[6] 빌 하이벨스는 매일 아침 사람들과 멀리 떨어진 장소에서 주님과 함께 단 둘이서 30분 내지 60분 간의 시간을 보낸다. 그는 또한 "하나님으로부터 오는 음성에 실제적으로 관심있는 사람들은 그에 해당하는 대가를 지불해야 한다. 즉 그들은 하나님 앞에 평온하게 되기 위해 스스로를 훈련시켜야 한다"고 말한다.[7]

그러나 기도만으로 충분치 않다

목사들이나 그리스도교 지도자들은 사역들과 개인 삶에서 자신들이 참여하는데 필요한 영적 만족감을 소유하지 않는다. 최근 가장 가시적이고 도덕적인 타락들 중의 타락에 가담한 한 목사는 어떤 이유를 언급함 없이 성도들에게 매일 두 시간 반 동안 기도하라고 공언하였다. 그러나 회상해 보건대, 그의 약점들 중의 하나는, 그는 그리스도의 몸(교회)이 다른 교인들로부터 의미있는 개인적인 영적 지원받기를 싫어했다는 점이다.

E. M. 바운즈는 다음과 같이 말한다. "설교자의 눈이 자기 사역의 성격, 책임, 난관에 더 열려질수록 그는 더 많은 것을 볼 것이고, 그가 진실한 설교자라면 기도의 필요성을 더 느낄 것이다. 그는 점차 스스로를 위해 기도하는 것을 자신에게 요청할 뿐만 아니라 다른 사람들에게 기도할 때 자기를 위해 기도해달라고 요청해야 한다."[8]

목사들은 여러 가지 이유에서 개인 중보 기도를 추구하지 못한다. 나는 그 제일 가는 이유가 무지 때문이라고 믿는다. 나는 나의 세미나들 중의 한 세미나에서 개인 중보 기도자들에 관해 들은 목사들의 반복된 사례들을 인용할 수 있다. 그들은 한 주나 두 주간 기도팀들을 만들어 운영하였고 나중에는 뭔가 엄청난 변화가 일어난 것에 대해 글을 썼다. 그들은 "나는 왜 이전에 이것에 관해 알지 못했을꼬?"라고 탄식하였다.

도리스와 나의 가장 밀접한 기도 파트너들 중 한 사람인 '중보 기도 사령관' 신디 제이콥스는 이렇게 말한다. "목회자들이 나에게 찾아와 내 어깨에 엄청난 짐을 지우듯 기도를 요청할 때마다 내가 묻는 첫 번째 질문은 '당신은 개인적 기도 파트너가 있습니까?' 이다. 이들은 언제나 '나에게는 정기적으로 나를 위해 기도하고 있다고 말해주는 사람들이 있습니다'라고 답한다. 그러면 나는 또 '그러면 그들은 친밀한 차원에서 당신의 욕구들을 알고 있습니까?'라고 묻는다. 이 질문에는 몇 사람만이 개인 중보 기도를 받고 있다고 말할 뿐이다."[9]

미국의 제일 가는 기도 지도자들 중 한 사람인 테리 티클은 텍사스 주 칼리지 스테이션의 빠르게 성장하는 올더스 케잇 연합감리교회를 목양하는 동안, 그 교회 목사들 중 다름 아닌 바로 자신이 탈진하여 고생하고 있었다. 그는 이렇게 말한다. "1987년 나는 개인적인 위기와 탈진을 겪게 되었다. … 그 당시에는 솔직히 기도할 충분한 시간이 없었다. 당시 나는 케케묵은 개인주의 목회 모델에 헌신된 경건한 상호의존자였다." 티클의 그와 같은 상황은 상담을 요청할 정도로 아주 심각하였다. 테리 티클은 상당한 시간이 지난 후에야 비로소 다음과 같이 말할 수 있었다. "나는 전적으로 '자기 충족 이미지'에 의존하여 일하고 있었기 때문에 내 교회의 교인들에게 나를 위해 기도해 달라고 부탁하는 일에 태만하였습니다."[10]

테리 티클이 강단에서 자기의 약점들을 시인하고 그 교인들에게 자기를 위해 기도해 달라고 부탁하였을 때 일들은 변하기 시작하였다. 그는 이렇게 말한다. "나의 생애는 더 나은 방향으로, 극적으로 변하게 되었습니다. 교인들은 나를 위해 기도하기 시작했고 나는 양떼들과 이제까지와는 전혀 다른 새로운 관계에 돌입하게 되었습니다. 나는 이 성도들의 기도가 없었다면 목회를 계속할 수 없었을 것입니다."

누가 중보 기도자들인가?

나의 책 『당신의 영적 은사들은 당신 교회가 성장하도록 도울 수 있다』(1994)에 정통한 사람들은 내가 영적 은사들과 그리스도인 역할들 사이를 구별하는 것이 중요하다고 생각하고 있는 것을 알 것이다. 설명하자면, 모든 그리스도인들 중에서 제한된 수의 사람만이 **믿음의 은사**(고전 12:9)를 받지만, 모든 그리스도인은 믿음으로 특징을 이룬 삶을 살아야 한다. 모든 신자는 자기 수입의 십일조를 드려야 하고, 십일조를 뛰어넘어 그 이상으로 관대한 헌금들을 드려야 하지만, 또 어떤 사람들은 **구제의 은사**(롬 12:8)를 받았다. 이 **구제의 은사**는 다른 사람들에게 기대되는 것을 뛰어넘는다. 거듭난 모든 사람은 그리스도의 구원 능력의 증인이 되어야 하지만 소수의 사람만이 **전도자 은사**(엡 4:11)를 갖는다. 모든 그리스도인은 동일한 징표로 기도하고 중보 기도하는 역할을 갖지만, 하나님은 일부 사람들에게만 중보 기도의 은사를 허락하셨다.

중보 기도자들은 보통 그리스도인보다 더 깊게 기도하고, 더 강렬하게 기도하고, 더 기도를 즐겨 하며, 기도에 대한 더 빈번한 응답을 받고, '가장 쉽게' 라기 보다는 '더 쉽게' 하나님의 음성을 듣는 영적 귀를 갖고 있다. 나는 실제적으로 모든 교회가 중보 기도 은사를 받은 상당수 개개인들로 채워져 있다고 생각한다. 최대로 평가한다면, 중보 기도자들은 보통 교회 교인의 약 5% 정도 될 것으로 추산한다. 그렇지만 과거 많은 교회들에서 중보 기도자들은 결코 인식되지 않았었다. 상당수 목사들이 특별히 은사를 받거나 부름받은 중보 기도자들이 존재한다는 개념조차 갖고 있지 않았다. 또 어떤 목사들은 중보 기도자들에 대해서는 알고 있지만, 중보 기도자들이 하나님의 음성을 정기적으로 듣는다는 것을 알기 때문에, 그들을 통하여 목사도 아직 듣지 않은 교회에 관한 어떤 것들을 들을 수도 있다는 사실에 위협을 느낀다.

내가 사단이었더라면, 나는 목사들과 중보 기도자들 사이를 떼어놓는 것을 제일 우선 순위로 삼았을 것이다. 이들이 무지한 상태에서 사단이 그 일을 실행했다면 사단의 뜻대로 잘 되었을 것이다. 또한 사단은 그것에 무지하지 않은 자들에게는 충돌과 소외(분리)를 일으키려 하였을 것이다. 사단은 많은 중보 기도자들이 보이지 않는 세계의 구체적인 세목들을 예리하게 깨달을 수 있다는 것을 알기 때문에 보통 사람들 가운데서 행동과 대화 패턴들을 주도하게끔 만들어 그들을 어느 정도 발전시키려 하는 것이 사실이다. 분명히 어떤 사람들은 얄팍하다고 생각되는 것들을 지향하는 경향을 갖고 있다. 그렇지만 나는 아직까지 억지로 그런 경향을 시정받는 중보 기도자를 만나지 못하였다.

〈I-1 중보 기도자〉인 앨리스 스미스는 다음과 같이 말하였다. "중보 기도자들은 때때로 짊어지고 있는 영적 짐들 때문에 쉽게 변덕스럽게 될 수 있다. 중보 기도자들의 삶에는 중압감이나 우울함이 엄습할 수 있으므로, 그 짐이 순수한 것인지 원수의 공격인지를 성령께 묻는 것이 필요하다."[12]

> 교회에서 가장 큰 영적 권위를 가진 사람은 목사이다.
> 그리고 하나님으로부터 들려오는 음성을 가장 잘 들을 수 있는 자들은
> 목사보다 흔히 중보 기도자들이다. 이들을 하나로 묶으라.
> 그리하면 당신은 승리하는 결합팀을 갖게 되리라.

어떤 중보 기도자들은 남의 눈에 띄는 것을 부끄러워 한다. 그들은 자신들이 거절당한다는 것을 감지하였다. 그런 까닭에 그들은 자신들의 마음을 털어놓지 않는다. 또한 그들은 자신들이 다르다는 것을 알았고, 자신들은 혼자라고 생각하였다. 이들은 계속 기도하지만, 그들의 기도들은 그것이 자신들이 기도하고 있는 대상인 목사와의 질적인 관계에서 이어지는 것이라면 오직 효과성의 일부분만을 전달할 수 있을 것이다.

목사들을 중보 기도자들과 연결시키라

　목사들을 중보 기도자들과 연결시키는 것은 미식 축구에서 쿼터백을 시야가 넓은 볼 수령자와 연결시키는 것과 같다. 이들은 신체적 특성뿐만 아니라 기술과 역할에서 각각 다르다. 각 사람은 혼자는 그 팀에서 상대적으로 작은 일밖에 할 수 없다. 그렇지만 이들이 다른 선수(기도자)와 함께 하면 터치다운(골인) 점수를 얻어낼 수 있다. 교회에서 가장 큰 영적 권위를 가진 사람은 목사이다. 그리고 하나님께로부터 들려오는 음성을 가장 잘 들을 수 있는 자들은 목사보다 흔히 중보 기도자들이다. 이들을 하나로 묶으라. 그리하면 당신은 승리하는 결합팀을 가지게 되리라.
　나는 오랫동안 존 맥스웰과 그의 〈I-1 중보 기도자〉 빌 클라센 간의 놀라운 관계를 관찰하였다. 존 맥스웰이 샌디에고 시의 스카이라인 웨슬리언 교회 목사가 되었을 때, 한 나그네가 그를 찾아와 함께 시간을 갖게 되었다. 그는 존 맥스웰에게 '자신은 목사들을 위해 기도하는 중보 기도자'라고 소개하면서, 하나님께서 자신에게 존 맥스웰을 위해 기도하도록 자신을 이곳에 보냈다고 말했다. 존 맥스웰을 아는 사람이라면 말하겠지만, 이것은 일반적으로 존 맥스웰이 인간관계를 시작하는 방식이 아니다. 어쨌든 이것은 보통 만남이 아니었다. 성령은 거기에서 능력으로 함께 계셨고, 그는 그들을 초자연적인 방법으로 결속시켰다.
　존 맥스웰은 다음과 같이 말한다. "우리의 삶은 그 모임 이후 달라졌다. 빌 클라센은 그 후로 나의 개인 기도와 책임 파트너가 되었고, 내가 그곳에서 시무한 14년 동안 기도 그룹과 기도 파트너로서 나의 사역을 도왔다. 그는 매 주일 기도로 예배들을 협력해주기 위해 기도 그룹 사람들과 함께 교회의 작은 방에 모여 소그룹별로 매일 기도하였다."[13]

나는 중보 기도자들이 하나님의 음성을 듣고 그들이 기도하고 있는 대상자들의 삶에 축복을 말하는 방법을 설명할 때도 이 이야기를 연관시킨다. 존 맥스웰이 그 교회에 시무한 지 14년이 지난 다음, 하나님께서는 존 맥스웰을 그 교회에서 떠나 전국 차원의 '사역자 훈련' 사역으로 나아가게 하셨다. 맥스웰은 그가 어떻게 이 어려운 결정을 내렸는지와 빌 클라센이 그것에 대해 처음으로 알게 된 사람임을 말한다.

존 맥스웰이 빌 클라센에게 교회를 떠나기로 결정하였다고 말했을 때, 빌 클라센의 눈에는 눈물이 고였고, 그는 이렇게 말했다. "존 맥스웰 씨, 당신의 결정이 정말로 맞습니다. 사실 나는 당신이 나에게 그것을 말했을 때, 올 것이 오고 있다고 알고 있었기 때문에 당신과 함께 나누기 원한 성경구절을 준비하고 있었습니다." 그는 그의 성경을 펴서 이미 표시해 놓은 이사야 43장 18-19절을 가리키면서 읽어주었다. "너희는 이전 일을 기억하지 말며 옛적 일을 생각하지 말라. 보라! 내가 새 일을 행하리니 이제 나타낼 것이라. 너희가 그것을 알지 못하겠느냐? 정녕히 내가 광야에 길과 사막에 강을 내리라." 이들은 함께 꿇어앉아 울면서 그들이 향하고 있는 길이 옳은 길이며 하나님께로부터 온 것이라는 확신을 받게 되었다.[14]

나는 앞의 몇 단락에서 중보 기도 은사를 받은 자들을 강조하였다. 그러나 우리는 중보 기도 은사를 받지 못한 사람들은 또한 지도자들을 위한 개인 중보 기도자들로 가입할 수 없다는 결론을 내려서는 안된다. 도리스와 내가 소위 〈I-1〉과 〈I-2〉라 불리는, 우리와 더 밀접한 기도 파트너 그룹들을 만들었을 때, 아마도 이 파트너들의 절반 가량은 중보 기도 은사를 갖지 않았을 것이며, 또 나머지 사람들 역시 그들의 그리스도인으로서의 역할을 단순히 기도하는 자들로 활용할 뿐이었지만, 그들은 우리를 엄청나게 후원하였다. 우리의 더 폭넓은 〈I-3〉 목록에 든 사람들은 대부분이 중보 기도 은사를 갖고 있지 않다. 그러나 세월이 흐르면서 21명의 〈I-1〉과 〈I-2〉에 속한 중보 기도자들 중에는 현재 3명만이 중보 기도 은사를 받지 못한 것으로 판명된다. 그렇지만, 나는 우리 기도팀이 보통 수준은 넘는다고 인정하며 하나님께 이들을 인하여 매일 감사한다.

베드로와 바울은 개인 중보 기도자들을 갖고 있었다

어느 날 아침, 헤롯 왕은 잠에서 깨어 두 명의 그리스도인 지도자였던 야고보와 베드로를 그의 처형 순위 목록에 우선적으로 넣기로 결정하였다. 그는 야고보를 죽이는 데는 성공하였지만, 베드로는 죽이지 못하였다. 그는 베드로를 감옥에 가두고 그를 사형시킬 준비를 하고 있었는데, 그때 한 천사가 감옥의 작은 방에 들어와서 베드로를 호위하며 삼엄한 경비 대원들을 통과하여 베드로를 밖으로 안내했다. 그는 이 일이 벌어지고 있는 것을 아무도 알지 못하게 한 채 그를 풀려나게 했다. 이런 일이 어떻게 일어날 수 있는가?

성경은 베드로의 기도 후원자에 관해서는 이야기 하지만 야고보의 기도 후원자에 관해서는 말하지 않는다. "교회는 베드로를 위하여 간절히 하나님께 빌더라"(행 12:5). 기도 모임은 마가의 어머니인 마리아의 집에서 개최되었다. 나는 어떤 사람들은 동의하고 어떤 사람들은 동의하지 않는 전제를 갖고 있다. 그것은 마리아는 베드로의 개인 중보 기도자였을 가능성이 농후하다는 것이다. 야고보는 우리가 알지 못하는 중보 기도자를 가졌을 수도 있다. 베드로가 감옥에 있었을 때, 오늘날 내가 감옥에 있다면 벌어질 수 있는 것과 똑같은 일이 벌어지고 있었다. 나의 중보 기도자들은 빨강(위험) 신호에 민감하여 보이지 않는 세계에서 나를 위하여 전투를 행하는 데 사용 가능한 모든 강한 자원들을 총동원한다. 나는 마리아의 집에서 이루어진 기도 때문에 문자 그대로 베드로의 생명이 구원됐음을 조금도 의심하지 않는다.

바울은 로마에 있는 신자들에게 편지를 쓸 때, 개인 중보 기도를 간청한다. "형제들아 내가 우리 주 예수 그리스도로 말미암고 성령의 사랑으로 말미암아 너희를 권하노니 너희 기도에 나와 힘을 같이하여 나를 위하여 하나님께 빌라"(롬 15:30).

바울은 에베소 신자들에게 다음과 같이 기도해줄 것을 부탁한다. "모든 기도와 간구로 하되 무시로 성령 안에서 기도하고 이를 위하여 깨어 구하기를 항상 힘쓰며, 여러 성도를 위하여 구하고, 또 나를 위하여 구할 것은 내게 말씀을 주사 나로 입을 벌려 복음의 비밀을 담대히 알리게 하옵소서 할 것이니라"(엡 6:18-19).

바울은 빌립보 신자들에게 자기를 대신해서 기도하는 자들이 되라고 권장하고(빌 1:19), 내가 바울의 개인 중보 기도자들이었다고 믿는 유오디아와 순두게라는 이름을 언급한다(빌 4:2). 이 개연성 있는 관계는 두 가지 점에서 많은 성경 학도들에게 숨겨져 있었다. 그 한 가지는 두 여인이 어떤 이유에서든 한 때는 서로가 이상한 것처럼 보였다는 것인데, 이것은 상당히 설교자들과 주석가들의 관심을 끌게하였다. 둘째 사항은 보통 영어 번역본들에서 바울이 이 여인들을 "복음 안에서 나와 함께 수고한"(빌 4:3)자들로 묘사한 것인데, 이 표현은 실제적으로 "나를 위해 영적 전투를 한 자들"[15] 이라는 헬라어의 문자적 의미를 가지고 있다. 이것은 개인 중보 기도자들의 보통 일과와 아주 흡사한 것처럼 보인다.

중보 기도자들을 얻으라

실제적으로 목사들과 지도자들을 위한, 개인 중보 기도 주제에 관련된 자료는 1987년만 해도 (웨슬리 듀웰의 『기도로 세계를 움직이라』 외에는) 전혀 사용되지 않았다. 그러나 이제 우리는 개인 중보 기도에 관해 잘 정돈된 많은 자료들을 갖고 있다. 이 자료들은 이 장의 마지막 참고 자료 부분에 수록되어 있다. 이 책들 중 몇 가지는 그 중보 기도자들을 얻는 단계 목록을 포함하고 있어 종합 목록으로 훌륭하다. 그러나 나는 모든 목록이 모든 상황에 어울린다고 확신하지 않기 때문에 내 자신의 목록을 만드는데 주저하였다. 개교회 목사를 위해 강하게 역사하는 것이 나와 같은 신학대학원 교수에게 역사하지 않을 것이고, 또 나에게 역사하는 것이 전도 협회 지도자에게 역사하지 않을 것이다.

> 지도자들인 우리는 ①개인 중보 기도자들을 얻어야 하고
> ②개인 중보 기도자들을 유지해야 한다.

그러나 나는 다음의 두 원리들이 각기 다른 무대를 초월하여 적용될 것이라 확신한다. 그것은 지도자들인 우리는 ①개인 중보 기도자들을 얻어야 하고 ②개인 중보 기도자들을 유지해야 한다는 것이다. 나는 어떤 일이 벌어질 때 보통 그 일은 지도자의 주도권 하에서 일어나야 한다는 것을 강조하는 의미에서 의도적으로 이 말을

강조하였다. 빌 클라센이 존 맥스웰에게 접근한 방식과 같이 분명히 이 규칙의 예외는 있다. 그러나 중보 기도가 그런 식으로 이루어지기 위해서는, 존 맥스웰 목사가 빌 클라센이 자신을 소개하러 왔을 때 중보 기도를 받는 것에 충분히 열려 있었던 것처럼 열려있어야 한다는 절대적인 필요성이 있다. 그러나 불행히도 모든 목사들이 다 중보 기도자들을 갖는데 열려있는 것은 아니다.

목사들이 개인 중보 기도자를 두는 것을 부끄러워 하는 주된 이유는 일반 평신도에게 자신의 중대한 중보 기도를 부탁한다면 자신에게 일어날 수 있는 많은 어려움과 그를 통한 자신의 취약점이 그들에게 드러나게 됨을 두려워하기 때문이다. 이것은 정당한 관심사이기는 하지만, 사실 중보 기도는 일어날 가능성이 있어야 할 뿐만 아니라 일어나야만 한다. 그 때문에 중보 기도자들의 선택과 그들과의 관계를 공고히 하는 것은 중요한 문제이기도 하다. 도리스와 나는 〈I-1〉 중보 기도자들을 선발하는데 있어서 신적인 주도권이 요청된다고 믿는다. 하나님은 주도적인 행동을 취하시고 우리는 단지 그의 손이 움직이시는 것을 인정할 뿐이다. 우리는 오로지 몇 달 간 하나님을 기다린 후에 새로운 〈I-2〉 중보 기도자들을 영입해야 한다. 〈I-3〉 중보 기도자들의 오솔길은 더 열려있지만, 우리는 아직도 새로운 중보 기도자들을 관계시키기 전에 중요한 증거를 구하고 있다.

장애물들은 빨리 극복되고 있고, 나는 중보 기도자들과 연결되고 있는 목사들에 대한 보고들을 정규적으로 받는다. 앨리스 스미스는 동일한 것을 알아차리고 있다. 그녀는 이렇게 말한다. "그리스도인 지도자들은 중보 기도의 성격과 소명에 관해 배우고 있다. 목회자들이 중보 기도 사역에 대해 더 많이 깨닫게 되는 것은 신바람 나는 일이다. 중보 기도자들을 발전시키고 교회에서 그들의 은사를 전유화하는데 있어서 이들의 관심은 몸(교회)의 나머지 사람들에게 기도하도록 조장하는 요소가 될 것이다."[16]

중보 기도자들을 유지하라

존 맥스웰은 다음과 같이 말한다. "그대가 당신 기도 파트너들과 지속적인 관계를 발전시키려면 투명성은 기본이다. 당신이 투명할 때에야 비로소 당신은 그들을 신뢰하고 그들의 기도를 믿을 수 있으며 깊은 의사소통을 할 수 있게 된다. 당신은 당신의 죄, 욕구들, 약점들을 고백함으로써 그들로 하여금 그들이 당신을 위해 기도할 수 있는 방법을 보여주게 된다. 그리고 당신은 또한 그들 역시 투명하게 문을 열어야 한다."[17]

도리스와 나는 〈I-1〉 또는 〈I-2〉 중보 기도자들로 봉사하려는 사람들과 맹약을 맺을 때, 그들에게 그 시간 이후부터 개인적으로 또 글로 그들과 의사소통할 뿐 아니라, 하나님께 우리 개인의 삶에 관해 중보 기도자들에게 모든 것을 말할 수 있도록 허용해 달라고 전심으로 기도한다. 대부분의 중보 기도자들은 예언적이기 때문에 이것은 이미 그들도 **알고 있다**! 우리가 그들을 전적으로 신뢰하는 이유는, 그들은 하나님께서 무엇을 말씀하시는지 다룰 수 있는 영적 성숙을 가졌다고 확신하기 때문이다. 또 그들은 우리를 사랑하기 때문에 그 영적 성숙을 우리를 축복하는 데 사용한다.

중보 기도자들이 간청하며 다음과 같이 말하는 것은 보통이다. "나는 어제 오후 거의 3시간 동안 당신을 위해 기도하였고, 그것은 능력있는 시간이었습니다. 지금 나에게는 하나님께서 당신이 알기 원하시는 몇 가지 사항들이 있습니다. 그러나 하나님께서 나에게 나중을 위해 스스로 간직하라고 부탁하신 다른 사항들도 있습니다." 우리 중보 기도자들 중 어떤 사람은 우리가 우리 자신을 아는 것보다 우리에 관해 더 많이 알고 있는 것이 사실이지만, 나는 그것을 다른 방식으로 전하고 싶지 않다.

중보 기도자들과의 의사소통은 필수적이다. 우리의 〈I-1〉 중보 기도자들과 〈I-2〉 중보 기도자들은 우리의 모든 전화번호들을 가지고 있으며, 밤낮 언제든지 전화해서 우리를 권면한다. 우리는 4-5주간마다 모든 중보 기도자들에게 개인적으로 편지를 쓰는데, 캘리포니아 주 패서디나의 제인 럼프는 그 작업에 많은 도움을 주고 있다. 그녀는 우리 기도 파트너 사역의 〈I-2〉 중보 기도자와 조정자(위원장)로 사역하고 있다. 나는 위기나 중요한 결정을 해야 할 때마다 〈I-1〉, 〈I-2〉 중보 기도자들에게 별도의 편지들을 보낸다. 나는 이들에게 비밀에 속하는 것들까지 보내기를 주저하지 않는데, 왜냐하면 그러한 편지들이야말로 가장 좋은 기도를 필요로 하는 편지이기 때문이다. 이 사람들은 우리 식구들 외에 우리 삶에서 가장 중요한 사람들이다.

하나님은 우리에게 개인 중보 기도자로서의 소중한 은사를 지닌 사람들을 지도자들로 주셨다. 나의 기도는 세계 도처에 있는 더 많은 목사들과 다른 그리스도교 지도자들이 그 은사를 감사함으로 받아, 그 결과 하나님의 나라가 이전에 한 번도 경험하지 못했던 것만큼 확장되게 하는 것이다.

❖ **생각할 문제들** ❖

1. 당신은 보통 미국 및 한국 목사들이 하루에 22분 정도만 기도한

다는 글을 읽고 놀랐는가? 당신은 그 이상 기도하는 많은 목사들을 알고 있는가?

2. 당신이 영적 중보 기도 은사를 가지고 있다고 생각하는 사람들의 이름을 대어 보라. 누구 누구가 거기에 들겠는가?

3. 당신이 알고 있는 한 당신의 목사는 특별한 어떤 사람들과 자신을 개인적 중보 기도 파트너들로 연관시키고 있는가?

4. 왜 마귀는 목사들과 중보 기도자들을 떼어놓으려 하는지 당신의 말로 논해보라.

더 자세한 참고서들

- 피터 왜그너 『방패 기도』(Prayer Shield, 1992). 이 책은 개인 중보와 중보 기도 은사의 주제에 관한 종합서이다. 당신이 아직 당신의 목사와 강하게 연관된 중보 기도자가 아니라면 당신의 목사님에게 이 책을 한 권 사드리라고 제안하고 싶다. 또한 당신이 중보 기도팀을 가지고 있는 목사라면 이 책은 꼭 가지고 있어야 한다.
- 존 맥스웰 『기도 파트너들』(Partners in Prayer, 1996). 이 책에는 개교회에서 기도 파트너 사역을 개척한 지도자 목사로부터 온 실천적인 지혜가 포함되어 있다.
- 존 맥스웰 『목사의 기도 파트너들』(The Pastor's Prayer Partners). 이 참고 자료는 개인 기도 파트너들을 발전시키기

위한 최고품에 해당한다. 이 자료는 각 학습 단계에 따른 비디오 테이프, 여섯 개의 오디오 테이프, 인쇄된 개요를 포함한다. 전화(0011 - 800 - 333 - 6506)로 주문하라(미국).

- 테리 티클『미끼가 되었나? 기도하였나?』(*Preyed On or Prayed For*, 1994). 이 책은 현재 목회 현장에서 기도하는 목사요, 미국의 가장 위대한 기도 지도자들 중의 한 사람인 테리 티클의 책으로, 기도 파트너들을 양성하기 위한 좋은 통찰과 충고를 포함한다.
- 앨리스 스미스『베일을 넘어서서 : 밀접한 중보 기도를 향한 하나님의 부름』(*Beyond the Veil : God's Call to Intimate Intercession*, 1996). 이 책은 은사받은 중보 기도자들이 생각하고 느끼고 기도하는 방법을 이해하는데 가장 좋은 책이다.

Notes
1. Thom Rainer, *Effective Evangelistic Churches* (Nashville: Broadman & Holman Publishers, 1996), p. 66.
2. E. M. Bounds, *The Complete Works of E. M. Bounds on Prayer* (Grand Rapids: Baker Book House, 1990), p. 486.
3. Terry Teykl, *Preyed on or Prayed For: Hedging Your Pastor in Prayer* (Anderson, Ind.: Bristol Books, 1994), p. 139.
4. Bounds, *The Complete Works*, p. 486.
5. Bill Hybels, *Too Busy Not to Pray* (Downers Grove, Ill.: InterVarsity Press, 1988), p. 119.
6. Ibid.
7. Ibid., pp. 117-118.
8. Bounds, *The Complete Works*, p. 486.
9. Cindy Jacobs, *Possessing the Gates of the Enemy* (Grand Rapids: Baker Books, 1991; revised edition, 1994), p. 157.
10. Teykl, *Preyed On or Prayed For*, p. 17.
11. Ibid., p. 18.
12. Alice Smith, *Beyond the Veil: God's Call to Intimate Intercession* (Houston: SpiriTruth Publishing, 1996), p. 59.
13. John Maxwell, *Partners in Prayer* (Nashville: Thomas Nelson Publishers, 1996), p. 3.
14. This story was narrated by John Maxwell in the Injoy Life Club tape, vol. 12, no. 2, 1996.
15. For more detail about this exegesis, see my commentary on Acts, *Blazing the Way* (Vol. 3) (Ventura, Calif.: Regal Books, 1995), pp. 97-98.
16. Smith, *Beyond the Veil*, pp. 59-60.
17. Maxwell, *Partners in Prayer*, pp. 135-136.

8장
우리 도시를 위해 기도하라

나는 21세기에 접어들 때면 세계의 도시들이 우리가 전도 전략을 기획하는 제 1 목표물이 될 것임을 믿는다. 물론 다른 목표물들도 합당하다. 예를 들면 〈새벽 사역(DAWA Ministries) 선교회〉는 "온 나라를 제자 삼으라"(DAWA)는 전략들을 발전시킨다. 기원후 2000년 운동에서 성장하고 있는 〈여호수아 프로젝트 2000〉은 중요한 1739개의 미전도 종족 그룹들을 겨냥하였다. 대학생 선교회는 "일백만 명 목표 지역들"을 그 주초점으로 삼았다. 그러나 우리가 어떤 수치를 선택하든 거의 변함 없이 그 수치를 이루는 수많은 사람들은 도시에서 발견될 것이다.

영적 "순수한 장애물들"을 헐라

우리는 우리 나라와 세계에 있는 도시들을 어떻게 하면 예수 그리스도의 기쁜 소식을 받아들이는 데 열려있게 만들 수 있겠는가? 나는 〈선교 21 인디아〉의 존 드브리스가 다음과 같이 말한 것을 좋아한다. "마귀는 모든 도시와 모든 종족 그룹 주위에 '진짜 장애물들'을 조성하였는데, 그것은 오로지 기도로만 허물어질 수 있는 영적인 장애물들이다. 우리는 가장 좋은 방법들, 획기적인 수입, 헌신된 일꾼들을 가질 수 있지만 이들 중의 어떤 요소도 사람들에게 복음을 듣지 못하게 하는 귀신적이고 영적인 벽들을 허물 수는 없다. 이는 오직 기도만이 효과적이다! 또 한 번 기도가 응답되고 벽들이 허물어지는 것이 임하면 남아 있는 모든 것은 이스라엘의 여리고 점령과 아주 흡사한 '일소' 작업으로 이루어질 것이다."[1]

드브리스는 인도의 서부 해안 로마 카톨릭 도시요 포루투칼어를 사용하는 고아 시에서 사제 연구를 인용하면서 그의 요지를 설명한다. 봄베이 새 생명 협회의 목사인 S. 조지프에 따르면 고아는 악명 높게 복음에 저항적이어 온 지역 중에서도 가장 저항적인 곳으로 그리스도교 지도자들 가운데 알려져 있다고 한다. 조지프 목사는 교회 개척을 돕기 위해 고아로 갔지만 그 이전의 다른 사람들과 같이 돌에 맞아 도망나왔다. 교회 개척진들은 할 수 있는 한 끝까지 잘 버텨가면서 수년 간 강한 고지 전투를 벌여 수고한 결실로, 단지 여섯 곳의 작고 분투하는 가정 교회들만을 세울 수 있었다.

1994년 그리스도교 기도팀이 브라질에서 그곳에 도착하였다. 이 중보 기도자들은 고아 시를 위하여 1년 간 기도 여행을 하도록 요청받았다. 이들은 한 집을 세내어 12달 동안 그 시를 위해 기도만 하였다. 그리고 이들은 기도 임무를 성취한 다음 브라질로 되돌아갔다. 이것은 어떤 유익이 있었는가? 이들의 기도들은 유능한 종류이었는가? 물론 그들의 기도는 그랬다. 브라질 중보 기도자들이 떠나고 두 달 후에 조지프 목사와 그의 새 생명 운동은 18곳의 새 가정 교회를 개척하였다!

소수의 사람들만이 세계 다른 쪽에 있는 한 시를 위해 1년 간 기도 여행을 할 수 있도록 임무를 부여받는다고 생각할 것이다. 그러나 빠른 속도로 증가하는 많은 수의 신자들은 각 대륙에서 쏟아져 나오고 있으며, 어떤 사람들은 중보 기도 은사를 갖고 있고, 또 어떤 사람들은 중보 기도 은사를 갖고 있지 않지만 자기 교회들을 벗어나서 그 지역 사회를 위해 공격적으로 기도한다. 이들은 전투 기도를 이해하고 있으며, 전투 기도가 어떻게 그 어두움의 진짜 장애물 속에 침투하여 복음의 빛이 빛나게 할 수 있도록 돕는 지를 안다.

불은 어떻게 임하는가?

나는 이 특별한 1990년 대가 막 시작될 무렵, 텍사스 주 댈러스 시 프레스턴우드 침례교회의 당회장 잭 그레이엄(남침례교회 소속)으로부터 예언적인 말을 들었다. 그는 젊은 목사들로 가득 찬 방에서 연설할 때 다음과 같이 말하였다. "**부흥은 우리가 교회와 지역 사회 간의 담을 허물 때 임할 것입니다.**" 나는 그 말을 처음 들은 이후 수많은 지도자들에게 이 말을 수백 번 되풀이하여 말해 왔다.

또 나는 하나님께서 이 권고에 수반된 예언적 성경, 즉 여호수아 1장 3절을 계시하고 있음을 알아차렸다. 여호수아에게 임한 하나님의 말씀은 약속된 땅을 점령하라는 지령으로서 문자적으로 그에게 주는 임무 명령으로 제공되었다. "무릇 너희 발바닥으로 밟는 것을 다 너희에게 주었노라."

여호수아의 역할은 단지 그곳에 그의 신체적 몸을 놓는 것이었고, 그 다음은 하나님께서 그의 초자연적인 능력을 사용하시므로 나머지를 행하시도록 하게 하는 것이었다. 그는 여리고가 무너진 직후에 그 일이 확증되는 것을 보았다. 나는 "예언적 성경"이라는 말로 하나님께서 시시때때로, 수천 년 전에 그 나름대로의 상황에서 독특한 의미를 가질 수 있는 성경을 취하여 문자적으로 생명을 가져다 주신 것처럼, 현대 상황에서 다시 한 번 또 다른 생명을 가져다 주실 것을 피력하기를 원한다. 이것은 내가 1990년 대와 그 이후 여호수아 1장 3절을 보는 방법이다. 내가 제 5장에서 설명하였듯이, 하나님께서는 우리에게 세계 복음화의 최종 분투 시대인 오늘날 활동할 새로운 도구들을 주고 계시다. 성령께서 교회들에게 말씀하고 계시는 것을 듣는 것은 우리에게 달려있고, 우리는 다시 순종하기로 결정하라는 음성을 듣게 된다.

그러므로 우리는 **하나님의 능력으로 우리 지역 사회들을 변화시키기 위해 벽들을 허물어야 한다.** 우리는 우리의 **영적 전투의 주 무기인 기도를 사용함**으로써 우리의 발바닥을 지역 사회로 들여놓아야 한다. 이것은 어느 모로든 우리가 우리 교회 안에서는 기도를 덜 해도 된다는 것을 의미하지 않는다. 제 6장을 복습해 보면, 내가 개교회들이 진정으로 기도하는 집이 되는 것에 관해 강하게 느낀 것을 아주 충분히 상기할 수 있을 것이다. 우리는 우리 교회 안에서 더 기도해야 한다. 그렇지만 그것만이 전부는 아니다. 그것만큼 우리는 **우리 지역 사회를 위해 능력으로 기도함으로써 교회들 밖으로 나아가야 한다.**

이론상 기도의 능력에는 경계선이나 지리적 한계선이 정해져 있지 않다. 이것은 사실이지만 전체적으로 다 그런 것은 아니다. 현장 기도는 동등한 다른 것들에 비하면 원거리 기도보다는 거의 항상 더 효과적이다. 치유 사역을 하고 있는 사람들은 동일한 원리가 적용되는 것을 체험으로 안다. 치유를 위해 기도하는 자들은 다른 주들에서나 다른 나라들에서 개개인들을 위한 응답을 받는다.

신체적 근사성, 안수, 기름으로 바르는 것, 일대일로 사역하는 것에 관한 어떠한 일은 실제적인 치유 빈번도를 헤아릴 수 있을 만큼 증가시킨다. 예를 들면 고아 시의 영적 분위기가 극적으로 변화한 것은 브라질 사람 기도팀이 가정에 머물면서 고아를 위해 그들의 가정과 브라질 교회들에서 기도하였을 때만 일어났을 것이라고 확신하는 것은 결코 아니다.

기도 전도

잃은 자를 놓고 기도하는 것은 성경적이다. 바울은 디모데에게 영적 전투에 참여하라는 사명을 준다. 바울은 "아들, 디모데야. 내가 네게 이 경계로서 명하노니 전에 너를 지도한 예언을 따라 그것으로 선한 싸움을 싸우라"(딤전 1:18)고 권한다. 바울이 디모데에게 명한 것은 "그리스도 예수께서 죄인을 구원하시려고 세상에 임하셨다"(딤전 1:15)는 전제에서 인출된다. 그렇지만 예수께서는 다른 많은 선한 것들을 위해서도 오셨기 때문에 우리는 때때로 그의 **제일 가는 목적**, 즉 잃은 영혼들을 구령하는 것(눅 19:10)을 잊게 된다.

디모데전서에서 제 1장과 2장간의 분할은 종종 우리로 하여금 디모데에게 명한 바울의 명령의 초점을 이루고 있는 것, 즉 기도를 정확히 보지 못하게 만들었다. 바울은 다음과 같이 말한다. "그러므로 내가 첫째로 권하노니 모든 사람을 위하여 간구와 기도와 도고

(중보 기도)와 감사를 하라"(딤전 2:1). 왜? 하나님께서는 "모든 사람이 구원을 받으며 진리를 아는데 이르기를 원하시기"(딤전 2:4) 때문이다.

전도 과정을 볼 때, 바울은 사단의 세력에서 하나님께로 잃어버린 사람들을 인도할 때, **첫째**로 기도를 권장한다. 에드 실보소는 이것을 강하게 믿어 영어권에 새로운 용어 "기도 전도"란 말을 소개하였다. 에드 실보소는 『아무도 멸망하지 않도록』(서로사랑, 1998)이란 우수한 책에서 각 장을 하나의 원리로 시작한다. 그의 "기도 전도"라는 장에 깔려있는 원리는 다음과 같이 서술된다. "기도는 인간의 마음에서 가장 만질만한 영혼의 추구이다. 잃어버린 사람의 당장 필요한 것을 위한 중보 기도는 저들의 눈을 복음의 빛에 열려 있게 하는 가장 좋은 길이다."[2]

> 기도는 인간 마음 안에 있는 가장 만질만한 영혼의 추구이다.
> 잃어버린 사람들의 당장 필요한 것을 위한 중보 기도는 저들의 눈을
> 복음의 빛에 열려있게 하는 가장 좋은 길이다.

에드 실보소는 바울이 디모데에게 문자적으로 명하는 것을 받아들였는데, 바울이 디모데에게 "모든 사람들"을 위해 기도하라고 말한 후 구체적으로 언급한 사람들은 "임금들과 높은 지위에 있는 모든 사람들"(딤전 2:2)이다. 실보소는 이것이 기도에서 이름들을 언급하는 것 이상으로 훨씬 더 중요한 것을 의미한다고 말한다.

실보소는 다음과 같이 말한다. "그들을 위해 효과적으로 기도하려면 이 첫 단계를 초월하는 것이 필요하다. 이는 권세있는 자들에게 가서 그들의 기도 요청 사항들이 무엇인지를 묻는 것이다.… 그

들을 위해서 중보 기도 해야 할 마음의 여유를 잃었다는 사실은 내가 우리 도시 전도 사역에서 만난 가장 큰 놀라움이었다. 나의 기도는 아직도 기도의 대상인 권세있는 **어떤 자**에 의해 거절당하고 있다."[3] 우리 지역 사회의 공관원들을 위해 개인적으로 기도하는 것은 무엇을 달라지게 할 수 있는가?

그것은 콜로라도 주 불티 카운티 시에서 먹혀드는 것처럼 보이는데, 전국적이고 국제적인 종교 보고서의 한 항목에 따르는 것이다. 불티 카운티는 마술, 사단 숭배, 뉴에이지, 미국에서 가장 큰 불교 사원 본거지로서 이제는 그리스도교 갱신의 시작 단계에 있다. 이 카운티는 잠시 어두움의 세력들이 더 큰 힘을 가진 것처럼 보였다. 불티 카운티에 있는 대부분의 교회들은 심각한 혼미 상태를 경험하고 있었다. 목사들은 불만을 터뜨렸고, 화를 냈고, 마을을 떠날 처지에 있었다. 그러나 하나님께서는 나이지리아 출신 대학원생을 사용하시어 한 주간 동안의 기도 집회로 목사들을 불러 모으게 하셨다. 기도는 이 시에서 일들을 변화시키기 시작하였다.

어떤 일이 벌어졌는가? 첫째는 목사들이 변화하는 도시에 대한 자신들의 태도를 발견한 것이었다. 크레스트뷰 크리스천 개혁파 교회의 당회장인 마크 티드는 "불티 카운티가 소돔인 것처럼 기도하고 있던" 목사들은 그 시를 "니느웨, 곧 정죄보다는 연민의 필요성을 더 느낀 곳"으로 보기 시작하였다고 말한다. 그 다음 이들은 실보소가 옹호하는 것을 행하기도 하였다. 즉 불티 카운티의 지도자들인 주지사, 시 의원들, 시 협회장들, 경찰국장, 보안국장, 학교 지도자들 등에게 자신들을 개인적으로 소개하였다. 당국자들이 목사들이 진정으로 자신들을 섬기기 원하는 것을 보았을 때, 민간 지도자들은 충격을 받은 동시에 기뻐하였다. 강한 지도자들이 구성되었고, 불티 카운티에 있는 그리스도교 공동체는 좋은 소문을 얻기 시작하였다. 교회들은 싸우는 대신 성장하기 시작하였다. 예를 들면 마크 티드의 교회는 4년 간 4배 이상 성장하였다.[4]

목사들과 중보 기도자들의 조화

나는 기도 용사 시리즈의 한 책인 『방패 기도』에서 도시를 위해 기도하는 규칙들에 관해 한 장(161-178쪽)을 할애했다. 나는 그 책에서 두 가지 규칙을 되풀이하여 그것들이 서로 어떻게 연관되어 있는 지를 보여주었는데 여기서도 그것에 대해 말하는 것이 도움이 된다고 믿는다. 불티 카운티에서 변화를 조장하는 중요한 출발점은 목사들이 정기적으로 모여 함께 기도하고자 소원했다는 점이다.

나의 기도 규칙은 다음과 같다. "**한 지역에서 목사들과 다른 그리스도교 지도자들이 연합하여 정기적인 바탕에서 함께 기도하기 시작하라.** 여기서 나는 교회들의 좀 더 목회적인 연관이나 형식적인 연관을 옹호하지 않는다. 나는 함께 기도를 통하여 임할 수 있는 **영적 연합**을 시사하고 있다. 한 시의 **신자들이 함께 기도하는 것은 중요하지만 목사들이 함께 기도하는 것은 훨씬 더 중요하다.** 이 이유는 목사들은 주어진 시의 신적으로 지명된 "영적 문지기들"이기 때문이다. 나는 우리가 과거에는 이것에 관해 별로 깊이 생각하지 않았음을 안다. 내가 보기에 그 주된 이유는 우리의 많은 도시들이 불티 카운티처럼 마귀의 놀이터였다는 데 있다.

나는 "영적 문지기들"이라는 용어를 사용할 때 주로 권세 문제를 제기한다. 주어진 도시에 권세 문제가 제기될 때, 그 시의 어떤 영적 권세도 개교회들의 목사들보다 더 높지 못하다. 명망 있는 지도자들이 전국적·국제적 초교파 사역들을 지향하고 있는 도시들에서조차 개개인들은 자신들이 살고 있는 도시를 위한 영적 권위를 거의 느끼지 못하거나 행사하지 못한다. 그러나 이들이 한 마음이 되어 하나로 연결될 때 어두움의 영역은 심각한 위협을 받게 된다.

최근 각 도시들을 다니며 목사들의 연합을 분석하는 데 있어서 프랜시스 프랭히페인 보다 더 일을 잘 해낸 사람은 없을 것이다. 그의 책『주님의 집』은 이 분야에 있어서 전형적인 책이다. 그는 『주님의 집』에서 주님의 집을 시 안에 있는 살아 있고 연합되어 기도하는 교회로 정의한다. 주님의 집은 복음주의 교도들, 오순절 교도들, 전통 교도들, 은사 운동 교도들로 구성될 것이고, 인종적·계층적 편견이 없을 것이다. 이들은 단순히 예수를 주로 알고, 성경의 진리를 믿고, 서로 형제로 헌신되어 있는 그리스도인들일 것이다.5)

다음은 나의 친구 모리스 세룰로가 주님의 집을 보는 시각이다. "범 도시적인 전투에서 사단의 제일 가는 목표는 그 시에 있는 교회들간의 연합을 파괴하는 것이다. 사단은 지도력을 질투, 경쟁, 비방으로 분리시키려 할 것이다. 그 다음 사단은 교회 교인들을 이용하여 한 사람이 다른 사람을 대적하게 하여 분리시키려 할 것이다. 교회가 불일치 때문에 흩어질 때, 사단은 군대들을 그 시에 이동시켜 시 전체에 죄, 부패, 일반 압제를 조장하고, 그 시의 교회들이 반격을 가해오지 못하게 할 것이다."6)

목사들을 손으로 보고, 중보 기도자들을 눈으로 보는 것은 도움이 된다.
손이 어떤 일을 행하려 내뻗어 만지거나 잡을 때마다
눈은 적절할 곳으로 손을 인도한다.

중보 기도자들의 결정적 역할

나는 이제 두 번째 규칙으로 일관성 있는 인도를 받게 된다. 즉 전략 차원 전투에 특별히 은사받고 부름받은 중보 기도자들과 일하라. 그러면서 다음과 같은 하나님의 계시를 추구하라. ①도시의 구속적인 은사나 은사들, ②도시의 사단 진지들, ③그 도시에 배정된 영토 귀신들, ④처리되어야 하는 과거와 현재의 집단 죄, ⑤공격과 적기에 대한 하나님의 계획.

목사들이 자기가 사는 도시를 위해 함께 기도하는 것은 필수적인 출발점이다. 목사들이 의미있는 방식으로 중보 기도자들과 연관되어 있지 않으면, 그들은 자신들의 등 뒤에서 연관을 가진 한 손길과 전투하는 데로 돌입할 것이다. 여기 저기에서 예외가 있기는 하지만 소수의 목사들만이 중보 기도 은사를 받는다. 그리스도의 몸(교회)을 볼 때 손은 눈이 될 수 없다. 즉 "나는 너의 도움이 필요치 않다"(고전 12:21).

이 유추(비유)를 볼 때, 목사들을 손으로, 중보 기도자들을 눈으로 보는 것은 도움이 된다. 손이 어떤 일을 행하려 내뻗어 만지거나 잡을 때마다 눈은 적절한 곳으로 손을 인도한다. 한 도시를 위해 전진하는 기도 단계들을 볼 때, '특별히 은사받고 구원받은' 중보 기도자들은 추천될 만하다. 나는 앞 장에서 개교회들의 목사들이 개인적인 중보 기도자들과 연결되어야 하는 것의 중요성을 강조하였다.

나는 나의 책 『방패 기도』의 독자들이 알고 있듯이, 일반 중보 기도자들, 위기 중보 기도자들, 개인 중보 기도자들, 전투 중보 기도자들 사이를 구분하는 것이 도움이 됨을 발견하였다. 많은 중보 기도자들이 한 지역을 횡단하거나 한 지역 이상을 횡단하여 사역하지만 어떤 사람들은 특별히 그 지역들 중의 한 지역에 부름받음을 느끼기 쉽다. 이 일에는 노련한 전투 중보 기도자들이 가장 효과적이다.

목사들과 팀을 이룬 중보 기도자들은 어떤 일을 행하는가? 이 책의 내용 전체는 상당 부분이 함께 엮어지는데 그것은 다음과 같은 내용이다. 중보 기도자들은 전략 차원 중보 기도에 정통하므로(제 3장), 보이지 않는 세계의 시각에서 전체 그림을 본다. 이들은 영적 매핑(제 4장)을 통하여 기도가 집중되어야 하는 긍정적이고 적극적인 주 목표물들을 분별한다. 이들은 한 몸시하는 회개(제 5장)를 이해하고 속죄가 필요한 집단 죄를 찾을 장소도 안다. 이들은 하나님의 음성을 듣는데(제 2장) 특별히 은사를 받고 적절한 시기와 절차에 대한 그분의 지시를 안다.

그러나 중보 기도자들은 무엇이 이루어져야 하고 언제 이루어져야 하며, 어디서 이루어져야 하는 지에 대한 최종 결단을 내리지 않는다. 이들은 자신들이 중보 기도자들을 통하여 듣고 있는 것에 대한 적합한 적용을 분별하는 목사들의 권위 하에 있음을 안다. 민감한 중보 기도자들은 결코 개인적인 설득이나 영적 수단을 통하여 목사들을 지배하려 하지 않는다. 이들에게 개인적으로 부여된 권위가 너무 강하게 나타날 때 목사들과 중보 기도자의 관계는 번번히 허물어지게 된다. 시 목사들과 시 중보 기도자들이 조화를 이루어 함께 일하는 것은 무너질 수 없는 팀 결합이다.

사단은 이것을 잘 알고 있기 때문에 많은 그리스도인 지도자들이 팀으로 결합되는 것보다는 흩어져 있기를 원한다. 성경은 우리에게 "사단의 계략"들에 무지하지 말라고 말한다(고후 2:11). 사단이 한 시나 한 나라에서 잃어버린 사람들의 심령을 그리스도 복음의 영광에 눈멀게 하여 가장 잘 이용하였고, 가장 효과를 보았던 계책들 중의 두 가지는 ①도시의 목사들을 서로 떼어 놓는 것이고, ② 목사들과 중보 기도자들 사이에 강한 관계를 세우지 못하게 하는 것이다. 사단이나 어두움의 정사들은 특별한 한 도시에 배정되어 이 일을 성공리에 행할 수 있다면 그곳을 자신의 집으로 여겨 마음 놓고 휘집고 다닐 것이다. 이들은 그 시를 자신들의 놀이터로 사용하며, 할 수만 있으면 거의 다 훔치고 죽이고 멸망시킬 것이다.

이것은 역사하는가? : 브라질 고이아니아를 보라

  에드 실보소는 도시들에서의 "기도 전도"에 관한 책들을 쓸 뿐 아니라, 기도 전도를 실천하기도 한다. 나는 얼마 전 브라질 고이아니아에서 자신들을 중보 기도자라고 소개하며 날아온 5명의 여인을 로스엔젤레스 선교 대회에서 우연히 만나 동역하게 되었다. 그들은 에드 실보소에게 자기 도시에 와서 사역해 달라고 초청하였다. 실보소는 기꺼이 그렇게 하겠다고 대답하면서, 그들에게 그들이 자신들의 집에 도착했을 때 "그 도시 목사들에게 이 일에 대해 말해야 한다"고도 답하였다.
  라틴 아메리카를 볼 때, 특히 마초 문화에서는 여자들이 항상 중요한 프로젝트들에서 주도권을 취하지 않는다. 그리고 그런 프로젝트의 조건을 여자들이 취하려 할 때 남자들은 그 반대편에 서 있을 가능성이 농후하다. 여전히 중보 기도자들은 도시 목사들을 자신들의 모임에 초청하려 하였다. 실보소는 무슨 일이 벌어졌는 지를 전한다. "일반적으로 목사들은 무게있는 목사들이 자기들을 부르러 올지라도 즉흥적인 초청에 잘 응하지 않는다. 더욱이 잘 알지도 못하는 5명의 여인들이 왔을 때는 더하지 않겠는가! 이 여인들을 반대하는 연달아 일어난 괴상한 짓은 수없이 많다. 얼마나 많은 목사들이 그렇게 해서 모였을까? 120명 이상이었다. 참으로 믿을 수 없는 수치였다. 참으로 기적이었다."[7]

이 중보 기도자들은 목사들에게 도시에서 새로운 운동이 전개되어야 할 하나님의 적기가 도래했음을 아주 대담하게 시사하였고, 또 이들은 자신들이 앞장 서서 잠정적으로 에드 실보소를 초청하여 "기도 전도"에 관한 훈련 세미나를 실시할 것을 승인받았다. 목사들은 하나님의 기름(능력)부음을 받아 그 제안이 좋은 것이라 생각하게 되었고, 그 모임에 관해 열성을 품게 되었으므로 그 행사는 능력이 있을 수밖에 없었다. 더욱이 이들은 기대했던 대로 중요한 행사로까지 조성되고 있는 것을 통제하는 대신, 중보 기도자들이 앞서 가도록 사명을 부여하였고, 전적인 지원을 약속하였으며, 자신들의 일을 위해 성령의 능력을 받기 원하는 여자들에게 안수를 하였다.

다음 주일 여자들은 라디오 프로그램을 시작하였고, 곧 이 지역에 있는 10만 명 이상의 사람들이 매일 1시간 30분 이상 라디오를 통해 일과 함께 기도하게 되었다. 머지 않아 시 관료들을 포함하여 전체 시의 100만 명 이상에 해당하는 거의 모든 사람이 그 중보 기도자들에 대해 알게 되었고, 그 거대한 기도팀에 대해서도 알았다.

감옥 난동 : 중보 기도자들을 부르라!

에드 실보소가 그의 "기도 전도" 세미나에 도착하기 꼭 3주 전에 고이아니아 감옥에 난동이 일어났다. 반역적인 재소자들은 2명의 판사, 1명의 원목, 많은 경비원들, 기타 사람들을 볼모로 잡았다. 이들은 모든 방의 장애물들을 불태워버렸다. 이들은 7일간 난폭한 대결을 벌인 후에 볼모자들을 죽이겠다고 협박하였다. 이 상황은 위기로 치달았다. 그 주의 주지사는 정예부대를 보냈지만 그들은 그 감옥을 파고 들어갈 수가 없었다.

실보소는 그 상황을 다음과 같이 전한다. "주지사는 더 좋고 더 화력있는 무기들을 선택하였다." 그는 기도하는 여인들에 관해 들은 후 그들을 불렀다. 여인들이 몇 명의 목사들과 함께 주지사의 청사로 왔을 때 그는 뺨에 눈물을 흘리며 그들에게 이렇게 말했다. "내 무기들은 내가 직면하고 있는 긴급 상황에 전혀 쓸모가 없습니다. 나는 더 좋은 무기를 필요로 하는데 당신네들은 그 무기인 기도를 가지고 있습니다. 당신네들이 이 중대한 위기를 위해 책임을 지고 해결책을 간구해주십시오!"[8]

중보 기도자들은 이 말에 놀라지 않았다. 이들은 다른 10만 명의 사람들과 함께 위기 가운데 있는 도시를 위해 기도하고 있었다. 이들은 쌍방 통행 기도를 실천하여 주님으로부터 주지사에게 가서 다음과 같이 전하라는 아주 분명한 말씀을 받았다. "더 이상 염려하지 마십시오. 24시간 안에 모든 것이 피 한 방울 흘리지 않고 해결될 것입니다!" 그 다음 주지사는 정부 군대를 맡고 있는 육군 대령에게 직통 전화를 걸어, 그 대령에게 이 여인들이 증거하는 어떠한 조치든 취하라고 지시하였는데, 왜냐하면 이들은 성령께서 말씀하시는 것을 듣고 있었기 때문이다.

그 결과는 무엇이었나? 에드 실보소는 다음과 같이 전한다. "재소자들이 항복해 들어오기 24시간 전에 모든 볼모자들은 석방되었고, 많은 경비원들 뿐만 아니라 2명의 판사들이 주님을 영접하였으며, 여인들은 주지사에 의해 불가능한 상황을 해결했다고 하는 공적인 칭찬을 받았다. 이제 주지사의 청사는 기도 모임들을 위해 널리 개방되어 있고, 100만 명 이상의 시민들이 하나님께서 자신들을 돌보시는 것을 알게 되었다."[9]

나는 몇 달 후에 고이아니아를 방문하였고, 목사들과 중보 기도자들 간의 조화가 어떻게 하나님 나라의 급속한 확장을 위해 도시 전체에 영적 분위기를 열어 놓았는 지를 보았다.

기도 운동이 시작되는 방법

"나는 내 도시에서도 그런 것이 일어날 수 있기를 소원합니다." 이렇게 말하지 않으면서 지역 사회에서 이러한 모본적인 기도가 일어나기를 바라기는 어렵다. 아니, 어쩌면 그럴 수도 있다. 중요한 사실은 지금 미국과 한국에 있는 대다수 대도시들이 약간의 발전 단계에서 범도시적인 기도 운동을 갖고 있다는 것이다.

수년 전 나의 기도 세미나에 참석하는 사람들에게 내가, 당신 도시의 목사들이 어떤 종류이든 정기적으로 기도 모임을 갖고 있느냐고 물었을 때, 소수의 사람들만이 손을 들었다. 그런데 손을 드는 비율이 지난 몇 년 동안에 아주 급속하게 늘어나고 있다. 나는 그것이 과학적이 아님을 깨닫지만 그것을 통해서 이미 미국 도시의 절반 쯤은 모종의 기도 운동을 시작했다고 믿게 되었다. 이 기도 모임의 증가율을 볼 때, 머지 않아서 범도시적인 기도 운동을 갖지 않는 도시는 없게 될 것이라 여겨진다.

종합적인 체험을 몇 년 간 엮어볼 때, 지역 사회를 위해 기도하는 수많은 매력적인 방법들이 표출되었다. 대부분 이 방법들은 기존 교회들, 목사들, 중보 기도자들, 기도 사역들 안에서 잘 접촉되고 있다. 나는 이 장에서 그에 대한 모든 것을 포함시킬 수는 없지만 내가 지역을 횡단하는 적용을 위해 보통 가능성 이상을 나타냈다고 생각하는 것들을 짧게 강조할 것이다.

옳은 마음과 옳은 태도로 시작하라

처음부터 잊지 말아야 할 것은 **한 도시를 복음화하는 능력의 원천은 하나님이심과 그의 지시와 적기를 아는 것이 결정적임을 인정**하는 것이다. 하나님과의 친밀성은 타협할 수 없는 것이다. 당신이 중보 기도자이든 아니든, 당신의 도시를 위해 기도를 시작하기 원한다면 앨리스 스미스의 『베일을 초월하여』라는 책을 읽으라고 권장한다. 이 책은 사람이 하나님과의 친밀함에 관한 최근의 가장 좋은 책이다. 또 제인 한센의 『친밀감을 조성하라』(한국 왜그너 교회 성장 연구소, 1998. 서로사랑 출간 예정)도 친밀감에 관한 가장 훌륭한 책이다.

예를 들면 도리스와 나의 가장 밀접한 개인 중보 기도자요, 국제 여성 광채 친교회의 미국 전국 위원장인 보비 바이얼리는 다음과 같이 말한다. "앨리스 스미스는 하나님의 소명의 깊이를 아주 기술적으로 엮어냈을 뿐만 아니라 중보 기도자들 안에서 그분의 얼굴을 기다리고 구하는 깊은 열망을 묶어 맸습니다. 나는 그것을 말로 형용할 수 없습니다. 친밀감을 위해 임해오는 거룩한 부르심은 내가 읽은 다른 어떤 책에서보다 여기에서 더 분명하게 드러날 것임을 믿습니다."[10]

다음은 당신이 그 책에서 발견하게 될 진리의 종류이다. "친밀의 문은 들어갈 모든 자에게 열려있습니다. 주님은 자연스럽게 알려질 수 없는 것을 알기 열망하는 신자 안에서 기뻐하시고 검소함과 겸손함으로 기도를 통하여 보좌있는 방으로 들어가십니다. 하나님의 자녀는 이 베일을 초월하여 하나님의 마음을 접촉하고 그분의 사랑스런 확신의 말에 몸을 녹이고, 그분의 무한한 능력과 권세 때문에 벌벌 떨며, 영원히 변화되어 사라질 것입니다."[11] 나는 하나님을 위해 자기 도시들을 복음화하려는 데 진지한 모든 사람들에게 이 책을 강력히 권장하는 바이다.

하나님께서 당신의 마음에 가까이 오시도록 하고 있는 지 확인하라. 영적 세력들을 초청하여 들어오게 할 수 있는 어떤 진지들을 말끔히 씻어내라. 당신은 고백하지 않은 죄가 있는 지 확인하라. 당신이 불가항력적인 유혹들에 굴복하는 것처럼 보인다면, 당신은 당신을 위해 기도하거나 당신을 구출시켜 줄 누군가를 찾으라. 당신이 이것을 하지 못한다면 당신은 자신을 악한 세력들이 반격할 수 있는 취약한 목표물이 되도록 길을 열어주게 되는 것이다.

권세(권위) 문제를 2중적으로 점검해 보라. 당신은 당신의 도시나 목표 지역으로 이사들어가기 위해 충분한 영적 권위의 돌봄 하에서 일하는가? 또 일하고 있는가? 영적 문지기들은 일치하는가? 대부분의 경우들을 볼 때 100% 일치를 기대하는 것은 비현실적이므로, 생명을 주는 충분히 많은 수의 교회 목사들이 이 운동에 참여하고 있는 지를 분별하는 것이 가장 좋다. 지도자들이 합치하지 않으면 시기는 적기가 아닌 것이다.

프랜시스 프랭히페인은 다음과 같이 말한다. "우리도 범도시적인 기도에 관한 인간적인 압박감을 없애기 원한다. … **압박이나 조작에 의해 목사들에게 동기를 부여하려 하는 것은 그들 가운데서 분개만 조**

장시킬 것이고, 지도자들이 기꺼이 하나님을 함께 구할 때 오는 달콤한 기쁨을 찾지 못할 것이다."[12]

마지막으로, 당신의 동기들을 재점검하라. 당신 도시를 위한 태도들이 성령의 열매와 전적으로 일치하는 지를 확인하라(갈 5:22-23). 당신이 누군가와 친해지는 느낌이나 나무라는 느낌이나, 분개하는 느낌이나, 자기 의를 드러내는 느낌이나, 당신이 "나쁜 것들"이라 생각한 것에 하나님의 심판이 떨어지고 있기 때문에 당신이 육적인 쾌락을 느낀다면 허다한 죄들을 사랑으로 덮음으로써 그 일을 해내라. 당신이 그것을 행할 수 있다면 이미 전투에 들어간 것이다.

24시간 불철주야 기도

데이빗 브라이언트가 주도한 〈국제 기도 합주회들〉 선교회는 뉴욕 시에서 가시적인 결과들을 낳고 있는 대중적인 기도 운동을 촉매시키는 데 도움을 주었다. 첫째로 뉴욕 시의 몇몇 목사들은 기도를 위해 모였고, 기도로 그 도시를 지원하는데 일치하면서 메트로 뉴욕 시 기도 맹약을 체결하였다. 도시 전략 분과 출신의 〈기도 합주회들〉 선교회 소속 인물들은 목사들과 함께 하였고 가능한 한 많은 교회들을 동원하여, 소위 "주님의 시계"라는 운동에 참여하기로 동의하였다. "주님의 시계"는 다(多)민족적이고 지속적인 부흥, 화해, 개혁, 잃은 자 전도를 위한 24시간 불철주야 기도를 뜻한다. 이들은 영어, 스페인어, 한국어로 출간된 뉴스 레터(소식지)를 배포함으로써 중보 기도자들이 계속 연결되게 한다.

참여한 각 교회는 한 달에 한 번 어느 날을 선정하여 그날 24시간 동안 뉴욕 시를 위해 기도하는 일을 담당한다. 이 계획을 사용함으로써 자그만치 31개 교회들이 자기 도시가 매일, 매시간 기도받고 있다는 것을 확인할 수 있었다.

그렇지만 뉴욕은 31개 이상의 교회가 참여하고 있고, 130개 교회들을 회원으로 대동하고 있다. 뉴욕 시는 단 한 교회에 의해서만이 아니라 4-5개 교회들에 의해서 항상 기도받고 있으며 대다수 교회들에는 100여 명 이상의 교인들이 기도 모임에 참석하고 있다. "주님의 시계"의 목표는 결국 1,000개 교회들이 실제적으로 기도에 동참하는 것이다.

당신은 이런 양의 기도라면 그 도시에서 무엇인가 큰 변화를 일으킬 것이라 생각할 것이다. 모든 결과들은 아직 나타나지 않고 있지만, 가장 고무적인 증표들 중의 하나는 지난 3년 간 뉴욕 시의 범죄율이 돋보이게 낮아진 것이다. 의기양양한 경찰분과는 이러한 추세가 계속된다면 범죄율은 존 린드지가 주지사였고, 지하철 토큰이 20센트였던 1968년 이후로 경험하지 못했던 낮은 수준으로 떨어질 것이라고 예견하고 있다. 사회학자들은 다른 설명을 생각할 수 있겠지만, 이 시의 목사들은 이것이 지난 수년 동안 대중적인 범기도 운동의 직접적인 결과라고 절대적으로 확신하고 있다. 또 뉴욕 시 안에서 그리스도교의 연합과 인종간의 화해도 주요 상승 곡선을 기록하고 있다.

"파수꾼 기도 보초"라고 불리는 이에 대한 바른 대안은 남침례교 목사인 래리 톰슨에 의해서 잉태되었다. 이 "파수꾼 기도 보초"는 첫째, 기도로 개교회를 감싸기 위해 발전되었고, 그 다음은 도시로 확장되었다. 1주간은 168시간 길이로 나누어 진다. 교회들에 참석하는 교회 기도 그룹들은 1주간 중 1시간이나 그 이상의 시간을 작정하고 그 시간 동안 시를 위해 함께 기도하기로 동의한다. 한 그룹이 지정된 기도 시간을 끝내고 있을 때 이 "파수꾼 기도 보초"는 다음 시간에 헌신된 그룹의 대표를 부르고, 책임 수준을 조성하는 등등으로 이어간다. 한 그룹이 두 번 연속적으로 작정시간에 책임을 지지 못하면 도시 기도 위원장과 토론이 벌어지며, 그 일이 다시 그 그룹에서 일어나면 그 그룹은 떼어내 버린다. 이 후자 프로그램은 "주님의 시계"가 요청하는 것 보다 더 큰 헌신을 분명히 요청하지만, 이들 중 어느 프로그램이든 한 도시를 담당하는 실속있는 기도를 제공할 것이다.

예수를 위한 행진들

1996년 미국을 포함한 세계 170개 이상의 나라들에 있는 625개 도시들에서 예수를 위한 행군 운동이 전개되었다. 약 1,000만 명으로 추산되는 신자들이 매 시간대를 나누어 1996년 5월 25일 2,000개 이상의 도시 거리에서 행진하고 있었다.

이 성공적인 행진은 4명의 창조적인 지도자들, 곧 그레이엄 켄드릭, 로저 포스터, 제럴드 코우츠, 린 그린의 거대한 꿈들을 훨씬 초월하는 것이었다. 이들은 1985년 런던의 교회들과 지역 사회간의 벽들을 허물어 그들의 발바닥을 런던의 악령높은 소호(Soho) 거리 지역에 들여 놓았다. 이들은 1987년에 처음으로 "예수를 위한 행진"이란 이름을 사용하였고, 15,000명이 런던 거리로 나가 '왕 중의 왕'을 찬양하였다. 그레이엄 켄드릭은 자신의 그같은 생각은 자신이 "찬양의 역동력과 기도와 영적 전투의 관계에 관심을 갖게 되었을 때"[13] 등장하였다고 전한다.

"예수를 위한 행진"은 많은 도시들의 교회들이 크리스마스나 부활절을 지키는 것처럼 달력에서 지속적이고 가장 중요한 부분이 되었다. 브라질 상파울로 시에서는 올 해 약 120만 명이 행진하여 전국적으로 브라질 텔레비전 방송 그룹이 다 이 일을 방영하는 데 참여하기도 하였다. 뉴욕 시의 주지사 파타키와 캘리포니아의 주지사 윌슨은 각각 "예수 행진의 날"을 공식적으로 선언하였다.

과테말라 시에서는 10만 명이 행진함으로써 역사상 공적 행진 기록을 경신하였다. 국제 날짜 변경선 바로 서쪽에 있는 통가에서는 그날 첫 행진이 열렸고, 나중에는 다름 아닌 왕과 왕비가 주도하여 참석자들을 위한 연회를 베풀었다. 미국 펜실베니아 주 피츠버그 시에서는 "예수를 위한 행진"에 지명된 한 경찰관이 그날의 임금을 기증하여 지불금을 내는 데 도왔다.

당신의 도시가 올해 "예수를 위한 행진"을 갖지 않았다면 내년에 한 번 갖기로 계획하라. 당신은 이 장 마지막 부분의 참고 자료란에 수록된 사무실 주소 중 한 곳에 등록하면 도움을 받을 수 있을 것이다. "예수를 위한 행진"은 당신 도시에서 무엇인가 변화를 가져올 것이다.

> 기도 걷기는 통찰을 갖고 현장에서 기도하는 것이다.
> 기도 걷기는 우리가 하나님께서 그의 응답을 주시리라 기대하는
> 바로 그곳에서 단순히 기도하는 것이다.

기도 걷기

'24시간 불철주야 기도'나 '예수를 위한 행진'은 어느 정도의

범도시적인 조직을 요청한다. 그러나 '기도 걷기'는 단순할 수 있고, 다음과 같이 말하는 많은 사람들에게 가장 적당한 시작의 길이다. "예, 저는 벽들을 허물어뜨려 기도함으로 내 발바닥이 지역 사회에 있게 하고 싶습니다." 당신이 이렇게 하기 원한다면, 다음 주간 당신 이웃 사이에 있는 한두 명의 그리스도인 친구들과 하나가 되어 단순히 이웃 지역의 거리를 걸으며 30분 내지 45분간 기도하라. 당신이 지나친 가정들에 있는 식구들을 놓고 기도하고, 학교들을 놓고 기도하고, 운전하며 지나가고 있는 자들을 놓고 기도하고, 사업들을 놓고 기도하고, 경찰관들을 놓고 기도하라. 하나님께 열려있어 그분이 당신에게 기도해야 할 것에 대해 직접 말씀해주시도록 하라.

기도 걷기의 사도인 스티브 호돈은 기도 걷기를 다음과 같이 묘사한다. "하나님은 그리스도인들을 일깨우사 자기 도시들을 위해 아주 밀접하고 개인적인 방식으로 기도하게 하고 계신다. 그리스도인들은 교회 건물 장벽들을 초월하여 자신들의 기도가 예수 이름으로 이웃 사회에 분명하고 조용한 축복을 갖다주게 되기를 강권받고 있다. … 이러한 종류의 현장 중보 기도는 기도 걷기라 불리게 되었다. 기도 걷기를 정의하면, **통찰을 갖고 현장에서 기도하는 것이다. 기도 걷기는 우리가 하나님께서 그의 응답들을 보내시리라 기대하는 바로 그 곳들에서 단순히 기도하는 것이다.**"[14]

호돈이 말하는 세 가지 기본 기도 걷기 모델은 다음과 같다.

1. **가정 지역** 기도 걷기는 그리스도인들이 살고, 일하고, 공부하고, 노는 곳에서 기도하며 걷는 것이다. 내가 앞에서 언급한 모델은 이것과 어울릴 것이다.

2. **핵심 지역.** 기도 걷기는 어떤 특정 장소나 몇 곳을 선정하여 그곳에 특별하고도 지속적인 기도 초점을 조준시키는 것을 포함한다. 그러한 곳들을 일일이 규명하는 것은 영적 매핑(지역 조사의 진단과 처방) 기능이다.
3. **전체 지역.** 기도 걷기는 조직적이고 지속적인 방식에 의한 기도 걷기를 통하여 온 도시를 감당하는 것을 목표로 한다. 호돈은 소위 〈기도 걷기 USA〉라고 부르는 괄목할 만한 비전을 갖고 있는데, 이 〈기도 걷기 USA〉는 미국에 있는 모든 거리의 모든 가정이 2,000년까지 규칙적으로 기도받는 것을 목표로 하고 있다. 그는 우편 번호별로 진행 과정을 감시하고 있다.[15] (이 기도 걷기 운동은 동양 선교회가 일본과 한국과 중국에서 모든 집에 다니며 조직적으로 전도지를 돌리며 기도하고 전도한 것과 유사하다. 동양 선교회는 이를 EEC(만민을 위한 그리스도)라 부르고, 한국 성결 교회는 대거 부락 전도 대회라 불렀다-역자 주).

이웃의 기도하는 집들

나의 친구들인 존 드브리스와 앨빈 밴더 그랜드가 발전시킨 〈이웃의 기도하는 집들〉 운동은 기도로 각 이웃 사회를 담당하는 것을 목표로 하지만, 그 계획안은 일반적인 기도 걷기 보다 훨씬 더 공식적이고 조직적이다. 구조적인 것에 더 편안한 교회 지도자는 소위 기도하는 집들을 환영할 것이다.

존 드브리스의 표현에 따르면 '이웃의 기도하는 집'들 배후에 깔려 있는 전제는 다음과 같은 것이다. "기도에는 지역적인 양상이 있다. 우리는 개개인들을 위해서 기도할 뿐만 아니라 가정들, 이웃들, 사업들, 공동체들을 위해 기도한다."[16] 이 운동안을 볼 때 훌륭한 출발 참고 자료들로 후원을 받은 한 그룹의 신자들은 가정, 기숙사, 사업장 같은 특정한 곳에서 한 주에 한 번씩 기도하러 함께 모이기로 정하였다. 이 모임은 소위 기도하는 집이고, 그 그룹은 입구나 기타 어떤 편리한 곳에 "공식적" 깃발을 내달라고 주문할 수 있다.

주간 모임은 내부에서 개최되지만 이어지는 주간 동안 회원들은 특정한 그룹의 집들이나 기타 목표물들에 있는 현장 기도에 배당된다. 그룹 회원들이 이것을 행할 때, 이들은 기도하고 있는 개인 대상자들과 접촉하거나 관계를 맺으려 한다. 이들은 주간 〈기도하는 집〉 모임에서 사람들의 구체적인 욕구들을 놓고 기도하는 것을 제안한다. 사람들이 집에 있지 않으면 가가호호 방문하는 자들은 그들을 전화로 초청하여 그들의 기도 요청 사항들을 나눈다. 이들은 이웃 사회에서 응답받은 기도의 구체 사항들을 접수하여 기록하는 식의 널리 개방된 타인 반응(피드백) 채널을 확립하였다.

우리가 **교회와 지역 사회 간의 벽들을 허물 때 부흥이 임하는 것은 사**실이며, 하나님께서 우리에게 우리 지역 사회들에서 기도하라고 말씀하시고 계시는 놀랍도록 **다양한 방법들과 수단들**은 우리를 부흥이 즉시 이루어진다는 것을 믿는 방향으로 인도한다.

❖ 생각할 문제들 ❖

1. 대략적 수치이지만 당신 도시에서 그리스도인 기도의 몇 퍼센트

가 교회들이나 가정과는 대조된 지역 사회에서 이루어지고 있다고 생각하는가? 지역 사회를 위한 기도는 몇 퍼센트가 이루어져야 한다고 생각하는가?

2. 당신은 이 장을 읽기 전에 "기도 전도"라는 용어를 들었을 것이다. 기도 전도를 당신의 표현으로 말해보라.

3. 당신의 지식으로 보기에 당신 도시의 목사들 가운데서 범도시적인 기도 운동을 권장하는 이들이 있으며, 어떤 방식으로, 어떻게 이루어지고 있는가?

4. 당신은 "기도 걷기"를 해본 적이 있는가? 그렇지 않다면 당신은 기도 걷기를 시작할 의향이 있는가? 당신 도시 곳곳에서 정기적인 기도 걷기를 하려면 어떤 일이 먼저 이루어져야 하겠는가?

더 자세한 참고서들

- 피터 왜그너 『기도는 전투다』(*Warfare Prayer*, 1992). "도시를 점령하는 규칙들"이란 장을 점검하라.
- 에드 실보소 『아무도 멸망하지 않도록』(*That None Should Perish*, 1994). 이 책은 기도 전도에 대해 위력있는 설명을 제공한다. 이 책은 내가 필독서로 제시한 책 목록 중 한 권이다(이 책은 1998년도 여의도 순복음 교회 기도 전도대에서 교재로 사용될 것이며, 도서출판 서로사랑에서 출간할 예정이다).
- 존 도슨 『하나님을 위해 당신 도시들을 점령하라』(*Taking Your*

Cities for God, 1989). 이 책은 이제 도시들을 위해 기도하는 것에 관해 고전으로 생각되고 있다.
- 밥 베켓트 『정복하기 위한 헌신』(Commitnent to Canguer, 1997). 이 책은 도시에서 사역하는 방법에 관해 감동을 주는 통찰들로 가득 차 있다. 이 책은 그에 대한 현저한 결과를 목격한 개교회 당회장이 쓴 것이다.
- 스티븐 호돈, 그레이엄 캔드릭 『기도 걷기』(Prayerwalking, 1993). 이 책은 기도에서 "현장 통찰로" 진행해 나가는 방법에 관한 실천 지침서이다.
- 프랜시스 프랭히페인 『주님의 집』(The House of the Lord, 1991). 범도시적인 전투에서 승리하기 위해 범도시적인 교회를 취하라는 전제에서 도시 목사들을 하나로 엮어내는 지침들이다.
- 존 드브리스, 엘빈 밴더 그랜드 『이웃의 기도하는 집들』(Neighborhood Houses of Prayer). 당신과 당신 교회가 이웃의 기도 집들을 조직할 때 시작을 도울 수 있는 두 개의 비디오테이프를 포함하고 있는 종합 지침서이다.
- 제인 한센 『친밀감을 조성하라』(1997, 한국 왜그너 교회 성장 연구소/서로사랑 출간예정, 1998). 이 책은 성령께서 하나님의 형상을 가진 남녀 인간간의 관계 회복을 가져오라는 것을 설명하는 양서이다. 그에 따르면 우리의 마음은 하나님 앞에서 사단의 계책을 분쇄하기 위해 겸손하고 상한 심령이 되어야 한다. 우리는 회개를 통하여 우리의 삶과 지역 사회에서 하나님 나라를 확장하게 될 것이다.
- "예수를 위한 행진"을 주관하는 두 곳의 사무실은 다음 위치(주소)에 놓여있다. 미국과 미주에서 "예수를 위한 행진" 주소는 다

음과 같다.

P. O. BOX 3216, Austin, TX 78764 U.S.A.

나머지 "예수를 위한 행진"을 위한 주소는 다음과 같다.

P. O. BOX 39, Sunbury - on - Thames, Middlesex TW 16 6PP, England, U. K.

Notes
1. John DeVries, personal report to the author, 1995.
2. Ed Silvoso, *That None Should Perish* (Ventura, Calif.: Regal Books, 1994), p. 57.
3. Ibid., p. 73.
4. *National and International Religion Report* (September 4, 1995).
5. Francis Frangipane, *The House of the Lord* (Lake Mary, Fla.: Creation House, 1991), pp. 11-12.
6. Morris Cerullo, "Spiritual Warfare Prayer," *Victory Miracle Living* (August 1996): 32.
7. Ed Silvoso, circular letter dated June 17, 1996.
8. Ibid.
9. Ibid.
10. Bobbye Byerly's endorsement inside the front cover of *Beyond the Veil* by Alice Smith (Houston: SpiriTruth Publishing, 1996).
11. Ibid., p. 13.
12. Frangipane, *The House of the Lord*, p. 94.
13. Graham Kendrick, Gerald Coates, Roger Forster and Lynn Green, *March for Jesus* (Eastbourne, England: Kingsway Publications Ltd., 1992), p. 24.
14. Steve Hawthorne, *PrayerWalk Organizer Guide* (Austin, Tex.: PrayerWalk USA, 1996), p. 9.
15. These terms and concepts are taken from the *PrayerWalk Organizer Guide*.
16. John DeVries, *What Is a Neighborhood House of Prayer?* (Grand Rapids: Neighborhood Houses of Prayer, n.d.), p. 3.

9 장
나라들을 위한 기도의 위력

"와"(WA)족은 중국 국경 미얀마(버마)의 북동쪽에 소재한 300만 명이나 되는 호전적인 종족 그룹이다. 이들은 아주 독립적이어서 미얀마 정부에 복종하기를 거절하는데, 미얀마 정부는 현재 지상에서 가장 억압적인 정부들 중의 하나이다. 미얀마 정부는 일부 정예 부대들을 보내 "와"(WA)족을 굴복시키려 하였으나, 이들은 계속해서 후퇴하며 생존해가고 있다.

100명의 우두머리들에 대한 100번의 세례들

얼마 전에 미얀마 정부는 "와"(WA)족에게 몇 가지 부처상들을 선물로 보냄으로 그 부족을 진압하려 하였다. 그러나 "와"(WA)족은 당국자들의 기대를 깨고 그 선물들을 즉각 되돌려 보냈다. 대신 그들은 100권의 성경과 몇 명의 그리스도교 선교사들을 보내줄 것을 요구하였다. 이들은 자신들이 하나님에 관해 더 알기 원한다고 말하였다.

그렇게 해서 일부 미얀마 선교사들이 "와"(WA)족에게 가서 사역할 수 있었고, 곧 머리 사냥꾼(Head-Hunter)이었던 추장은 구원을 받았다. 그의 세례는 그리스도 안에서 하나님을 증명하는 것이었다. 그는 아버지와 아들과 성령의 이름으로 침수된 후, 물 속에서 100번 이상 오리처럼 머리를 들었다 내렸다 했는데, 그것은 그가 악질적인 머리 사냥꾼으로서 살아오는 동안, 그가 취한 인간 머리의 모든 수에 해당하는 것이었다! 그 다음에 그는 그 지역을 복음화하고 있는 예수 영화팀을 위해 연사가 되기로 자원하였다.[1]

그러한 놀라운 일이 어떻게 벌어질 수 있었는가! 인간의 설명만으로는 부족하다. 하나님의 손길만이 그러한 변화를 일으킬 수 있었다. 실제적으로 이 책 모든 장에서 언급된 것을 기초로 하여 보건데, **기도는 다른 어떤 것 보다도 하나님의 능력을 푸는 영적인 힘이다.** 미얀마는 그 도시들과 종족 그룹들을 망라하여 지금처럼 그렇게 많이 기도해 본 적이 없고, 미얀마와 그 종족 그룹들을 위한 기도의 양과 질은 아무도 그 기도를 따라 잡을 수 없을 만큼 빠르게 상승하고 있다.

그 놀라운 사건은 "와"(WA)족에게 24장로들과 생물들이 보좌에서 어린 양에게 다음과 같이 찬양할 "새 노래"의 한 소절로 더해진 것이다. "책을 가지시고 그 인봉을 떼기에 합당하시도다. 일찍 죽임을 당하사 각 족속과 방언과 백성과 나라 가운데서 사람들을 피로 사서 하나님께 드리도다"(계 5:9). 이 찬양은 아직 더 많은 나라들, 부족들, 종족들이 여전히 구원을 필요로 하기 때문에 완전히 다 들려질 수는 없다. 그러나 이것이 나는 〈기원후 2,000년 운동〉이 다음과 같이 말하는 모토임을 믿는다. "2,000년까지 모든 족속들에게 교회를! 모든 사람들에게 복음을!" 상당히 많은 수의 종족(10,000 이상의 종족들)과 가장 복음을 듣지 못한 종족 그룹들은 내가 이 글을 쓸 당시, 1,739 부족들이었는데, 이 부족 대다수가 10/40 창문 지역, 곧 아래의 지도에 나와 있는 것처럼 북위 10도에서 40도 사이의 지역에 소재하고 있고, 10/40 창문 지역 안에 있는 대부분의 곳에서 태어난 아이는 그(또는 그녀)의 일생에 예수 그리스도의 복음을 들을 합당한 기회를 받지 못할 것이다.

그러나 나는 2,000년 말엽까지 세계에 있는 모든 곳에 태어난 모든 아이가 그(또는 그녀)의 일생에 복음을 들을 합당한 기회를 갖게 될 것이라고 믿는다. 내가 제 5장에서 언급한 대로, 이것은 인간 역사에서 우리가 우리 세대에 예수의 지상 대 명령을 완성할 수 있는 생동적인 기회를 갖는 첫 번 때이다. 나는 이것을 말함으로써 세계에 있는 모든 사람이 구원받을 것이라고 의미하는 것은 아니다. 그러나 나는 예수님의 말씀을 풀어서 이것을 설명하고자 한다. 즉 "이 천국 복음이 모든 민족들에게 증거되기 위하여 온 세상에 전파되리니 그제야 끝이 오리라"(마 24:14).

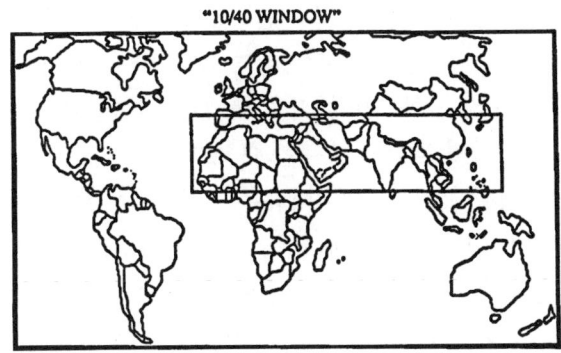

선교와 전도 전략에서 전문화를 포함하여 상당한 신뢰도를 겸손하게 주장할 때, 알려진 어떤 인간적 선교 전략이나 전도 전략도 그러한 임무를 성취하도록 고안될 수 없다고 말하는 것은 조급한 것이겠는가? 오직 주권적인 하나님은 언제나 초자연적인 능력을 가장 무시무시하게 쏟아부으심을 통하여 이 일이 일어날 수 있게 하신다. 미얀마의 "와"(WA)족의 경우에서처럼 우리가 기원후 2,000년의 비전이 실현되는 것을 보려한다면 하나님의 전능한 손길은 마땅히 풀려야 한다. 다른 길은 있을 수 없다!

> 하나님의 손길을 움직여 나라들을 구속하는 것은 무엇인가?
> 분명히 그것은 기도, 즉 성도들의 기도이다.

보좌 주위에 있는 24장로들과 네 천사들로 되돌아가 보자. 성경은 그들 각자가 하프 외에 "성도들의 기도들인 향이 가득한 금대접들"을 갖고 있었다고 말한다(계 5:8). **하나님의 손길을 움직여 나라들을 구속하는 길은 무엇인가? 분명히 그것은 기도, 즉 성도들의 기도이다.** 나는 이것을 행하는데 대한 몇 안되는 주석적 기초들이 있음을 깨닫지만 이 비전을 조금 설명하고 세계 종족 그룹들의 각 그룹을 위한 금대접이 있을 수 있다고 상상하는 것에 대해 용서받을 수 있나? 그렇다면 우리는 복음을 듣지 못한 종족 그룹들을 위한 대접들이 아직 가득차 있지 않다고 추측할 수 있다.

성도들의 기도가 있는 향의 비유는 요한계시록 8장 3-4절에 다시 언급되는데, 여기에서는 하나님의 단에서 온 불이 더해지고 땅에 놀라운 일들이 일어나는 것을 덧붙여 말한다(계 8:5). 덧치 쉬츠는 다음과 같이 말한다. "이 성경구절에 따르면 하나님께서 어떤 일을 행하는 적절한 때를 아시는 충분한 기도가 그 일을 이루도록 쌓여졌을 때 그분은 능력을 푸신다. 그분은 대접을 취하사 대접에 제단에서 온 불로 섞는다"[2]

금대접들을 기도로 채우라

이것이 사실이고 실제 상황이 최소한 **그와 같은 일**이라면 그것은 한순간 가장 중요한 선교학적 활동으로 그 대적들을 가능한 한 빨리 뒤따르도록 이 대접들을 채우는 것이다. 우리 일생에서 이전에 지상 최대 명령을 완성시켜 본 적이 없었을 때, 성도들의 기도들은 봉헌되어야 할 필요가 있다. 나의 아내 도리스와 나는 여러 해 동안 그 기도 운동에 깊이 관여하였다. 우리는 〈기원후 2,000년 운동〉의 "연합 기도 트랙"(분과)의 조정 사역을 부탁받은 특권을 생각한다. 또 우리는 기도가 얼마나 실제적으로 모든 대륙에서 동원되고 있느냐에 놀라고 있다.

나는 1990년 대가 실제적으로 그리스도교 운동사에서 중요한 해로 간주될 것인지에 대해 결국 놀라지 않을 것이다. 내가 이미 말한 대로 우리는 20년 안에 널리 알려진 가장 큰 영혼들의 수확, 가장 큰 영적 능력의 외향적 현현, 1600년 만의 가장 큰 그리스도교인 연합, 그리스도교 사업에서 제 3 세계의 가장 큰 영향, 가장 세계적인 기도 운동을 보고 있기 때문이다. 지금 우리가 보고 있는 것 중 그 어느 것도 1980년 대나 그 이전에 정확한 규모로 또 인정된 규모로 거의 예견되지 않았다.

세계 복음화를 위해 기도를 동원하는 우리의 임무는 과거에 기도 운동이 연합된 것보다 이제 더 쉽다. 우리는 우리의 일이 사람들이 기도하게 하는 것이 아니라(하나님께서 가장 놀라운 방식으로 그 일을 행하고 계시다), 기도하는 사람들이 되게 하는 것으로 본다. 우리는 중보 기도자들과 세계의 기도 사역들을 서로 연관시켜 중보 기도자와 기도 사역들이 사도행전 1장 14절에 말씀한 대로 "한마음"으로 기도하게 하려 한다. 누가가 사도행전 1장에서 120명이 한 마음으로 기도하고 있었다고 그것을 기록한 것을 생각해 볼 때, 만일 그가 지금 120 개 나라들이 "한 마음으로" 함께 기도하고 있다는 것을 안다면 어떻게 생각하였을까 하는 마음이 생긴다. 그러나 그 일이 지금 일어나고 있다.

가정 : 더 기도할수록 더 낫다

나의 가정은 "더 기도할수록 더 낫다"이다. 성경은 여러 곳에서 기도할 때 합치됨(한 마음을 품음)의 유익들에 관해 가르친다. 예수께서는 "두세 사람이 내 이름으로 모인 곳에는 나도 그들 중에 있느니라"(마 18:20)고 말씀하셨다. 나는 이것을 말함으로 기도만 하는 것이 소용이 없다거나 유익이 되지 못한다고 의미하는 것은 아니다. 그렇지만 나는 두 사람 이상의 사람들이 기도에서 합치될 때 단 한 사람이 기도하는 것보다 훨씬 더 능력있음을 말하고 있는 것이다.

더 많은 사람들이 동일한 일에 관해 함께 기도하고 있을 때
기도 능력에서 어떤 종류의 설명적인 증가가 일어난다.

우리는 구약성경에서 한 사람이 천 사람과 싸우게 배치되고 두

사람이 만 사람과 싸우게 배치될 수 있다는 말씀(신 32:30)을 보게 된다. 나는 한 카운티(道)의 말 끌어당기기 시합 우승자가 거뜬히 9천 파운드를 끌어당겼고, 차점자는 8천 파운드를 끌어 당겼다는 소문을 들었다. 그렇지만 두 말이 함께 쌍두마차가 되면 2만 5천 파운드를 끌어당길 수 있다! 마찬가지로 더 많은 사람들이 같은 일에 관해 함께 기도하고 있을 때 어떤 종류의 기도 능력에서 지수 증가는 일어난다.

나는 최근 컬럼비아에 있었을 때 이것에 대해 생각하였다. 나는 칼리에서 신자들이 내가 다른 어떤 도시에서도 들어본 적이 없는 계획을 짠 규칙성을 갖고 엄청난 양으로 기도하러 왔을 때 남아메리카 마약 카르텔의 소용돌이가 일어났음을 알았다. 이들은 칼리에서 가장 큰 축구장을 빌려 1년에 3번 철야 기도회를 가졌다. 마지막 두 집회들을 볼 때 5만 명의 신자들이 체육관을 꽉 메웠고, 수천 명이 들어오지 못하여 발길을 돌렸다. 당신은 체육관이 장시간 철야기도를 할 사람들로 가득 메꿔지기 시작했을 때 초자연적인 일이 일어남을 알 것이다!

한국 서울에서의 대집회들은 그처럼 많은 인원 회집 수치들을 여러 번 넘어섰는데 남아메리카에서처럼 정기적 계획을 짠 바탕에서 모이지 않았더라도 그랬다. 여의도 광장에서 열린 특정한 행사들은 2번 내지 3번의 경우들에서는 100만 명 이상의 사람들이 함께 기도하러 모였다. 잠실 올림픽 체육관에는 때때로 9만 명 이상이 기도회로 입추의 여지 없이 모이곤 한다.

강한 기도 용사들로 된 군대

〈기원후 2,000년 운동〉"연합 기도 분과"는 여러 가지 병렬된 방향들로 움직이고 있었는데, 소위 "창문들을 통한 기도"(Praying Through the Window) 주도 운동을 이끄는 데는 별로 그러하지 못하였다. 1991년 〈기원후 2,000년 운동〉의 국제 회장인 루이스 부쉬는 방글라데시에서 그날 한밤중에 깨어나 나에게 편지를 썼다. 이 편지를 부분적으로 공개하면 "피터 왜그너 씨, 영적 돌파와 복음의 확장을 통하여 A.D. 2,000년까지 10/40 창문 지역에서 교회가 설립되기를 원한다면 우리는 엄청난 기도와 금식 운동을 취해야 할 것입니다. 우리는 '주여, 나에게 10/40 창문 기업을 주시든지 아니면 내가 죽든지 할 것입니다'라고 탄원하는 전략 차원 기도 용사로 구성된 강한 군대를 필요로 합니다. 우리는 최소한 돌파가 일어날 때까지 기도할 준비가 되어있는 100만 명을 필요로 합니다"라고 전하였다.

그 일 직후 딕 이스트먼, 제인 한 센 보비, 바이얼리, 테드 헤거드, 루이스 부쉬, 도리스 왜그너, 앨빈으로 구성된 한 그룹은 콜로라도 스프링스 시에서 하나님의 지시를 구하기 위해 기도하러 모였다. 이들에게 이러한 질문을 하였다. "루이스 부쉬가 제안하는 대로 행하고 100만 명의 그리스도인들을 동원하여 나라들과 10/40 창문 지역의 복음을 듣지 못한 종족을 위해 한 마음으로 기도할 수 있겠습니까?" 그들의 응답은 "왜 안되겠어요? 그 일을 위해 나아갑시다!"였다.

창문 I 지역을 통해 기도하라. 예를 들면 10/40 지역의 62개 나라들(이제는 64개 나라들)에 대해 초점을 맞춰 기도하라. 이 나라들을 향해 우리 기도들을 조준하라고 해서, 세계 도처에 있는 그밖의 잃어버린 영혼들은 능력있는 기도를 필요로 하지 않는다는 말은 절대로 아니다. 스웨덴은 스리랑카만큼 기도를 필요로 하고, 브라질은 방글라데시만큼 많은 기도를 필요로 한다. 토론토는 도쿄만큼 많은 기도를 필요로 하고, 나바호 인디언들은 네팔 사람들만큼 많은 기도를 필요로 한다. 그러나 〈기원후 2,000년 운동〉의 지도자들은 하나님께서 자신들에게 2,000년 말까지 10/40 창문 지역에 주로 집중하라는 특별한 명령을 주고 계시다고 믿는다. 바로 기원후 2,000년은 그 기구의 창립을 볼 때, 존재하기를 멈추게 되는 때이다. 그렇지만 다른 운동들은 세계 다른 지역들에 초점을 맞추고 있고, 그리스도의 몸(교회)은 저들이 어디에서 발견하든 잃어버린 자들을 위해 기도하고 있다.

1993년 10월 동안 100만 명이 아닌 세계 도처에 있는 2만 1천만 명 이상의 신자들이 동일한 날, 동일한 두 나라들을 위해 기도하였다. 이들은 많은 언어로 번역되고 사방으로 배포된 기도 달력을 따랐다. 어떤 사람들은 기도 달력을 1년 내내 세계에서 가장 중복된 종이 조각이었다고도 말했다. 많은 사람들, 특히 중국에 있는 많은 사람들이 매일 라디오 방송을 통하여 기도 달력을 따르고 있었다. 창문 I 지역을 통한 기도는 대부분의 그리스도인들이 세계 기도 운동의 동시다발적인 방식에서 참여하는 기록을 남겼다고 보는 것이 무난하다.

인도의 행운 신( )을 흔들다

인도는 1993년 10월 1일 첫날 기도를 조준한 두 나라들 중의 한 나라였고, 이 나라는 그 기도의 강한 영향을 받았다. 분명히 그 날의 기도들은 하나님께서 "그의 단의 불"(계 8:5)을 더하여 금대접을 상당히 채웠음에 틀림없는데, 왜냐하면 이 일이 일어났을 때 성경은 "시끄러운 소리들, 천둥 소리들, 번개 소리들, 지진이 있을 것이라" 말하기 때문이다. 나는 이 예언이 1993년 10월 1일, 그야말로 문자적으로 성취되었느냐 하는 것을 논쟁하자는 것이 아니라 병행된 일이 매력적이었다고 말하려는 것이다.

다음은 〈타임〉 지(誌)에서 인출한 인도에서의 그날 지진 이야기이다.

> 코끼리 머리에다 올챙이 배처럼 나온 남자의 몸을 가진 주(主) 신 가네사는 힌두교의 가장 사랑받는 신들 중의 한 신, 곧 새로운 출발과 행운의 신이다. 시골에 있는 수많은 농부들은 그 신의 가장 경건한 종교의 본거지 서 인도 주 마하라스트라에 도달하고 … 밤 늦게까지 춤, 노래, 뿔나팔을 불면서 가네사 신 숭배로 10일간의 축제를 끝내고 있었다. 카나타카 주 국경 근처에 약 15,500 마을 중의 한 마을인 킬라리에서 의전들은 마을의 연못에 그 신의 우상들을 물에 적시는 의식으로 절정을 이루었다. 오전 1시 경 숭배자들은 집으로 가려고 한 바탕의 싸움을 벌이다 깊은 잠에 빠졌다. 대부분 이들 영혼은 깨어나지 않는 잠을 잤다. 오전 3시 56분, 지진은 고막을 째는 괴성으로 들이닥쳤고, 덜컥덜컥 요동치는 지각변동이 데카 평원 남부 지역을 싹 쓸어 버렸다.[3]

이것은 규칙적인 지진이 아니었다. 얼마 후 인도의 지질 학회는 그 지진에 관한 책을 출간하였는데, 그 지진은 역사상 안정된 대륙 지역을 가장 치명적으로 강타한 지진이었으며, 지질 학자들이 실제적으로 일어나리라고 생각한 지역과는 거리가 먼 곳에서 일어났다고 주장하였다.

이전 인도에서 대상을 받은 과학자였던 헌신된 그리스도인 신자요 지질 학회의 회원인 B. E. B. 자양 교수는 여러 마일 떨어진 다른 주에서 잠자고 있었을 때, 창문이 흔들리는 소리에 깨어 일어났다. 주님은 그에게 인도의 지진이 일어나지 말아야 할 곳에 지진이 나는 것을 보여주심으로써 다양한 곳들에서의 지진들이 말세의 징조가 될 것이라는 예수의 말씀들을 감동시키셨다. 그는 마태복음 24장 7절의 다음 말씀을 찾아보고 14절에서 이러한 말씀을 읽었다. 즉 "이 천국 복음이 모든 민족에게 증거되기 위하여 온 세상에 전파되리니 그제야 끝이 오리라." 이것은 그에게 하나님께로부터 온 개인적인 말씀이 되어, 그는 자신의 일생을 인도의 복음을 듣지 못한 모든 종족 그룹이 복음으로 접해지는 것을 보는데 헌신하기로 하였다. 그는 지진이 일어난 그 날, 2100만 명의 그리스도인 기도자들이 응답받았는데 자신이 그들 중의 한 사람인 것을 알지 못했다.

이것이 전부는 아니다. 그 시간까지 많은 과정이 인도 북쪽 식킴(Sikkim) 주에서 복음을 전파할 때 이루어지지 않았다. 그러나 10월 1일 식킴 사람들을 포로로 잡고 있는 영적 세력들은 약화되는 것 같았고, 그 때 이후 약 100일 간 티벳 불교도들이 회심받았다. 보고서들은 식킴의 사람들 중 10-20%는 이제 그리스도교 신자들이라고 전한다.

창문 I 지역을 통한 기도의 공동 위원장(〈국제 광채 선교회〉의 제인 한슨과 더불어)이었던 딕 이스트먼의 사역 단체 〈가정 문서 선교회〉는 새로운 세 "그리스도 그룹들"을 시작하고 있었는데, 이들 대다수가 매일 인도에서 개척되고 있는 교회들이다. 이들은 그런 종류의 결실 때문에 즐거웠다. 그러나 그 해 10월 사건에 수반된 숫자는 하루에 17 그리스도 그룹들이 생겨날 만큼 많이 증가(개척)되었다. 이스트먼은 1993년 10월 1일, 인도를 위해 2100만 명의 사람들이 한 마음이 되어 기도하고 있는 것보다 더 극적인 변화를 일으킬 수 있는 어떤 것이 있음을 알지 못했다.

　　창문 II 지역을 통한 기도는 창문 I 지역을 통한 기도에 이은 초자연적인 믿음의 물결에서 잉태되었다. 기독교 방송국(CBN)의 회장인 마이클 리틀은 위원회의 위원장직에 동의하였고, 목표물은 10/40 창문 지역의 "100 관문 도시들"(100 Gateway Cities)이 되었다. 이것은 반드시 가장 큰 100곳의 도시들은 아니었지만, 그 도시들이 영적으로 가장 중요한 도시들이었다고 믿을 이유가 있었다. 각 나라들은 목록상 최소한 한 관문 도시를 갖고 있었다.

　　여러 가지 수준 높은 참고 자료들은 "한 마음"으로 기도하는 사람들을 증가시키기 위해 배포되었다. 첫째 기도 달력과 유사한 기도 달력은 1995년 10월 며칠 간 세 도시들을 기도하라고 강조 색깔을 표시하였고, 다른 날 네 도시를 위해 기도하라고 강조 색깔을 표시해 놓았다. 많은 언어들로 된 그 기도 달력의 세계적 회람은 놀라운 것이었다. 이것의 한 가지 증거는 콜로라도 스프링스의 〈새 생명 교회〉 기도 여행팀이 만든 재미있는 발견이었다.

개교회는 변화시킬 수 있다.

새 생명 교회의 테드 해거드는 10/40 창문 지역을 위해 기도하는 교인들을 주도하고 동원하는 데 있어서 모든 개교회 목사들 중 가장 적극적인 목사이다. 그는 한 주창자로서 세계의 모든 나라와 지방의 완전한 깃발들을 거대한 예배 센터 천정에 꽂아 놓았다. 10/40 창문 지역 나라들의 국기들은 라벨을 붙여 식별할 수 있도록 진열한다. 해거드는 창문을 통한 기도 위원회의 한 위원이고, 또 그 교회는 〈크리스천 정보 네트워크〉의 직원들을 관리하고 재정도 맡는다. 이 네트워크는 10/40 창문 지역의 모든 기도 여행들을 조정하는 큰 임무를 할당받았다. 해거드는 1993년 10월에 그 교회 출신 한 팀을 인도하여 알바니아에서 기도하였다. 이들이 돌아오자마자 그는 주께 저들이 1995년 10월에 가야하는 곳을 구하기 시작하였다.

테드 해거드는 강한 도전들에 겁먹는 사람이 아니다. 창문 I 지역을 통한 기도에서 온 보고들이 〈크리스천 정보 네트워크〉를 통해 배포되었을 때, 10/40 창문 지역의 62개 나라들 중의 단 한 나라만이 1993년 기도 여행팀에 의해 방문되지 않았는데 바로 그 나라가 카타르이다. 이 나라는 사우디아라비아 옆 아라비아 걸프 만에 있는 자그마한 반도 국가이다. 그 정보 때문에 해거드 목사는 "하나님 카타르는 어째서요?"라고 기도할 정도로 자극을 받았다. 그 응답은 "카타르를 위해서도 가라"였는데 곧 그 음성은 효과를 발휘하게 되었다.

은밀한 집회에서의 기도

　카타르는 가장 동쪽 나라여서 방문하기는 멀다. 서방인들을 위한 비자들은 거의 나올 확률이 약하다. 그러나 하나님께서는 문을 여셨고, 테드 해거드와 그의 기도 여행팀은 도착한 후 며칠 간 몇 명의 추방된 신자들을 은밀히 만났다. 그 팀은 어느 날 늦게 은밀한 모임에 참석하도록 초청받아, 약속 장소에 도착할 때까지 거리들과 미로들을 거쳐 겨우 인도를 받았다. 많은 문들과 복도들과 계단들의 복잡한 곳을 거치면서 이들은 결국 어두운 모임의 방에 들어왔다. 문이 닫힌 후에야 작은 불빛을 켤 수 있었다. 창문들은 꽁꽁 닫혀있었으므로 밖에서는 아무 소리도 들을 수 없었다.
　그때 테드 해거드 목사는 한 벽에 붙어 있는 창문 II 지역을 통한 기도 관문 도시를 위한 기도 달력을 보았을 때 너무나 놀랐다! 그 신자들은 콜로라도 출신의 이 기도팀이 어쨌든 그 기도 달력과 연관되어 있는 연관성을 부각시키려하지 않았다. 왜냐하면 이들은 그것을 알고 있었으며 매일 매일 도시들을 위해 충성스럽게 기도하고 있었다. 그들은 실제적으로 세계의 모든 나라에 있는 수천 만의 동료 신자들이 자신들과 더불어, 또 자신들을 위해 "한 마음"으로 기도하고 있는 것을 알았을 때 참으로 기뻐하였다!
　그러한 예기치 않은 곳들에서 보게 된 기도 달력 외에도 예수전도단(YWAM) 출판사는 150쪽 분량의 책으로 『10/40 창문 지역의 100개 관문 도시들을 통하여 기도하라』를 출간하였다. 이 책은 각 도시마다 한쪽에 세부 사항을 적어 두었는데, 그 도시에 대한 지도와 중요한 기도 제목들이었다. 기독교 방송국(CBN)은 그것에 더하여 〈세상에 빛을 비추라〉는 제목을 붙인 비디오 테이프를 만들어 여러 나라 말로 번역해 놓았다. 이 비디오 테이프의 복사판들이 배포되어, 교회들에서 방영되고, 세계 도처의 텔레비전 방송국에서도 방영된다.

응답들을 보고하라 : 윈도 파수꾼(Window Watchman)

1995년 10월경 우리는 창문 I 지역을 통해 기도하는 사람들이 2100만 명을 넘어설 것으로 기대하는 큰 믿음을 갖고 있었다. 그래서 우리는 〈크리스천 정보 네트워크〉의 소장인 베벌리 패후에스가 주요 도시들을 위해 한 마음으로 기도하는 3600만 명의 임무를 제시했을 때 가장 충만하였다. 첫 두 번의 창문 지역을 통한 기도 주도 운동들의 결과들은 패후에스가 편집한 책들인 『윈도 파수꾼과 윈도 파수꾼 II』로 출간된다. 이 책들은 중보 기도자들에게 보고를 하려는 노력이고, 일반적으로 중보 기도자들이 어떻게 응답받느냐에 대한 그리스도의 몸(교회)에 대한 보고의 일환이다.

창문 III 지역을 통한 기도는 이 책이 저술되고 있을 때 수면하에 있었다. 목표 대상은 10/40 창문 지역의 아직까지 복음을 듣지 못한 가장 중요한 1739 종족 그룹들이다. 사람들은 기도 달력 때문에 1997년 10월, 31일간 146 "관문 대 도시들"에 집중하였다. 드디어 〈갈렙 프로젝트〉가 쓰고 편집한 『미전도 종족들』이 배포되었다. 이 책은 각 대도시를 설명하고, 그들이 기도를 배정받을 날들을 위한 그 지역의 지도들을 담고있다.

비디오 테이프 〈땅끝까지〉는 기독교 방송국(CBN)이 만들었다. 래리 스톡스틸이 목양하는 루이지애너 주 베이턴 루지의 개교회 베다니 세계 기도 센터는 복음을 듣지 못한 1,739개 종족 그룹들의 각 종족에 대한 4페이지의 명세들을 조사하고 글을 쓰고 출간하는 엄청난 임무를 맡았다. 또 다른 개교회 북캐롤라이나 주의 훼이트빌의 마이클 플레처가 목양하는 만나 교회는 새로운 데이터 베이스를 설치하였고, 17,390개 교회들을 수록하는 과정 중에 있는데 이 각 교회는 1997년뿐만 아니라 2,000년 말까지 할당받은 종족 그룹을 위해 열심히 기도하는 데 헌신할 것이다. 이것은 각 복음을 듣지 못한 종족 그룹이 매주 매달마다 자신들에게 기도를 집중해주는 적어도 10개 교회들을 가질 것임을 뜻한다.

더 한 단체가 있다. 범세계적인 구역(조) 그룹(Home-Cell-Group) 운동의 제일 가는 지도자 베다니 세계 기도 센터는 기원후 2,000년까지 할당받은 미전도 종족 그룹을 위해 기도하는 데 헌신할 10구역 그룹들을 서약시키는 데 동의했다. 이것은 10년 내에 성취되었고 내가 이 글을 쓸 때 쯤 이들은 제 2 라운드를 역사하고 있으며, 이제는 20개의 구역 그룹들이 1,739 미전도 종족 그룹들 중 각 그룹을 위해 기도하기를 결정하였다. 이것은 34,730개 그룹들이 매주마다, 매달마다 나라들의 금대접(기도)을 채우는데 돕고 있음을 뜻한다.

나는 얼마나 많은 사람들이 이 세 번째 운동에 참여할 것이냐를 추측하는 모험을 걸지는 않겠지만, 그것이 우리의 현재 기대 사항과 꿈을 뛰어넘지 않는다면 놀랄 것이다. 내가 이 모든 실정들과 인물들을 기록하는 이유는 단지 성도들의 기도가 향으로 금대접을 채우고 있는 것이라는 우리의 믿음을 세워주려는 데 있다. 이것은 하나님을 기쁘게 하고, 그분의 손길을 움직여 모든 나라, 모든 종족 그룹을, 지금까지 저들의 마음을 복음에 눈멀게 이끌어 온 어두움의 세력들로부터 해방시킨다.

기도 여행들

지난 장의 잭 그레이엄의 인용문을 되풀이하여 보자. "우리가 교회와 지역 사회간의 벽들을 허물 때 부흥이 임할 것이다." 나는 앞장에서 그리스도인들이 기도로 자기 도시들에 들어가는 신바람 나는 새로운 두 가지 길은 **찬양 행진과 기도 걷기**를 통해서라고 말하였다.

교회 밖에서 이 두 가지 형태의 기도는 구체적인 도시들보다는 온 나라들을 위한 기도 영역, 즉 **기도 여행들과 기도 탐구들**에 더 연관시킬 수 있다. 나는 창문 지역에서 기도 주도 운동을 벌이는 것에 관한 보고서들을 볼 때, 여러 번 "기도 여행들", 이를테면 테드 해거드의 카타르 기도 여행을 말하였다. 이 기도 여행들은 좀 더 설명이 필요하다.

> 당신은 여러 나라들에서 기도 여행자들의 경험에 관해 읽을 때, 주님께서 어떻게 가정에 기초를 둔 중보 기도자들에게 전쟁들이 맹렬하게 될 때 기도하라고 말씀하셨는지를 보는 것은 실감날 것이다. 저들의 기도들을 통해 상황들은 역전되었고, 언어 장벽들은 없어지게 되었으며, 성령의 능력으로 삶에 감동을 받았을 때 치유와 기적들이 일어났다.[4]

각 기도 운동은 수백만 명의 가정에 기초를 두고, 또 교회에 기초를 둔 기도하는 자들과 기도 여행을 하러 가도록 부름받고 무장된 자들로 결합되어 있는데 이들은 기도 여행에서 "통찰로 현장 기도"를 한다. 이들은 다 우리가 나라들을 위해 진실하고 능력있게 기도하기 원한다면 중요하다. 예를 들면, 『윈도 파수꾼』을 볼 때 베벌리 패후에스는 가정에 기초를 둔 기도자들과 교회에 기초를 둔 기도자들이 함께 조화를 이루는 길을 보여준다.

1993년 188기도 여행팀들은 10/40 창문 지역 나라들로 257번의 기도 여행을 하였다. 이 수치는 오직 〈크리스천 정보 네트워크〉가 보고를 받은 자들만 포함한다. 다른 많은 사람들도 여행을 하였지만 보고를 하지 않았기 때문에 어떤 사람들은 그것을 동일한 수치일 것이라고 생각한다. 팀들은 첫 번에는 오직 최소한의 영적 매핑 정보를 받음으로 무장되어 있었는데, 이 경우에 그들은 〈센티넬 그룹〉의 조지 오티스 2세가 준비한 각 나라에 대한 반쪽짜리 미니 명세만 가졌다. 그러나 나중에 이 정보는 각 나라에 대한 4쪽짜리 명세로 확장되어 역사적 배경, 미전도 종족들, 영적 경쟁, 주목할만한 추세들, 각 나라를 위한 국가적 기도 관심사 등을 포함하였다.

그 결과로 일어난 책인 『10/40 창문 진지들』은 중보 기도자들에게 가용한 가장 생동적인 정보를 담은 지침들 중의 하나이다. 조지 오티스 2세는 이 책에서 "개걸스런 식욕"을 가진 중보 기도자들은 정보를 갖는다고 언급한다. "사람들은 기도하기 원할 뿐만 아니라 지성적으로 기도하기 원한다. 이들은 저들의 기도자들이 구체적인 지역 사회들과 종족 그룹들에 휘몰아치는 영적 전투에 대한 순수한 영향을 가질 것임을 확신하기 원한다. 이들은 이것을 성취하기 위하여 정확한 목표 조준물들을 이해하고 요청한다."[5]

1995년과 1997년을 위한 조금 더 자세한 조준물들은 이미 언급한 두 책 『10/40 창문 지역 100개 관문 도시들을 통한 기도』와 『미전도 종족들』에서 발견된다. 1995년 10월, 233기도 여행팀들은 48개 나라들에서 2,465팀의 중보 기도자들이 구성되어 607팀이 기도 여행을 실시하였다. 이 수치는 공식적인 〈크리스천 정보 네트워크〉의 통계이지만 나는 1만 명의 중보 기도자들만큼 많은 사람들이 실제적으로 기도 여행을 하였다 하더라도 놀라지 않을 것이다. 왜냐하면 대다수 기도 여행이 여러 가지 이유에서 한 번도 보고되지 않았기 때문이다.

우리 원수들을 사랑하라

나는 프로젝트가 처음 모양새를 갖추고 있을 때 〈기원후 2,000년 운동〉 연합 기도 분과 일본 위원회 위원장인 폴 아리가 일본 대 도시들의 네 곳에 배정되었다. 나는 또 그에게 약 400명의 중보 기도자들이 일본에 와서 그 도시들 중 각 도시에 100명씩 배정되어 오로지 일본인들을 놓고 하나님의 축복을 빌 것이라고 말했다. 그 때 나는 그에게 이렇게 도전을 주었다. "일본이 1995년 10월, 400명의 중보 기도자들을 받는다면 400명의 일본 중보 기도자들을 10/40 창문 지역에 있는 다른 도시들로 보냄으로 상호 역할을 하면 어떨까요?"

그는 "아닙니다. 우리는 그렇게 하지 않을 것입니다"라고 흐릿하게 대답하였다. 그는 내가 그처럼 예기치 않은 말에 당황해 하는 것을 보고 빙그레 웃으며 이렇게 말했다. "우리는 400명의 중보 기도자를 보내는 것이 아니라, 800명의 중보 기도자들을 보낼 것입니다. 그 수는 여기에 오는 사람의 2배 되는 숫자입니다."

그리고 정확하게 800명의 일본 중보 기도자들이 기도하러 나갔다. 그들은 어디로 갔는가? 일본인들은 제 2차 세계 대전 때 그들이 침입한 아시아 23곳의 도시들로 기도 여행을 하기로 선택하였다. 이들은 거기서 일본이 그곳 사람들에게 자행한 잔학 행위들을 그들에게 회개하였고, 하나님께 저들의 이전 원수들에게 풍성한 복을 내려달라고 간구하였다.

창문 III 지역을 통한 기도 계획은 적어도 한 기도 여행팀이 가장 중요한 1,739 미전도 종족 그룹들의 종족 그룹 본거지에 "현장 통찰로" 기도해야 하는 것이다. 1만 6천 명의 중보 기도자들만큼이나 많은 사람들이 이 기도 운동 행사 기간, 자신의 경비로 수만 마일을 여행할 것은 당연한 일이다. 이들은 그들의 기도들이 원수의 압제로부터 허다한 무리들을 해방시키고 그들로 하여금 어두움에서 빛으로, 사단의 권세에서 하나님께로 나올 기회를 허락받게 할 때 그들이 변화시킬 것임을 믿으면서 이것을 행할 것이다.

무슨 변화가 일어나는가?

세계에서 가장 강한 세 곳의 반그리스도교 블럭(지역)들은 불교, 힌두교, 회교이다. 다른 많은 것들이 있지만 하나님 나라 확장을 방해하기 위해 깊이 웅크리고 있고 더 알려져 있고, 집단적으로 결정을 내린 블럭은 없다. 대기도 운동이 1990년 대 실제적으로 꽃을 피웠다고 말하는 점에서 옳다면, **능력있는 기도는 변화를 일으키기 시작할 것임**을 기대하게 된다. 기도는 예상되었던 대로 상당한 변화를 일으키고 있다.

내가 이 글을 쓸 때, 원래 1,739 미 전도 종족 그룹들 중 상당수 사람들이 복음을 듣게 되었다고 하는 소식들이 첫 소식으로 답지되고 있다. 〈기원후 2,000년 운동〉의 "여호수아 프로젝트 2,000"은 그러한 보고들을 검증하기 위해 체제들을 발전시키는 과정에 있지만, 아직은 자리를 잡지 못하고 있다. 나는 개인적으로 이 보고들 대다수가 사실임을 입증하고 있고, 달이면 달마다 그런 보고가 빈번하게 증가될 것으로 확신한다. 가만히 서서 주파수를 맞추어 보라!

더 구체적으로, 3대 반그리스도교 세력들을 살펴보기로 하자.

불교 : "쫓기는 중"

나는 나의 최근 관찰들을 통해 불교를 지배하는 정사들은 "쫓기고 있는 중"임을 믿게 된다. 이것은 공산주의 후에 우리 세대에서 허물어뜨려야 할 첫 번째 큰 장애물일 것이다. 불교는 오랫동안 남한에서 중대한 영향을 끼치고 있었고, 최근 더 큰 규모로 중국 대륙에서 영향을 끼치고 있다. 중국은 1980년 대 10/40 창문 지역에서 복음의 가장 밝은 새 빛이었고, 오늘날 더 밝게 계속 빛나고 있다.

그러나 1990년 대 불교계의 밝은 새 빛은 태국에 비추어지고 있는 것 같다. 나는 최근 2번의 태국 여행을 통해 우리 기도들이 태국에서도 응답되고 있고, 또 태국은 라오스, 미얀마(버마), 캄보디아, 베트남에 복음을 심어주는 데 있어서 하나님 손길의 주 도구가 될 것임을 확신하였다.

내가 태국을 처음 방문한 것은 연중 교회 수련회에서 교육 사명을 위해 〈하나님의 소망〉이라 부른 토착적인 태국 조직망과 함께 한 것이었다. 나는 그리스도교가 그곳에서 150년 간 분투하여 10,000명의 신자들이 아름다운 해변가 리조트 호텔에 모여 찬양, 기도, 식사, 훈련, 영감의 시간을 갖는 것을 보았을 때 놀랐다. 〈하나님의 소망〉 조직의 창설자인 나의 친구 조지프 옹삭은 내가 이 글을 쓸 때, 자신의 조직은 대 방콕 교회에서 24번의 주간 예배들을 갖고 있고, 태국의 거의 모든 지역 곳곳에 722 교회들을 갖고 있으며, 다른 16 나라들에서 '하나님의 소망 교회들'을 갖고 있다고 전한다.

내가 두 번째 태국에서 사역 임무를 가진 것은 3,500명의 지도자들이 모인 대회 기간 동안 그들을 가르치는 것이었는데 저녁마다 6,000명 이상이 모여 입추의 여지가 없었다. 이들은 주로 오순절 교도들이었지만, 상당수 전통 교파들 출신의 지도자들도 거기에 있었다. 다른 두 유명한 강사들은 T. L. 오스본과 조용기 목사였는데 두 사람 다 태국 상황을 내가 아는 것보다 더 잘 알았다.

내가 그들에게 태국 상황에 대해 질문하였을 때, 오스본은 다음과 같이 답하였다. "나는 1956년 처음 태국에 오기 전까지 세계 많은 나라들에서 아주 어렵게 복음을 전하고 있었습니다. 태국은 내가 그때까지 방문한 나라 중에서 가장 어두운 나라인 것으로 판명되었고, 나는 그 이후로도 태국보다 더 어두운 나라에 가보지 못했습니다. 그러나 무엇인가 변화가 일어났습니다. 1996년 하나님의 성령은 분명히 이 나라에 값없이 흐르고 계십니다."

조용기 목사는 태국 상황에 대해 다음과 같이 답하였다. "나는 20년 간 태국에 정기적으로 왔습니다. 나는 매번 올 때마다 이 나라에 편만한 영적 압박 때문에 아픔을 느꼈습니다. 그러나 지금 나는 여기에서 처음으로 완전한 영적 자유를 느끼고 있습니다."

몇 명의 태국 교회 지도자들은 이제는 태국인들을 그리스도께 인도하는 것은 쉽다고 나에게 말하였다. 내가 그들에게 언제 그런 변화를 알아차렸느냐고 묻자 저들은 추측하건데 1993년 10월 경

아마도 2,100만 명의 신자들이 태국 복음화를 위해 하루동안 한 마음이 되어 기도한 바로 그 첫날 쯤에 변화가 일어난 것 같다고 했다.

그렇다! 기도는 진정으로 변화를 일으키고 있다!

힌두교 : "최악으로 난타당하다!"

힌두교를 지배하는 귀신적인 정사들은 "최악으로 난타당하고 있다. 히말라야 산맥에 있는 네팔은 세계에서 유일한 힌두교 국가이고, 최근 10/40 창문 지역에서 가장 밝은 복음의 빛들 중의 빛이 되었다. 그 씨앗들은 오랫동안 〈네팔 연합 선교단〉의 사회 사업, 더 최근 〈대학생 선교회〉의 〈예수〉 영화, 〈가정 문서 선교회〉의 문서 배포, 기타 선교회들에 의한 사역을 통해 뿌려졌다.

많은 네팔 그리스도인들은 그리스도께 회심했다는 것 때문에 6년 간의 감옥 선고를 받아 벌을 치르고 있었다. 그 다음 1990년 상당한 기술적 변화들이 국가적 헌법에서 일어났는데, 그것은 조금 더 자유를 허락하는 것이었다. 네팔에서는 여전히 그리스도께 회심하는 것이 범죄로 여겨지지만, 이제 법은 엄격하게 강제 구인하지 않고, 교회들은 북에서 남으로, 동에서 서로 배가되고 있다. 내가 최근 큰 예배 센터와 성경학교(신학대학) 봉헌을 도우려 네팔을 방문하였을 때, 지도자들은 이 나라의 20만-30만 명이 그리스도인이 되었다고 추산하고 있었다. 어떤 이는 교회들이 카트만두 수도에서만도 아주 빠르게 배가되고 있어, 수치를 계산하는 것이 불가능하다고 말했다.

내가 앞에서 언급한 극적인 인도 지진은 가장 큰 힌두교 진지인 인도가 "난타당한" 한 가지 증거일 뿐이었다. 인도의 대부분 그리스도인들은 남부에서 시작되었지만 **표적과 기사들을 통한 돌파들과 교회 배가에 대한 많은 소식들이 이젠 북부 인도에서도 답지되고 있다.** 예를 들면 이전에 그리스도교에 강하게 저항한 식킴의 히말라야 주는 실제적으로 1993년 10월 이후 개방되었다. 어떤 보고서들은 신자들이 어떤 곳들에서는 20%, 심지어는 30%를 점유할 정도로 올라가고 있다고 말한다.

〈선교 21 인디아〉의 존 드브리스는 1995년 10월 캘커타를 방문하였다. 그는 다음과 같이 전한다

> 나는 캘커타에 여러 번 갔고, 내가 그곳에 갈 때마다 가장 우울한 체험을 한다. 나는 두려움이 계속되는 우울증을 가졌는데, 그 우울함은 그곳에서 증가되었고, 몇 주간이 지나서야 회복된다. 그러나 1995년 10월은 완전히 달랐다. 나는 월요일에 공항에 도착하여 그곳이 아주 깨끗하고 찬란하고 맑아 보이는 모습에 놀랐다! 호텔로 갔을 때 나의 감정은 가벼웠다. 나는 낙관으로 가득차 있었고 승리감으로 충만하였다. 나는 캘커타 거리들을 여행하면서 내 영에서 일어나는 찬양 노래에 아주 놀랐는데, 그 찬양은 갑작스럽고 신비하여 보통 때 느꼈던 어두움이나 두려움이 없어 보였다.

나는 호텔에 투숙하였을 때, 4층에 캐나다 알버타 캘거리에서 온 기도팀이 있다는 정보를 받았고, 그 다음 나는 어떠한 일이 벌어지고 있다는 것을 깨달았다. 그때는 창문 II 지역을 통한 기도의 달

이었다. 세계 도처에서 온 그리스도인들은 10/40 창문 지역의 대도시들을 위해 기도하고 있었다. 이날은 월요일이었고, 수요일 나의 기도 달력에는 3,600만으로 추산되는 사람들의 기도가 캘커타에 집중될 것임을 나에게 알려주고 있었다. 나는 **칼리**(즉 검은 멸망 여신이 그 지역의 주 신)가 잠정적으로 토지들을 선정하여 자기와 함께 많은 동료 귀신들을 데려오는 이상한 느낌을 받았다. 그 시를 귀신적 스모그(연기)로 덮고 있는 어둡고, 우울하고, 영적인 일상적인 구름이 하나님의 백성들의 기도에 의해 걷혀가고 있었다!⁶⁾

기도로 10/40 창문 지역의 힌두교 진지에서 변화가 일어나고 있는가? 그에 대해서는 드브리스에게 물어라.

회교 : "깊은 관심을 갖다!"

회교를 지배하는 정사들은 3 영역 중에서 가장 강한 영역이다. 나는 "쫓기는 중" "최악으로 난타당함"이라고 말할 수 없지만, 이 정사들은 분명히 "깊은 관심을 가진" 것처럼 보인다. 이 정사들을 흔든 한 가지 발전 사항은 인도네시아, 즉 세계에서 가장 큰 회교 국가의 많은 수의 회교도들 가운데서 당혹스럽게 일어나는데, 이들은 회심이 정부에 의해 공적으로 금지되어 있는데도 불구하고 계속해서 그리스도인들이 되고 있다. 정부는 그들의 체면 때문에 그 나라의 종교 통계(인구조사)를 공적으로 공표하지 않는다.

라마단을 통한 기도. 정부는 라마단(매년 1월과 2월 다른 시기에 준행됨)의 아주 거룩한 금식 기간 동안의 회교 기도 집중이 있는 연중 30일 간 깊은 관심을 갖고 있어야 한다. 라마단 기도는 회교도들의 "다섯 믿음 필라스(Five Pillars)" 즉 증거, 기도, 구제헌금,

금식, 순례 중 하나인데, 이들은 이 30일 간 해가 뜰 때부터 해가 질 때까지 금식한다. 신성한 30일 간의 기도 지침은 이제 회교들에게 가용하고, 매년 개정된다. 흐름이 있는 어린이용 지침도 가용한다. 기도 지침이 이제는 인터넷(컴퓨터 E-mail)으로도 가능하기 때문에 10억의 그리스도인들은 매년 30일 간 "한 마음으로" 회교도들을 위해 열심히 기도할 수 있다.

우리는 항상 우리 교인들에게 회교도들을 축복 기도하라고 가르친다. 우리는 한 번도 그들을 저주하며 기도하지 않는다. 더욱이 우리는 하나님께서 회교도들의 기도에도 응답해달라고 기도하라고 권장한다. 이 금식 기간 동안 회교도들의 주 기도 중의 하나는 "당신 자신을 나에게 알려 주시옵소서"이다. 우리는 이 점에서 저들과 일치한다. 1990년 대에 들어와서 회교도들에 더 많은 신적인 방문에 대한 보고들이 지난 100년 간 합산한 것보다 더 많이 답지되고 있는 것은 우연의 일치가 아니다. 어쨌든 복음을 증거하는 것이 금지되어 있는 그 지역에서, 밝은 빛들이 비춰지고 있고, 천사들이 나타나고 있으며, 예수께서 나타나시고, 치유들이 일어나고, 음성들이 들려지며, 비전들이 생생한 꿈들로 복음 메시지를 의사소통한다.

기도 탐사들

내가 이미 말한대로, 우리 교회 밖에서 하는 더 새로운 형태의 두 가지 기도는 기도 여행들과 기도 탐사들이다. 기도 여행은 전형적으로 특정한 선정 장소를 여행하며 며칠간이나 한 주간 기도한 다음 집으로 되돌아오는 팀을 말한다.

기도 탐사는 상당히 더 깊은 헌신이 요청되는데, 기도 탐사팀은 보통 걸어서 한 선정 장소에서 다른 선정 장소로 여행하며 성령의 임재와 역사에 전 지역들을 개방하는 것이기 때문이다. 기도 탐사들은 최근 베를린에서 모스크바까지, 샌디에고에서 샌프란시스코까지 실시되었고, 미국 남부의 주들 사이에서 전쟁 기간 셔먼 장군의 행진로를 따라 가면서 북군이 남군에, 남군이 북군에 입힌 상처를 치료하는데, 나는 여기서 소수의 장소 이름만 댔다. 이러한 기도 탐사들의 기준들을 성취시키려면, 또 기도 행위가 능력있는 종류의 것이 되려면, 실속있는 양의 기획과 가장 높은 질의 영적 매핑(지역 조사를 통한 진단과 처방)이 요청된다.

십자군 원정(전쟁)들에 대해 회개하라

회교로 되돌아가 보자. 나는 이슬람을 지배하는 정사들을 대하는 최근 한 가지 기도 주도 운동이 화해 걷기라고 생각한다. 나는 1996년 부활 주일에 독일 콜로네에 있었는데, 그 날은 은둔자 베드로가 주도한 제 1차 십자군 원정(전쟁)의 출발 900 주년을 기념하는 날이었다.

나는 예수 전도단에 속한 로렌 커닝햄, 린 그린과 더불어 첫 기도 탐험 팀을 위해 기도하고 사명을 부여하도록 도왔는데, 이 팀은 유럽, 발칸 반도, 터키, 중동을 거치며 제 1차 십자군 원정(전쟁)으로 알려진 모든 루트(노정)를 걷기 시작하여 1999년 7월에 예루살렘에 들어가게 계획되어 있다. 예상된 수많은 그리스도인들이 영국 런던 린 그린의 사무실이 조정한, 짧든 길든 특정한 시간 동안 다음과 같은 한 가지 활동 항목을 선택하면서 이 기도 탐험에 참여한다. 그 활동 항목은 우리 그리스도교 선임자들이 회교도들과 유태교도들에 반대해 범한 죄들에 대한 **진실한 집단 회개**이다.

　이 기도 팀은 부활 주일 오후 콜로네 사원에 들어가는 것을 허락받아, **이맘**(즉 목사에 해당하는 회교도 지도자)에게 한 쪽 분량의 회개 선언문을 읽어주었다. 이들이 회개 선언문 낭독을 끝냈을 때 이맘(회교 지도자)의 눈에는 눈물이 역력하였다. "이 메시지는 놀랍습니다. 이 생각을 가진 사람은 누구든지 하나님의 현현을 받아야 합니다!"라고 이맘은 말했다.

　이맘은 아주 감동받아 독일에 있는 모든 600 사원들에 메시지를 보내기로 약속하였는데, 그는 나중에 그 사원들에 계속적으로 그렇게 하였다. 여러 주 후에 한 기도팀 회원은 오스트리아 비엔나에서 약 3,000 회교도들이 모인 거대한 옥외 집회에 가게 되었다. 그녀는 지도자가 군중들에게 다음과 같이 말할 때 깜짝 놀랐다. "그리스도인들은 그들이 우리 회교도들에게 저질렀던 십자군 원정대들의 죄상을 유럽 곳곳에서 회개하고 있습니다. 이것은 놀랍습니다. 이제 우리는 우리가 그리스도인들에게 지었던 '죄를 회개하기 시작할 때'라고 생각합니다!"

　1996년 10월, 기도팀이 터키에 도착하였을 때 그들은 놀라운 환영을 받았다. 린 그린은 다음과 같이 전한다.

> 기도팀은 터키 경계선 지역에 도착하면서 그들의 예상을 훨씬 뛰어넘는 환영을 받았다. 나는 열흘 전에 이스탄불에 있었고 연합 신문사의 총무와 면담하고 있었.
> 그 기사는 기도팀이 도착한 그 날 출간되었으므로 이들은 자신들을 수반한 TV 카메라들, 기자들, 반테러 경찰 요원들의 영접을 받았다.[7)]

이스탄불에서 부회장 무프티, 즉 그 시의 회교 지도자 중에 두 번째로 큰 권세가 있는 자는 그의 사무실로 기도팀의 25명을 개인적으로 초대하였고, 온정과 감사로 그들을 환영하였으며 "이 메시지는 터키를 위해 아주 중요합니다"라고 전하였다.

과거의 상처들을 치료하라

내가 이것을 중요시 하는 이유는 제 5장에서 한 몸시하는 회개에 관해 전한 것과 관계가 있다. 회교도들은 오랜 세기 동안 가장 저항적인 반그리스도교 블럭(지역)들이었다. 무엇보다도 사단에게 사람들의 마음이 그리스도의 복음에 눈멀게 할 법적 구실을 제공하는 주요한 진지는 그리스도인 십자국 원정대들이 세워 놓았다. 그들은 1099년 예루살렘에 입성할 때 무자비하게 3만 명의 회교도들을 살해하였고, 6천 명의 유대교도들을 산 채로 매장하였다. 이들은 이 모든 짓을 십자가의 깃발 아래서 행하면서 자신들은 예수 이름으로 이 일들을 행하고 있다고 선언하였다! 우리 교회에 있는 많은 그리스도인들은 이러한 짓들과 심지어는 더 악한 잔학 행위들을 깨닫지 못하지만, 회교도들은 깨닫지 못하는 것이 아니라 이러한 짓들이 마치 지난 주간 일어났던 일인 것처럼 생생하게 간직하고 있다.

나는 이러한 행동에 대해서 스웨덴의 키엘 죄베르크가 한 다음의 말을 좋아한다. 그는 다음과 같이 말했다.

결코 처리되지 않은 죄책은 귀신 세력들에 대한 공격의

초청이다. 우리는 강한 자를 속박하기 전에 원수에게 점령할 법적 권한을 준 죄들을 처리해야 한다. 마귀와 그의 정사들은 십자가 상의 예수께 패배당하였고, 결코 취소되지 않은 옛 방문들에 의존하고 있지 않는 한 계속 머물 수 없는 것이다.[8]

범죄의 규모에 비례한 진정한 회개는 중요한 도구인데 능력있는 어두움의 세력들이 오랜 세기에 걸쳐, 계속 성공적으로 모하메드의 포로가 되어 따르는 자들이 되게 한 것을 초토화하도록 도울 중요한 도구이다. 화해 걷기는 하나님께서 이슬람의 장애물들을 복음에 활짝 열도록 사용하시는 도구인데, 이것은 수많은 사람들에게 예수 그리스도를 통하여 개인적으로 하나님의 사랑을 체험하는 길을 활짝 여는 도구가 될 것이다. 이것이 옳다면 이슬람을 지배하는 귀신 세력들이 "깊은 관심을 가지고 있다"라고 줄여 말하는 것은 놀라운 일이 아닐 것이다.

"새로운 노래"를 부르라

성령은 어디에서든지 나라들을 위해 기도하는 하나님의 사람들을 부르고 계시다. 이들은 지수적으로 늘어나는 수치로 반응하고 있다. 금대접(기도)은 빠르게 채워지고 있다. 이제부터 장로와 네 생물들이 보좌에 있는 어린 양에게 "새 노래"를 부를 수 있는 것은 아주 오래 걸리지 않을 것이다. "책을 가지시고 그 인봉을 떼기에 합당하시도다. 일찍 죽임을 당하사 각 족속과 방언과 백성과 나라 가운데서 사람들을 피로 사서 하나님께 드리시도다"(계 5:9).

❖ 생각할 문제들 ❖

1. 세계의 모든 나라들은 기도를 필요로 한다. 그러면 왜 10/40 창문 지역의 나라들에 그 처럼 큰 강조점이 주어지는가?

2. "더 기도할수록 더 낫다"라는 의견을 당신은 어떻게 생각하는가? 더 큰 양의 기도에 더 큰 능력이 있단 말인가?

3. 불교, 힌두교, 회교에 대한 영적 세력들에 대한 보고들을 복습한 다음 그 세력들에 대해 논평하라.

4. 제 1차 십가군 원정의 노정들을 따라가는 화해 걷기의 가능한 효과들을 논의해 보라.

더 자세한 참고서들

- 조지 오티스 2세 편집 『10/40 창문 지역의 진지들』(Strargholds of the 10/40 Window, 1995). 이 책은 10/40 창문 지역 62개 각 나라의 중보 기도자 명세를 포함한다. 나라들을 겨냥한 기도는 필수적이다.
- 덧취 쉬츠『중보 기도』(Intercessory Prayer, 1996). 이 책은 공격적인 기도에 관한 최근의 논쟁점을 구상한 교과서이다.
- 드보라 샌더스 편집 『생명을 변화시키는 만남들』(Life-Changing Encounters, 1995). 이 교본은 단기 선교 여행을 가기 원하는 자들을 위한 것인데, 미전도 종족 그룹들을 연구하는

데 도움을 준다. 이 책은 실제적인 충고로 가득차 있다.
- C. 피터 왜그너, 스티븐 피터스, 마크 윌슨 편집 『100대 관문 도시를 통해 기도하라』(*Praying Through the 100 Gateway Cities*, 1995). 이 책은 각 10/40 창문 지역 관문 도시의 명세들과 기도 사항들을 포함한다.
- 패트릭 존스톤, 존 핸너, 마티 스미스 편집 『미전도 종족들』(*The Unreached People*, 1996). 이 책은 146개 대도시들을 수록하는데, 그 대도시들은 10/40 창문 지역의 아직 복음을 듣지 못한 중요한 1,739개 종족 그룹들을 포함한다.

Notes
1. This story of the Wa was reported in the *Jesus Film Project* newsletter 12, no. 3 (March 1996), and distributed on the Internet by Steve Bufton, Friday Fax 34, September 19, 1996.
2. Dutch Sheets, *Intercessory Prayer* (Ventura, Calif.: Regal Books, 1996), p. 209.
3. "While They Slept," *Time* (October 11, 1993).
4. Beverly Pegues, ed. "Introduction," *WindoWatchman* (1994): 12.
5. George Otis Jr., ed., *Strongholds of the 10/40 Window: Intercessor's Guide to the World's Least Evangelized Nations* (Seattle: YWAM Publishing, 1995), p. 9.
6. Personal correspondence from John DeVries.
7. Personal letter to C. Peter Wagner from Lynn Green, November 8, 1996.
8. Kjell Sjöberg, "Spiritual Mapping for Prophetic Prayer Actions," *Breaking Strongholds in Your City*, ed. C. Peter Wagner (Ventura, Calif.: Regal Books, 1993), pp. 108-109.

10 장
혁신적인 기도를 하라

이제 능력있는 기도, 영적 매핑, 한 몸시하는 회개, 기도 걷기, 기도 여행들, 교회들 밖에서 기도함에 관한 말씀이 그리스도의 몸(교회) 곳곳에 전파되고 있으니까 창조적으로 해방받은 자들에게 거의 한계가 없는 것인가? 크든 작든, 기도 운동에 들어가는 순수한 기쁨은 하나님께서 진정으로 이 실체들을 사용하사 변화를 일으키시고, 잃어버린 영혼들을 그의 나라로 이끄실 것이라는 믿음으로 동반된다. 나는 우리가 오늘날 교회사에서 이전에 있었던 것보다 더 혁신적인 기도를 하는 것을 보고 있다고 믿는다. 이 장은 단지 겉을 훑어보는 것뿐 아니라 몇 가지 흥미있는 사례들을 살펴볼 것이다.

예를 들면 미국에서 5월 매 첫주 목요일은 전국 기도일로 지정되었다. 전국 기도 위원회는 〈기도 합주회〉의 데이빗 브리이언트가 위원장이고, 〈가정 집중 선교회〉의 셜리 돕슨이 〈전국 기도 임무 요원의 날〉을 이끈다. 1995년 전국적으로 텔레비전을 통해 방영된 기도 합주회는 이 행사의 일부가 되었고, 고위직의 상당수 그리스도교 지도자들의 개인적 참여를 이끌었으며, 그 목적을 위해 모이는 가정과 교회 그룹들에서 자발적인 기도권을 주장하며 수많은 사람들이 연합하였다.

땅, 바다, 공중으로의 기도 침투

가장 혁신적인 기도 지도자들 중에는 수확 전도의 에드 실보소가 있는데, 그는 기도 전도에 관한 중요한 교과서인 『아무도 멸망하지 않도록』의 저자이다. 실보소는 얼마 전에 샌프란시스코 만 지역의 목사들과 만나 사정 탐구 여행을 한 후, 그 지역에 편만한 일종의 "영적 잉태"를 인식하였다. 그 지역 거의 모든 도시에서 목사들은 기도를 위해 함께 모이기 시작하였다. 모인 자들이 볼 때 그 기도회들은 1996년 전국 기도일에 전 샌프란시스코 만 지역에서 특별한 어떤 일을 행할 정도로 때가 무르익은 것처럼 보였다. 소수의 도시들만 이런 방법을 놓고 기도하였다.

1996년 5월 2일 9시, 4대 기도 행사들이 동시 다발적으로 시작되었다.

1. 비행기들은 대도시 지역의 기도 옷을 입은 중보 기도자들을 실어나르면서 그 지역의 모든 공항에서 이륙하였다.
2. 기도하는 자들을 가득 태운 배들은 항구를 출발하여 하

나님의 능력을 그분께 구하면서 샌프란시스코 만의 모든 물결을 헤쳐 나가며 항해하였다.
3. 오토바이를 타는 사람들은 엔진을 켜고 하루종일 간선 고속도로들을 따르면서 기도하였다.
4. 중보 기도자들은 버스에서 트롤리로, 트롤리에서 페리로, 페리에서 등산로로 이동 기도하면서 전 지역을 종횡무진하며 모든 종류의 대중 교통 수단에 올랐다.

한 그룹은 시청 기관들에서 기도하였다. 이전에 적합한 영적 매핑을 행한 팀들은 어두움의 핵심 진지들로 기도 여행을 하면서 그 지역의 사악한 영적 무리들과 싸움을 벌였다.

그러는 동안, 신자들은 역대하 7장 14절을 생각하면서 샌프란시스코 만 지역을 에워싸고 있는 일곱 도시들에서 오후 7시 14분에 모였다. 각 시에서 온 한 그룹의 목사들은 주님 앞에서 자기 도시의 기도회 참석자들을 통해 사명을 받았다. 그 다음 이들은 버스에 타고 다음 도시로 함께 여행하며, 그 길을 따라 조사된 특정한 장소들과 그곳 사람들의 요구들을 놓고 기도하였다. 이들은 거기에 모인 그룹과 함께 기도하였다. 그런 식으로, 우리가 논의한대로 한 지역의 영적 문지기들인 목사들은 샌프란시스코 만 지역 주위에서 각 그룹이 다음 도시로 여행하게 함으로 완전한 기도 그룹을 발전시켰다. 그날 저녁 한 지역 라디오 방송국은 찬양, 축하, 주의 만찬을 집행하도록 함께 모인 모든 아홉 도시들을 연결시켰다. 더 위대한 샌프란시스코! 참으로 놀라운 기도의 날이었다.[1)]

그렇지만 거기에서 그것으로 끝나지 않았다. 그 이후에 샌프란시스코 만 지역에는 새로운 영적 분위기가 팽배하였다. 1997년

1월, 240명 이상의 목사들이 〈기도 정상〉 모임에 함께 모였다. 빌리 그레이엄은 거기서 대 전도 대회를 열기로 동의하였고, 내가 이 글을 쓸 당시, 그 지역 곳곳에 15,000 "기도 등대들"을 세우기 위해 운동하고 있었다.

라디오 전파에서 기도

제 8장에서 나는 브라질 고이아니아의 여자 중보 기도자들에 대해 말하였다. 이들은 정부 관원들에 의해 중차대한 감옥 소요를 다룰 때, 그 지침을 제공하도록 부름받았다. 그러한 일이 일어나게 하는 길을 여는 데 있어서 열쇠는 그 도시를 누빈, 매일 라디오와 함께 하는 기도 모임이었다. 이제 이들은 금요일마다 최소한 2시간 이상 가정의 라디오 옆에서 "한 마음으로" 기도하는 10만 명 이상의 고이아니아 사람들을 갖고 있는 것으로 추산된다.

우리는 3,600만 명이 창문Ⅱ 지역을 통한 기도 주도 행사에 참여하였다는 보고에 접하면서, 중요한 사실을 하나 발견했다. 즉 단일 기도하는 자들의 가장 큰 블럭(지역)이 중국 대륙에서 발견된다는 것이다. 이들은 가정 교회들에 있는 사람들인데, 믿음을 위해 핍박을 받았고, 그리스도교의 책들, 잡지들, 성경들 같은 소수의 자료들만 갖고 있는 사람들이다.

이 중국 그리스도인들은 극동 방송국과 같은 그리스도교 라디오 방송국들의 주파수를 맞추는 방법들을 발견하였고, 이들 대다수는 아주 충실한 청취자들이다. 이들은 하루하루 동일한 시간대에 동일한 프로그램들에 귀를 기울이는 것이 습관화 되어버렸다. 중요한 〈국제 그리스도교 라디오 사역〉 선교회는 이것을 다 알기에 창문을 통한 기도 운동에 참여하고 있다. 중국을 위해 방송을 하는 자들은 (한국 극동 방송에서 송출하든 기타 어디에서 송출하든) 그들의 음성이 수많은 열성적 청취자들에게 알려져 있는데, 만다린어나 칸톤어나 기타 중국 방언들로 실제 기도 모임들을 이끈다. 이들은 능력 있는 동시 다발 기도를 자극하려는 목적에서 회람되고 있는 기도 달력들, 책들, 기타 자료들의 지침을 따른다.

페루는 20년 간 악명 높은 게릴라들이 들끓는 큰 먹구름 하에 있었다. 이외 몇 나라들만이 그 당시 페루가 살인, 방화, 테러, 무정부 상태로 고통을 겪고 있던 것보다 더 고통을 받고 있었을 것이다. 이 나라 복음주의 교회들의 활동에 도덕이라는 뚜껑을 올려놓는 것(윤리 강조)은 한때 어느 정도는 효과가 있었다. 그러나 지금은 페루가 모든 라틴 아메리카에서 가장 역동적인 전도와 교회 성장을 향유하고 있을 정도로 일들이 완전히 달라졌다.

왜 그러한 변화가 일어났는가? 나는 최근 페루를 방문하여 그 질문에 대한 답변을 그리스도교 지도자들로부터 얻었다. 많은 사람들이 과테말라 목사인 해롤드 카발레로스와 스페인어를 쓰는 미국인 〈영적 전투 네트워크〉 지도자들이 연속적으로 방문한 것을 지적했다. 그는 그들에게 **전략 차원 중보 기도로 압박적인 어두움의 세력들을 물리칠 수 있다고** 가르치기 시작하였다. 그것은 중요한 열쇠였다. 그렇지만 더 많은 지도자들은 그 변화는 라디오 파시피코(1993년경 라디오 전파를 통해 신자들을 정기적으로 기도하는 데 하나가 되게 한 그리스도교 라디오 방송국)에 의해 일어났다고 말한다. 내가 방문하였을 때, 2만 명이나 되는 사람들이 자기 나라와 당국자들을 위해 "한 마음으로" 정기적으로 기도하고 있었다. 그 결과는 무엇인가? 페루는 선한 방향으로 혁명적인 변화를 받았다!

어린이들도 기도하고 있다.

　많은 사람들은 하나님께서 6살 내지 14살, 또는 그 이상된 많은 수의 어린이들을 기도자로 일으키고 계심을 처음 보았을 때 놀랐다. 이 어린이들은 장년 수준에서 기도하고 있다. 이것은 동떨어져 있는 현상인 것처럼 보이지 않는다. 왜냐하면 어린이 기도 운동에 대한 지속적인 보고들은 세계의 여러 다양한 나라들에서 답지되고 있기 때문이다.

　성경적인 그리스도인들은 하나님께서 그러한 일을 행하시는 것을 믿는데 문제가 없을 것이다. 예수께서 성전을 청소하실 때 예수의 "기록된 바 내 집은 기도하는 집이라 일컬음을 받으리라"(마 21:13)는 말씀은 유명하다. 그렇지만 동일한 때에 대제사장들과 서기관들은 어린이들이 큰 소리를 높여 "호산나 다윗의 자손이요" (21:15)라고 말하면서 찬양하고 있는 것을 불평하고 있었다. 예수께서는 이들에게 "그렇다! 어린 아기와 젖먹이들의 입에서 나오는 찬미를 온전케 하셨나이다 함을…"(16절)이라고 응답하셨다. 이에 대해 첨가해서 더 말해보자.

　예수께서는 시편 8편을 인용하고 계셨는데, 이 말씀에서는 **어린이들의 기도가 영적 전투에서 큰 힘이 됨**을 계속 증거하고 있다. 그는 어린이들의 입에서 나오는 것이 "원수와 보복자를 잔잔케"(시 8편 2절)할 것임을 말씀하고 있다. 아마도 그것은 예수께서 우리에게 "우리가 어린 아이와 같이 되지 않으면 결단코 천국에 들어가지 못하리라"(마 18:3)고 말씀하신 이유들 중의 하나인 것 같다.

　플로리다 주 웨스트 팜 비치의 〈국제 에스더 네트워크〉는 세계 도처에서 세계 복음화를 위해 기도할 어린이들을 동원하고 조직하는 일을 주도하고 있다. 에스더 일니스키는 〈기원후 2,000년 운동〉 연합 기도 분과와 연결시켜 여러 나라들 출신으로 구성된 40명의 어린이 중보 기도자 팀을 만들었다. 이들은 1995년 한국 서울에서 개최된 거대한 〈기원후 2,000년 세계 복음화 국제 대회〉에 공식적인 대표자들로 와 어른과 같이 동일한 지위를 받아 등록하였다. 능력있는 어린이들의 기도에 대한 소문은 널리 퍼졌고, 이들 중에서 가장 널리 존경받는 세계 그리스도교 지도자들 중의 일부인 장년들의 대열도 매일 매일 어린이들로부터 개인적 기도 사역을 받기 위해 자기 차례를 인내하며 기다리고 있었다. 1995년 〈세계 복음화 국제 대회〉 대표자들로부터 온 지속된 보고서들은 자주 어린이의 기도들이 그 대표자 자신들의 삶과 사역들에서 얼마나 중요한지를 전하였다. 에스더 일니스키는 내가 이 글을 쓸 당시, 거의 200만 명에 달하는 기도하는 어린이들을 접촉하여 조직하고 있다고 보고했다.

> 학생들은 매년 9월, 특정한 날 학교가 수업을 개시할 즈음 국기봉 주위에서 손을 잡고 기도한다. …
> 그것은 교회와 국가의 분리를 위반하지 않는 것이다.

"국기봉 앞에서 만나요"는 처음에는 미국의 중·고등학교를 겨냥한 혁신적인 기도 주도 운동이었는데 그 이후 세계 다른 대륙들로 퍼져 나갔다. 1990년 텍사스 벌레슨에서 그리스도교 청년 그룹 출신의 한 그룹의 학생들은 주께서 자신들에게 자기 학교로 가 기도하기 원하심을 느꼈다. 이들은 하나님께 순종하였다. 처음에 그것은 그들의 목사 빌리 비첼에게는 다른 기도 모임인 것처럼 보였다. 그러나 하나님의 섭리 안에서 소문은 퍼져 나갔고, 나라 방방곡곡의 청년들이 "우리는 저들이 텍사스에서 행하고 있는 것을 행하기 원합니다"라고 말하기 시작하였다. 이제 캘리포니아 주 샌디애고의 청년 사역 전국 조직은 한 운동이 된 것을 조정하는데 협력한다.

모든 학교는 마당에 국기봉을 갖고 있기 때문에 그곳은 기도하는 장소가 되었다. 학생들은 이제 매년 9월, 특정한 날 학교가 수업을 개시할 즈음 국기봉 주위에서 손을 잡고 기도한다. 1996년 미국 고등학교의 약 75% 정도인 300만 명 정도의 생도들이 국기봉 앞 기도회에 참석한 것으로 추산되었다. 미국 대법원은 일부 강하게 기도를 반대하는 자들의 불평에 응답하여, "국기봉에서 만나요" 모임을 교회와 국가의 분리를 위반하지 않는 헌법적 활동으로 판정하였다.

금식과 기도

나는 오랜 세월 그리스도인으로서의 체험을 통하여 금식은 성경적임과 그리스도인들은 마땅히 금식을 해야 하는 것으로 인정하였지만, 금식은 결코 내 개인 생활 방식의 일부로 큰 자리를 차지하게 되지는 않았다. 첫째로 나는 금식에 대하여 모범적인 역할 모델들을 갖고 있지 않았다. 나는 금식을 했다면 금식한 것을 너무 떠벌리지 않는 것, 특히 당신이 금식하는 것을 누구에게인가 말하지 않는 침묵이 좋다는 일반 합치점에 공감한다. 예수께서는 우리가 금식할 때 은밀한 장소에서 금식을 하고 아무에게도 알리지 말라고 말씀하시지 않았는가(마 6:18)? 나는 성경의 잘못된 적용 때문에 그 당시 우리 대다수 기도자들은 당연히 받았어야 한 참 능력이 없었다고 생각한다.

그러나 이 괄목할만한 1990년 대를 볼 때, 금식은 신학적 노선을 초월하여 그리스도인 지도자들의 활약 무대에서 참으로 중요한 주제가 되었다. 이 얼음을 깨는 자는 대학생 선교회의 빌 브라이트였다. 그는 주님으로부터 1990년 초엽 개인적으로 40일 금식을 계속하라는 인도를 받았다. 빌 브라이트는 일부 그의 동료들과는 달리 온 그리스도의 몸(교회)에 이 중요한 금식에 대해 말하는 것을 침묵하지 않고 권장해야 했다.

빌 브라이트는 1994년 12월 미국의 그리스도교 지도자들을 플로리다 주 올랜도 시로 단지 3일간의 금식과 기도를 위해 한 곳으로 불러들였다. 이전에는 그러한 일이 한 번도 이루어지지 않았기 때문에 그는 어떠한 반응이 올 지에 대한 생각조차 하고 있지 않았다. 그는 오직 몇 달 전에 금식 모임을 통보하였고, 그가 금식 기도에 초청하고 있는 대다수 지도자들은 전형적으로 1·2년 전에 이미 달력에 행사 참여 계획들로 가득차 있는 사람들이었다. 그러나 그 금식 기도 초청 반응은 놀랍게 답지되고 있었다. 600명 이상의 지도자들이 100교파 이상을 대표하여 자기 경비를 대며, 이 나라와 기타 세계 여러 나라를 위해 주님 앞에서 무릎을 꿇는 데 함께 하러 왔다. 그러한 금식 행사들은 규모에서 성장하고 있으며, 그 몇 년 동안 미국 그리스도인 생활의 일부가 되었다. 1996년 미조리 주 세인트 루이스에서의 기도 금식 모임은 3일간 음식을 먹지 않고 부흥을 위해서 기도한 3,700명이란 놀라운 수의 사람들이 몰려들었다.

금식과 영적 각성

빌 브라이트는 이렇게 확신한다. "미국과 세계의 여러 나라는

2,000년이 끝나기 이전에 큰 영적 각성을 경험할 것이다. 하늘로부터 오는 성령의 신적 방문은 교회 역사에서 가장 큰 영적 수확을 불타오르게 할 것이다. 그러나 하나님이 부흥의 능력으로 임하시기 전에 성령은 수많은 하나님의 백성들을 불러 역대하 7장 14절의 정신대로 회개하고 금식하고 기도하게 하실 것이다"[2] 역대하 7장 14절을 보면 하나님께서는 다음과 같이 말씀하신다. "내 이름으로 일컫는 내 백성이 그 악한 길에서 떠나 스스로 겸비하고 기도하여 내 얼굴을 구하면 내가 하늘에서 듣고 그 죄를 사하고 그 땅을 고칠지라"

금식은 이 성경구절에 구체적으로 언급되어 있지 않지만, 빌 브라이트는 납득할만하게 다음과 같이 주장한다.

> 금식은 역대하 7장 14절의 모든 조건들을 이루는 유일한 훈련이다. 어떤 사람은 금식할 때 스스로를 겸비케 하고, 더 기도하는 시간을 갖고, 하나님의 얼굴을 구하는 시간을 더 가지며, 그는 분명히 모든 알려질 죄에서 돌이킬 것이다. 어떤 사람은 자기 죄를 회개하는 것 없이도 성경을 읽고, 기도하고, 그리스도에 대해 증거할 수 있다. 그러나 그 사람은 깨끗한 마음과 순수한 동기 없이는 진실한 금식에 들어갈 수 없고, 이 구절의 조건들을 이루지 못한다.[3]

『금식을 통한 영적 승리』라는 훌륭한 책의 저자인 엘머 타운즈는 이에 동의한다. 그는 다음과 같이 말한다.

금식은 그 자체가 목적이 아니라 우리가 주님께 예배드리고 자신을 그분께 겸손하게 굴복시키는 수단이다. … 금식의 가장 큰 영적 유익은 하나님께 더 주의하게 되는 것이다. 우리 자신의 부적합성과 그분의 적합성, 우리 자신의 변덕과 그분의 자기 충족에 대해 더 깨닫는 데 있으며, 그분이 우리에게 바라시는 모습과 행동에 귀를 기울이는 데 있다.[4]

엘머 타운즈는 그의 책에서 9가지 다른 금식 방법을 제시하는데 각 방법은 개개인들과 교회들에서 9가지 다른 욕구들을 해결하는 것을 목표로 하였다. 각 금식은 그 목적을 성취할 다른 처방이 수반된다.

빌 브라이트와 엘머 타운즈는 다 중대한 금식과 더불어 하는 기도는 "한 마음으로" 또 특정한 나라에서 하나님의 백성을 통해 집단 규모로 이루어지면 하나님의 손길(능력)을 풀 수 있고, 또 풀어 문자적으로 온 나라를 변화시킬 것이라고 말하고 있다. 엘머 타운즈는 다음과 같이 말한다. "우리 모든 교회들이 금식한다면 우리 교회들은 전도를 지향하고 다른 사람들을 먹이고 도와주는대로 뻗어나갈 것이다. 하나님께서는 그 다음 그 백성에게 그의 임재(능력)를 쏟아부으실 것이다"[5]라고 말한다.

세계에서 가장 긴 기도 사슬을 운영하라

1988년 부활 주일, 몇 명의 힘이 넘치는 〈예수 전도단〉 청년들은 감람산에 올라 올림픽 스타일 횃불을 붙이고, 세계 복음화를 위한 기도를 자극시키는 것을 도우려 세계 곳곳에 횃불을 갖고 달리기 시작하였다. 그 이후 수천 명이 이 도시에서 저 도시로, 이 나라에서 저 나라로 기도 횃불을 나르는 데 참여하였다. 이 횃불 운반팀은 알래스카에서 남극으로, 북에서 남쪽 방향으로 달릴 때 그 운반 노정을 완성하기 위해 운동화를 털부츠로 바꿔 신어야 했다! 내가 이 글을 쓸 당시, 소위 "횃불 경주"는 40개 나라들을 거치며 운반되었고 약 5,000 마일을 돌파했는데, 이는 지구를 2번 도는 거리이다. 계속 흥미는 유발되고 있으며, 어디가 끝인 지도 보이지 않는다.

횃불 경주는 많은 운동 중에 단 한 가지 운동이지만 〈예수 전도단〉이 1988년 혁신적인 종류의 기도를 시작한 이후, 세계 복음화를 위한 기도는 여러 형태로 이전에 한 번도 보지 못한 절정에 달하였고, 매년 새로운 정상에 계속 오르고 있다.

기도량 : 수백만 시간

위대한 세계 기도 운동이 벌어지는 오늘날 기도는 양과 질에서 증가되었다. 놀랄 것도 없이 일본인들은 집단 기도량을 감시하는데 있어서 고도의 기술을 적용하는 기도 주도 운동을 전개하였다. 일본의 〈기원후 2,000년 운동〉 연합 기도 분과를 인도하는 폴 아리가는 모든 〈일본 부흥 선교회〉의 창립자들 중의 한 사람이다. 이들은 1993년 6만 명이 앉을 수 있는 오사카 야구장에서 대중적인 3일간의 부흥 선교 대회를 개최하였다. 이들은 행사를 준비하면서 소위 "기도 용사들"을 모으기로 결정하였는데 부흥을 위해 정기적으로 기도하기로 하는데 동의하는 것이었다. 이들은 기도 용사들과 더불어 "금식 기도 용사들"이란 더 정예 그룹을 모았는데, 그들은 중대한 금식과 자신들의 기도를 결합시키기로 약속하였다.

　각 중보 기도자들은 부흥 집회들을 위해 할당 받은 만큼의 시간을 드려서 기도하되, 그 배당 시간이 인쇄된 카드에 기록된 대로 계속 기도하게 되어 있었다. 기도 용사들이 10시간 동안의 기도를 마쳤을 때 1장의 카드는 사무실로 운반되었고, 또 다시 새로운 카드에 적힌 기도 시간이 시작되었다. 데이타 베이스는 중보 기도자들과 그들이 기도한 시간 수치를 감시하도록 되어 있었다. 첫째 목표는 18만 시간이었는데 3일 동안 체육관에서 각각의 자리를 메울 1인이 담당할 1시간이었다. 그러나 막상 집회가 열렸을 때 그 목표는 35만 기도 시간으로 각 자리에 앉은 사람이 2시간씩을 맡아야 하는 수치로 배가되었다. 기도 참석자들의 모임들에서 2만 2천 명이 그리스도께 회심하였다는 기록이 나와 있다!

　그렇지만 중보 기도자들은 기도를 그만두기 원치 않았다. 이들은 폴 아리가와 다른 사람들이 일본 부흥을 위해서 시야를 더 높여 1백만 기도 시간 목표를 달성하기로 한 결정에 고무받았다. 1996년 10월, 이들은 자신들이 1백만 1천 1백 4시간 동안이란 기도량 목표를 달성했다고 발표할 수 있었다! 그때까지 이들은 15,175명의 기도 용사들과 2,896명의 금식 기도 용사들의 등록을 받았다. 이들은 여전히 기도를 그만두기 원치 않았다. 이들의 최근 기도 계획은 일본 전 영토의 수치가 377,750 평방km임을 조사하고 1998년 도쿄의 다음 부흥 집회 이전에 각 평방 km당 1시간의 기도를 드리는 것을 목표함으로 재가동되었다. 나는 이들의 기도량이 목표한 그 수치를 훨씬 뛰어넘을 것이라 생각한다. 그들은 이제 기도 용사들로 등록하기 원하는 새로운 사람들을 위하여 전국적으로 전화 요금을 내지 않는 전화번호를 개설하였다고 한다.

기도의 질 : 강력한 기도

내가 여러 번 말하였듯이, 1990년 대는 이전 어떤 10년 단위보다 더 중요한 10년이 될 것 같다. 오늘의 그리스도인들은 공격적인 영적 전투에 뛰어들고 있다. 우리는 성령의 능력으로 이제 명백하고 전례없는 방법으로 원수의 영토를 침공하고 있다. 전투는 뜻을 풀어보면 "폭력" "강력"을 포함한다. 그렇지만 강력이나 폭력은 물리적인 것이 아니라 **영적인** 강력이요 폭력이다. "우리의 싸우는 병기는 육체에 속한 것이 아니요 오직 하나님 앞에서 견고한 진을 파하는 강력이라"(고후 10:4).

우리 영적 전투의 주 무기는 기도이기 때문에 1990년 대의 기도들은 이전 기도의 질보다 더 강력한 질이어야 한다고 예상할 수 있다. 예를 들면 신디 제이콥스의 영향력 있는 책 『원수의 권세들을 점령하라』(*Chosen Books*)의 부제목은 "호전적인 중보 기도를 위한 훈련 교본"이다. 1980년 대 책 판매고를 볼 때, 이런 종류의 책은 1990년 대에 그런 종류의 책들이 베스트셀러였던 것처럼 그렇게 잘 나가는 책은 아니었던 것 같다.

캘리포니아 벤 나이스 시 도상교회의 최근 주보를 볼 때, 잭 헤이포드 목사는 소위 "거룩한 폭력의 시간"이라는 말을 썼다. 로스엔젤레스 목사들과 지도자들의 큰 그룹 앞에서 그 시를 위해 기도하던 한 여인은 한 주 전에 "강력하라! 강력하라!"고 감정적으로 부르짖는 것을 경험하였다.

헤이포드는 다음과 같이 전한다. 그 소명은 "천국은 침노를 당하나니 침노하는 자는 빼앗느니라"(마 11:12)라는 예수의 말씀을 안, 큰 팀의 영적 지도자들의 출현으로 즉각 응답되었고 분명히 이해되었다. 그것은 우리 주님이 하나의 원리를 선언하는 구절에서 핵심 진리이다. 즉 영적 승리를 이끌어 주는 매끄럽거나 부드러운 방법들은 없다. 거룩한 폭력이 필요하다!"[6)]

헤이포드는 그 회중들이 "보이지 않는 영역에서 거룩한 전쟁"에 종사할 것을 촉구하면서 다음과 같이 계속해서 말한다.

> 승리하는 기도에 있어서 강력한 기도보다 더 기본적이고 필수적인 것은 없다. 다시 말해서 없다!! 그것은 인간적인 예비 규칙들을 깨뜨리는 기도요, 우리의 침착을 말끔히 부식시키는 눈물이요, 신앙적 말씀의 암송들을 초월해서 일어나는 **강한** 부르짖음이다. 이 기도는 능력있게 되는데 감정으로 요동해서가 아니라 단순한 **이론의 속박**들을 깨뜨렸기 때문이다. 그 기도는 **이성을 갖고 있고**, 행하라고 한 말씀들은 하나님의 **심정**에서 생긴 일관성을 갖고 있으나, 그들에게 주는 열정은 그들의 심정으로부터 강제로 물살이 흐르게 하는 것이다![7)]

이것은 잭 헤이포드 교회의 교인들뿐 아니라 온 그리스도의 몸(교회)을 위해 지극히 중요한 말이다.

예언적 기도 행동들

"예언적 기도 행동들"이란 말은 내가 얼마 전 처음으로 그 말을 들었을 때 나에게는 생소한 것이었다. 그렇지만 범세계적인 기도 운동이 확대되고 우리 기도 배후에 있는 능력이 엄청나게 증가되고 있는 지금, **예언 기도 행동들은 점점 더 일반적인 것이 되고 있다.** 종종 예언 기도 행동을 볼 때 잭 헤이포드가 말하는 강력(폭력)은 강도에 있어서 절정에 이른다.

나는 예언적 기도 행동들이 새롭기 때문에서가 아니라 성경에 예언 기도 행동들이 가득차 있기 때문에 이 장에서 혁신적인 기도에 관한 예언 기도 행동들을 포함시킨다. 나는 다음과 같은 이유에서 예언 기도 행동들을 포함시킨다. ①예언 기도 행동들은 더 전통적인 노선 출신인 우리 상당수 사람들이 기도하는 데 사용한 방식들에서 아주 차이를 갖고 있기 때문이며, ②혁신과 창조성은 예언 기도 행동들의 옷감을 짜고 있는 것처럼 보이기 때문이다. 그러나 이것은 **인간적** 혁신이나 창조를 의미하지 않는다. "예언적"이란 말은 부분적으로 특정한 기도 행위의 권위가 있다면 내가 제 2장에서 설명한대로 쌍방 통행 기도를 통하여 계시로 오기 때문에 사용된다. 한 마디로 그것은 **신적** 혁신과 창조이다.

우리는 예언 기도 행동들의 개념과 조화를 이루기 위해서, 구약 성경의 기본 지식으로 잠깐 되돌아가 볼 필요가 있다. 예를 들면 한 시점에서 하나님께서는 예레미야에게 유프라데스 강둑의 바위 밑에 그의 속옷을 파묻으라고 말씀하셨다. 내가 가진 영어 성경 역본은 "속옷"이란 말을 사용하지 않으나 현대 영어 역본은 그 말을 더 자세한 설명이 필요없는 "무명 팬티"로 말한다(렘 13:1). 하나님께서는 오랜 시간 후에 예레미야에게 그 속옷들을 파내라고 명하셨으며, 파보니 그 옷들은 썩어서 못 쓰게 되어 있었다. 어떤 교훈인가? 하나님께서는 이런 식으로 "내가 유다의 교만을 무너뜨리리라"(렘 13:9)고 말씀하신 것이다.

이사야는 예언 행위로 벌거벗은 채 돌아다니라는 말씀을 들었다. 그 다음 하나님께서는 다음과 같이 말씀하셨다. "나의 종 이사야가 3년 동안 벗은 몸과 벗은 발로 행하며 애굽(이집트)과 구스(에디오피아)에 대하여 예표와 기적이 되게 되었느니라. 이와 같이 애굽의 포로와 구스의 사로잡힌 자가 앗수르(앗시리아) 왕에게 끌려갈 때에 젊은 자나 늙은 자가 다 벗은 몸 벗은 발로 볼기까지 드러내어 애굽의 수치를 뵈이리라"(사 20:3-4). 이것은 하나님으로부터 구체적으로 임한 음성이 아니었더라면 이상하였을 것이다. 에스겔은 삶의 한 시점에서 머리와 수염을 잘라 머리칼의 삼분의 일은 태우고, 삼분의 일은 칼로 치고, 삼분의 일은 바람에 날려 보내라는 지시를 받았다(겔 5:1-4). 이 행위들을 가장 요약해서 말하면 혁명적이고 창조적이다. 그러나 다시 말하거니와 그것은 **하나님의 혁신과 창조이다.** 우리의 역할은 단지 음성을 듣고 순종하는 것이다.

듣는 것과 순종하는 것

스티브 호돈과 그레이엄 켄드릭은 다음과 같이 말한다. "예언 행동들은 성경에서 흔하다. 모든 세대에 속한 충실한 사람들은 제스처와 확증하는 행동을 사용하였다. 하나님께서는 홍해 바다가 갈라지게 하셨지만 모세의 손에 든 지팡이를 하늘의 능력 교량으로 놓으셨다."[8] 그 다음 이들은 여호수아가 여리고를 7번 돌며 행진함으로 그 시를 점령한 것을 상기시키고 다음과 같이 논평한다. "그 퍼레이드는 원수들을 위협하거나 용사들을 사기 진작시키기 위한 전쟁 무용이 되도록 고안되어 있지 않았다. 행군들, 합창들, 나팔들은 사실 확증적인 기도들이었고 믿음 선언을 유발하였다."[9]

느헤미야는 자기 백성 가운데서 심각히 만연된 고리대금에 직시하고 있었다. 그는 그들에게 결코 포탈당하지 말아야 했던 희생자들에게 물건들을 되돌려주도록 약속하게 하였다. 그 다음 그는 이렇게 말하였다. "내가 옷자락을 떨치며 이르기를, 이 말대로 행치 아니하는 자는 하나님이 또한 이와 같이 그 집과 산업에서 떨치실지니 저는 곧 이렇게 떨쳐질지니라"(느 5:13).

키엘 죄베르크는 스웨덴의 〈영적 전투 조직〉위원장인데, 헝가리 부다페스트로 기도 여행을 하는 중이었다. 그때 하나님께서는 그가 느헤미야의 예언 행동을 답습하도록 인도하셨다. 이들은 이미 하나님 나라를 반대하는 영토 귀신이 노예 귀신이었던 것을 분별하였다. 다음은 키엘 죄베르크가 어떻게 그것을 말하는 지에 대한 내용이다. "우리가 노예 귀신을 반대하여 부다페스트에 와서 자유를 선포하였을 때 우리 모두는 일어서서 예언 행동으로 우리 윗도리와 옷들을 흔들었다. 주께서는 우리가 우리 윗도리들을 흔들고 있는 것처럼 자기 형제들을 해방시키지 않는 자들을 흔드시기를 기원하노라는 표였다. 우리는 성령의 능력 하에서 그들을 **강력하게** 흔들었다."[10] "강력"이란 말이 여기에 또 한 번 나타난다.

덧치 쉬츠는 우리에게 예언 행동에 대한 훌륭한 낱말 뜻을 제공한다. "예언 행동이나 선포는 하나님께서 영적 영역으로 개입하시는 길을 준비하는 하나님의 지시로, 자연 영역에서 말해지거나 행해지는 것인데, 그 다음에 영적 영역은 계속적으로 자연 영역에 변화의 영향을 끼친다." 그 다음 그는 예언 행동이나 선언을 풀어서 선언한다. "하나님께서는 자신이 어떤 일을 행하시거나 말씀하신다고 말한다. 우리의 말이나 행동들은 하늘의 영역에 영향을 끼치고, 그 다음 하늘의 영역은 자연 영역에 영향을 끼친다."[11]

엘리사의 소금

여리고의 물은 나빴다. 엘리사는 엘리야로부터 예언적인 두루마리 옷을 전수받았다. 분명히 여리고의 장로들은 엘리사가 엘리야의 신발을 신었는지에(능력을 전수받았는지) 대해 어떤 의심을 갖고 있었다. 그러므로 그 장로들은 엘리사에게 나쁜 물 문제를 들이댔다. 엘리사는 공적인 예언 행동을 위한 시간이 도래하였음을 느꼈다. 엘리사는 "나에게 새 대접을 가져와 대접에 소금을 넣으라"(왕하 2:20)고 부탁하였다. 장로들이 그렇게 하였을 때 엘리사는 물의 근원으로 가서 그 근원에 소금을 던졌다. 그는 장로들에게 다음과 같이 말하였다. "엘리사가 물 근원으로 나아가서 소금을 그 가운데 던지며 가로되 여호와의 말씀이 내가 이 물을 붙였으니 이로조차 다시는 죽음이나 황폐가 있지 못하고 떨어짐이 없을지니라 하셨느니라"(왕하 2:25). 그것은 정확히 일어난 것이고 여리고의 물은 그 일 후에 깨끗한 물이 되었다.

스웨덴의 라스고란 구스타프손은 다른 그리스도인 가정과 공유한 큰 집에서 자기 식구를 거느리고 있었다. 어느 날 아침 이들이 수도 꼭지를 틀자 시커먼 물이 나왔고 냄새가 지독하였다. 시의 관리인들은 그 수도물을 검사하러 와서 그 물을 저주하였고, 물과 집 사이의 물 근원을 끊어 버렸다. 그 식구들은 하나님께 기도하여 해결을 구하는 것 외에 별 도리가 없었다. 그날 저녁 그 집 두 명의 거주자들이 교회에 갔고 목사는 열왕기하 2장 19-22절을 읽었다. 이들은 서로를 쳐다보고 이들 각자가 서로 상대방이 바로 그날 아침 명상기도 시간에 정확히 같은 성경구절을 읽은 것을 알고 놀랐다. 이들은 분명히 하나님께로부터 온 음성이라 결론지었다.

그러므로 이들은 그 집에 사는 그룹을 모이게 하여 열왕기하 성경구절을 읽은 다음 자신들이 엘리사가 행한 것을 행하려 함에 있어서 반대하는 지를 물어보았다. 그것은 소수의 사람들만 담대한 기도들과 예언 행동들에 관해 말하고 있었던 1980년 대 말엽이었기 때문에 그 일은 쉽지 않았다. 이들은 엘리사의 믿음과 동등한 믿음을 가질 수 있도록 기도해 달라고 서로서로 부탁하였다. 이들 중의 한 사람은 이렇게 말하였다. "믿음은 하나님의 말씀대로 행하는 것이고, 하나님의 말씀이 무엇을 말하든지 행하는 것이다. 그러니 다시 한 번 그 성경구절을 읽어 봅시다. 첫째 예언가는 새 대접을 요청하였다."[12]

우연하게도 한 여인이 두 벌의 새로운 대접을 가지고 있었으므로, 그들은 그 한 새 대접에 소금을 넣고 뒷마당 샘 근처에 빙 둘러서서 기도하며 소금을 샘 안에 던졌다. 이들이 집에 돌아와서 수도꼭지를 틀었을 때, 거기에서 나온 물은 수정같이 맑았다. 시 관리들이 수질을 검사한 며칠 후 당황하며 그들에게 그 지역 사회에서 가장 좋은 물이 되었다는 수질 기록을 적어주었다.

30 가마니의 쌀

인도 부흥사 라비쿠마르 쿠라파티는 고생을 당하고 있었다. 그는 새로운 교회를 세우려 한 마을에 갔는데 그의 첫 회심자는 힌두교 농부였다. 그 시절 벼 농작물 재배가 증가했을 때 새 신자의 벼는 마을에서 피가 많고 잡동사니로 가득차 가장 나쁜 것으로 판명되었다. 그는 조롱의 대상이 되었고 삶의 어느 시점에서 자기 목숨을 예수께 드려야 하는지를 의심하였다. 그는 그의 목사에게 가서 기도를 부탁하였다. 쿠라파티 목사는 그에게 하나님의 말씀을 통해 용기를 불어 넣어 주었다.

그 다음 날 아침, 쿠라파티는 하나님께로부터 들려오는 음성을 들었다. 그는 다음과 같이 말한다. "나는 다음 날 거의 모든 마을 사람들이 나와 구경하고 있는 그의 논에 그와 함께 갔다. 나는 한 통의 새로 뜬 물을 들고 기도하였다. 그 다음 나는 이 농부에게 논의 작물들에 그 물을 뿌리라고 부탁하였다."[13] 수확기가 왔을 때 농부는 그 밭에서 30 가마니 이상의 쌀을 거둬들였는데, 그것은 그 규모의 한 프롯(인도의 논 단위)에서라면 최상의 조건 하에서도 도무지 생산키 어려웠던 소출량이었다. 그 다음 마을 사람들의 삶은 복음에 열리게 되었고, 그 이후 든든한 교회가 세워졌다.

이것은 마술이 아니다. 물에 소금을 뿌리는 것이나 벼 작물에 물을 뿌리는 것은 자동적인 능력을 갖는 것이 아니다. 예언 행위들은 하나님께서 우리에게 그분이 행해야 한다고 결정하는 어떤 것을 행하도록 강요하는 것이 아니다. 권세있는 예언 행동은 새로운 공식을 발전시키는 씨앗이 아니다. 스티브 호돈과 그레이엄 켄드릭은 다음과 같이 말한다. "악을 증발시키는 비책들은 아주 쉽게 예수 인격의 능력을 제쳐 놓은 마술 공식이 된다. 사단은 항상 우리에게, 우리가 우리 행동들이 바로 하늘의 것들과 타협하도록 강요하는 것이라 믿어야 할 때, 우리의 가정된 능력으로 매혹시킬 준비가 되어 있다. 가장 좋은 원리는 가장 좋은 예언의 행동들이 한 번의 사용을 위해 의도되어 있다고 가정하는 것이다."[14] 이것은 좋은 충고이다.

불가리아 공원에 있는 하늘의 씨앗들

〈가정 문서 선교회〉의 딕 이스트먼은 우리 대다수가 이른바 "예언 행동들"이라고 이름짓기 오래 전에 혁신적인 형태의 기도를 실천하는 것에 대해 알고 있었고 또 실천하고 있었다. 그는 철의 장막이 무너지기 이전 시절부터 기도 여행팀을 거느리고 불가리아의 소피아에 갔다. 불가리아의 무자비한 독재자 토도르 지프코프는 스탈린 이후 어떤 공산주의 독재자보다 장기간 권세를 거머쥐었다. 몇 명의 기도 그룹들, 특히 주로 젊은 그룹들이 소피아의 중앙 공원에서 기도 걷기를 시작하였을 때, 지금은 〈가정 문서 선교회〉의 부회장인 웨스 윌슨은 주께서 자신에게 그 그룹을 대동하고 예언 행동을 하는 어떤 청소를 하라고 말씀하시는 것을 듣는다고 느꼈다.

이들은 더 기도할수록 더 담대하게 되었다. 웨스 윌슨은 그룹 안에 있는 각 사람이 씨를 뿌리려 준비하는 것처럼 쓰레기 더미에 작은 구멍을 파게 하였다. 그 다음 이들은 모두 하늘의 씨앗을 잡고 있는 것처럼 하늘을 향해 손을 내뻗었고, 상징적으로 보이지 않는 씨앗들을 땅에 심었다. 그때 성령께서 그들 가운데 능력으로 임하셨고 많은 사람들이 눈물을 흘리고 있었다. 이들은 하나님을 찬양하는 시간을 보냄으로 마무리지었다. 웨스 윌슨은 평상시의 태도를 초월하는 용기가 생겨 큰 소리로 예언하였다. "나는 언젠가 공산주의를 전복시키는 혁명이 불가리아에 임할 것을 믿고, 그 혁명은 바로 이 장소 바로 여기에서 시작될 것이라 믿는다." 그 다음 그는 다음과 같은 말을 덧붙였다. "또 나는 언젠가 〈로스엔젤레스 타임스〉지의 첫 쪽에서 이 기도에 대한 응답을 읽을 것임을 믿는다."[15]

아주 확실하였다. 1989년 12월 13일, 1년 이상이 지난 후 〈로스엔젤레스 타임스〉의 주제는 "불가리아인들이 조심스럽고도 의심스런 눈치로 변화를 환영하다"라는 제목이었다. 그 기사는 불가리아 혁명이 정부 야당원들이 탄원서에 서명할 수 있도록 소피아 중앙 공원의 청소더미에 책상이 배열되었을 때 어떻게 시작되었는지를 전하였다. 딕 이스트먼은 다음과 같이 논평한다. "초기 서명자 그룹은 우리 중보 기도자들 규모에 불과하였다. 그러나 그 수는 곧 수백 명, 그 다음 수천 명으로 늘어났다. 불가리아 혁명이 시작되었다. 그리고 한 기사가 설명하듯이 그것은 소피아 중앙 공원의 청소지에서 일제히 시작되었다. 나는 청년 중보 기도자들 중의 일부가 그 청소를 인정할 것이라 생각한다."[16]

네팔은 어떻게 실제적으로 변화되었나?

나는 지난 장에서 1990년 대 네팔이란 히말라야 힌두 왕국의 영적 분위기에 임한 혁신적인 변화들을 묘사하였다. 복음이 2,000년 말까지 모든 나라에 전파될 것이라고 믿는 데는 큰 믿음이 가동되지만, 네팔에서의 최근 사건들은 놀라운 믿음의 건설들이다. 그 일이 거기에서 일어날 수 있다면, 그 일은 실제적으로 어느 곳에서나 일어날 수 있다.

네팔에 실제적으로 어떤 변화가 일어났는가? 변화들의 기반은 이전 오랜 세월에 걸쳐 놓여져 있었다. 그때 네팔은 철저하게 폐쇄된 나라였고 가장 용감한 선교사들만이 모험을 걸 수 있는 곳이었다. 〈네팔 연합 선교회〉의 사회 사역자들은 복음을 증거하는 것을 허락받지 않았더라도 그리스도인들에 대한 긍정적 태도를 유발시켰다. 〈성경 번역자들 선교회〉는 하나님의 말씀을 네팔에 가져오는

데 대가를 지불하였다. 초기 회심자들은 기꺼이 감옥에 가는 것을 무릅쓰든지 복음을 위해서 살든지 해야 했다. 세계 다른 여러 지역에 있는 신자들은 오늘날 대중 규모에서는 아니더라도 네팔의 승리를 위해 열심히 기도하고 있다.

수년 간 네팔을 위해 한 주에 몇 시간을 기도해 온 사람은 북유럽 〈영적 전투 네트워크〉 위원장인 영국의 로저 미첼이다. 그는 이사야 55장 6절을 통하여 16세 때 그리스도를 믿게 되었다. "너희는 여호와를 만날 만할 때에 찾으라 가까이 계실 때에 그를 부르라."

로저 미첼의 회심은 가장 혁명적인 생명을 변화시키는 유형의 회심이었고, 이사야 55장은 그의 믿음 시절 초창기에 자연적으로 성경을 통해 주님의 인도를 구하는데 초점을 두게 하였다. 그러므로 로저는 다음과 같은 말씀을 읽는다. "너희는 기쁨으로 나아가며 평안히 인도함을 받을 것이요 산들과 작은 산들이 너희 앞에서 노래를 발하고 들의 모든 나무가 손바닥을 칠 것이라"(사 55:12). 하나님께서는 이 말씀을 통하여 아주 강하고도 개인적으로 그를 감동을 시키사 그로 하여금 세계의 가장 높은 산들이 어디에 놓여있는지를 발견할 제단들을 알아내게 하셨다. 그는 그들이 네팔에 있는 히말라야 산족들이라는 것을 발견하였을 때 자기 목숨을 네팔 선교사로 바칠 각오를 하였다.

네팔은 그 당시 선교사의 문(입국)을 막고 있었기 때문에 실제적인 선교사적 소명은 결코 현실화되지 않았다. 그러나 로저 미첼은 그때 이후로 네팔을 위한 끊임없는 기도 용사로 꿋꿋이 서 있었다. 1990년, 그는 로저 포스터가 인도한 역동적인 〈익두스 사도 네트워크 선교회〉 전임 지도자가 되었다. 1년에 한 번 〈익두스 사도 네트워크 선교회〉는 그들이 하나님을 구하고, 범세계적인 전도를 기도하고 전략화하는 큰 국제 대회를 기획하였다. 〈익두스 사도 네트워크 선교회〉는 영적 매핑(진단과 처방), 전략 차원 영적 전투, 강력한 기도, 예언적 행동들을 이해하는 그룹들 중에 하나인데, 그리스도의 몸(교회)의 나머지 지체들 가운데서 이 운동이 정착되기 오래 전부터 이러한 전략들을 이해하였다. 그러므로 연차적인 국제 대회에서 예언 행동을 하는 것은 보편적인 것이었다.

진지가 허물어질 때 의자에서 떨어지다!

하나님께서는 어느 날 익두스 그룹을 감동시키사 네팔의 지도를 바닥에 펼쳐 놓게 하셨다. 익두스 그룹에 속한 네팔 친구들 중의 한 사람은 최근 그 믿음 때문에 감옥에 갇혔고, 이 사건은 네팔에 대한 특별한 기도 집중 운동을 자극하였다. 이들은 예언 행동으로서 지도 위에 의자를 놓았고, 네팔을 위한 특별한 책임을 짊어진 것으로 인정된 로저 미첼은 의자에 앉아 있으라는 부탁을 받았다. 잭 헤이포드가 옹호하는 강력한 중보 기도의 종류는 이처럼 간절하게 시작되었다. 열성적인 기도 시간 후에, 예언적인 중보 기도자들 중의 한 사람은 다음과 같이 말하였다. "로저 미첼 씨, 당신은 지금 네팔을 지배하는 귀신적인 어두움의 진을 대항해 대표로 서 있습니다. 우리는 주님께 수세기 동안 거기에 자리잡고 있던 그 진지를 허물어뜨려 달라고 간청할 것입니다. 그 진지가 허물어질 때 우리는 그것을 알 것이고, 당신은 그 다음 그 의자에서 넘어질 것입니다."

이들은 이전보다 더 공격적으로 기도하기 시작하였다. 주님께서는 이들 중의 한 사람에게 이사야 49장 7절을 읽으라고 지시하셨다. "이스라엘의 구속자, 이스라엘의 거룩한 자이신 여호와께서 사람들에게 멸시를 당하는 자, 백성에게 미움을 받는 자, 관원들에게 종이 된 자에게 이같이 이르시되 너를 보고 열 왕이 일어서며 방백들이 경배하리라."

"방백들"은 네팔 영적 포로로 유지한 영토 귀신들을 나타내기 위해 한 그룹으로 붙들려 갔다. 중보 기도자들은 예수 그리스도의 이름과 십자가 상의 예수의 피흘림을 통하여 그들을 지배하는 권세를 이겼고, 그 귀신들에게 더 이상 네팔을 지배하지 말라고 명하였다. 결국 성령에 의한 해방은 임하였고, 로저 미첼은 의자에서 바닥으로 넘어져 한동안 죽은 것처럼 거기에 누워 있었다. 예언 행동은 하나님께서 지시하신 대로 완성되었다.

바로 그 주간 신문들은 네팔 왕이 헌법을 바꿔 그리스도인들에게 자유를 주고 그리스도를 믿는 것 때문에 감옥에 갇혀 있는 자들을 석방하기로 동의하였다는 기사들을 실었다. 네팔은 그 이후에 전혀 그 전과 동일하지 않았다. 내가 이전에 말한대로 내가 이 글을 쓸 즈음, 보고서들은 3,000 곳의 그리스도교 교회들이 네팔에 세워졌고, 최소한 〈가정 문서 선교회〉의 "그리스도 그룹들"의 교회들이 비슷한 수치로 시작되었으며, 아마도 30만 명 정도의 사람들이 신자인 것으로 전해진다고 보고했다. 네팔은 이제 부탄과 티벳의 폐쇄된 이웃 나라들에 선교사들을 보내기 시작하고 있다.

익두스 그룹이 그 변화가 매체를 통해 공표되기 바로 전날 예언 행동을 한 것은 단지 우연의 일치였는가? 회의주의자들은 "예"라고 답변한다. 그러나 기도가 보이지 않는 세계에서 갖는 능력을 이해하는 자들은 그것은 우연의 일치가 아니라는 데 동의할 것이다. 영국에서 기도하는 자들은 네팔을 지배하는 영토 귀신들을 물리치는 데 있어 한 몫을 담당하였다.

대접의 마지막 물방울

　요한계시록 5장의 금대접들을 기억하는가? 어떤 익두스 지도자는 자신들의 기도가 네팔을 대표하는 대접(기도)을 채운 유일한 기도라고 주장하지는 않을 것이다. 이들은 하나님께서 네팔을 위해 열심히 기도하는 자들, 곧 실제적으로 모든 대륙에 네팔이 알려지도록 기도하는 신자의 수와 수년 동안 대접(기도)을 채우고 또 채운 저들의 기도 사항을 주도하고 계셨음을 알고 있으며 또 우리도 그것을 안다. 또한 영국에서의 예언 행동은 그 다음 네팔 대접을 완전히 채운 마지막 물방울들을 제공하였다고 보아도 무방하다. 그렇다면 이것은 덧치 쉬츠가 말하듯이, 하나님께서는 일이 이루어질 만큼의 충분한 기도가 축적되는 시점을 아시는 것이다. 그 다음 "천사가 향로를 가지고 단위의 불을 담아다가 땅에 쏟으매 뇌성과 음성과 번개와 지진이 나더라"(계 8:5).[17]

　하나님의 불길은 하나님 나라의 대중적인 확장을 위해 네팔을 여셨다. 그것은 하나님의 백성이 이 책의 제목 『능력으로 기도하라』를 이해하고 적용하는 데 성숙할 때, 점점 더 계속해서 일어날 것이다.

❖ 생각할 문제들 ❖

1. 당신은 개인적으로 어린이들 가운데서의 특별한 기도 활동을 알고 있는가? 당신은 다른 사람들로부터 어린이 기도에 대한 보고들을 들었는가?

2. 금식은 과거에 알려져 있던 어느 것보다 그리스도인들 가운데서 더 잘 알려져 있는 것 같다. 당신은 이것이 어떤 변화를 가져올 것이라고 생각하는가?

3. 예언 기도 행동들은 성경 당시든 오늘날이든 이상한 것처럼 보일 수 있다. 사람들은 왜 그처럼 이상한 행동을 하는가?

4. 이 책의 어떤 장에서 당신은 가장 큰 의미가 있었는가? 왜 그런지를 설명하라

더 자세한 참고서들

- 제인 럼프『선두 대열로부터의 이야기들』(*Stories from the Front Lines*, 1996). 이 책은 우리가 얻을 수 있는 세계 도처에서 기도에 대한 특정한 응답들을 가장 잘 편집한 책이다.
- 내가 금식에 관해 가장 추천하는 두 책은 빌 브라이트의『장차 부흥: 금식, 기도, 하나님의 얼굴을 구하라는 미국의 소명』(*The Coming Revival: America's Call to Fast, Pray, and "Seek God's Face"*, 1995)과 엘머 타운즈의『금식을 통한 영적 승리:9가지 성경적 금식 지침』(*Fasting for Spiritual Breakthrough:A Guide to Nine Biblical Fasts*, 1996, 서로사랑, 1998)이다.
- 키엘 죄베르크『기도 전투를 승리하라』(*Winning the Prayer War*, 1991). 예언 행동에 관한 정보를 더 알기 원하는 자들에게 이 책은 가장 좋은 책이다.

- 덧치 쉬츠 『중보 기도』(*Intercessory Prayer*, 1996). 예언 행동에 관해 더 상세한 것을 알기 원하면 "말하는 행동과 실행하는 말"이라는 장을 보라
- 딕 이스트먼 『여리고 시간』(*The Jericho Hour*, 1994). 이 책은 여러 가지 창조적이고 혁신적인 기도 활동들을 상술하고, 그 극적인 결과들을 전한다.
- 울프 에크만의 『예언 사역』(1990)과 『사도 사역』(1993)도 참조하라. 울프 에크만은 스웨덴에서 유명한 설교자요, 성경 교사요, 많은 책을 저술한 사람이다. 그는 예언을 교회의 가장 중요한 바탕으로 보고, 인도받음과 지시받음도 강조한다. 그는 예언 은사는 선두 대열에 올라있다고 보고 예수의 재림을 예언하면서 강한 부흥을 강조한다. 그는 예언자들이 하나님의 군대들인 것으로 보며 그리스도 재림을 대비하는 그의 신부로 본다(이 책은 서로사랑에서 출간될 예정임).

Notes

1. This information was taken from a newsletter from Ed Silvoso dated April 15, 1996, and from a mailing by Bill and Pam Malone of Pray USA! dated April 15, 1996.
2. Bill Bright, *The Coming Revival: America's Call to Fast, Pray, and "Seek God's Face"* (Orlando, Fla.: NewLife Publications, 1995), p. 29.
3. Ibid., p. 17.
4. Elmer L. Towns, *Fasting for Spiritual Breakthrough* (Ventura, Calif.: Regal Books, 1996), pp. 17-18.
5. Ibid., p. 15.
6. Jack Hayford, "A Time for Holy Violence!" in the bulletin of Church On The Way, Van Nuys, California, March 3, 1996.
7. Ibid.
8. Steve Hawthorne and Graham Kendrick, *Prayerwalking: Praying On-Site with Insight* (Orlando, Fla.: Creation House, 1993), p. 64.
9. Ibid.
10. Kjell Sjöberg, *Winning the Prayer War* (Chichester, England: New Wine Press, 1991), pp. 68-69.
11. Dutch Sheets, *Intercessory Prayer* (Ventura, Calif.: Regal Books, 1996), p. 220.
12. Lars-Goran Gustafson, "Not a Drop to Drink," *Christian Life* (December 1983): 109.
13. From *Dawn Report* (October 1996): 9.
14. Hawthorne and Kendrick, *Prayerwalking*, p. 65.
15. Dick Eastman, *The Jericho Hour* (Orlando, Fla.: Creation House, 1994), p. 19.
16. Ibid., p. 20.
17. Sheets, *Intercessory Prayer*, p. 209.

기도 용사 시리즈 종합 색인

당신은 기도 용사 시리즈의 전 6권을 통해 단어들, 개념들, 인물들, 성경 참고 구절들을 찾아볼 수 있다. 굵은 글씨체 숫자들은 전 6권을 나타낸다.

1 - 『기도는 전투다』
2 - 『방패 기도』
3 - 『지역사회에서 마귀의 진을 헐라』
4 - 『기도하는 교회들만이 성장한다』
5 - 『영적 전투를 통한 교회성장』(마귀세력을 대결하라)
6 - 『능력으로 기도하라』

다음 내용을 이 책의 색인으로 사용하는 자들의 편의를 위해 기도 용사 시리즈 전 권의 색인 중 제 6권 『능력으로 기도하라』의 참조 구절의 색인은 굵은 글씨체이다. 여기에서는 영문 그대로 실어 원어의 의미를 참조케 하였다. 원서를 원하면 한국 왜그너 교회 성장 연구소로 연락바람.

10/40 Window, **1** 151-152; **3** 30, 37, 41, 46; **4** 19, 131-135, 143, 151, 215-219; **5** 28-29, 30, 46, 126, 255, 259; **6 184- 185, 189-196**
120 Fellowship, **2** 49, 100-101, 124; **4** 73; **5 194; 6 144**

A

A.D. 2000 and Beyond Movement, **1** 150; **3** 2; **4** 19-20, 71, 92, 141, 151-152, 173, 215; **5** 14-15, 18-21, 33-34; **6 161, 184, 187, 199**
A.D. 2000 United Prayer Track (see United Prayer Track)
Aalborg, Denmark, **3** 112-113
Aaron and Hur, **2** 24, 134, 135, 136, 174; **6 146**
Abaddon, **1** 146; **5** 147
Abel and Cain, **6 105-106**
Aborigines, **1** 147
Abraham, **1** 91; **3** 36, 111, 156
Absolom spirit, **2** 158
ACLU, **1** 194
Acts 1:8, **4** 53; **6 70**
Acts 1:14, **4** 107; **5** 166; **6 187**
Acts 2:4, **4** 53; **5** 166
Acts 2:16-21, **5** 80
Acts 2:36, **5** 79
Acts 2:42, **4** 107
Acts 4:8, **4** 53
Acts 4:31, **5** 167
Acts 5:15, **5** 81
Acts 8:5-12, **5** 168-169
Acts 8:9,10, **5** 175
Acts 8:13, **5** 176
Acts 8:20-23, **5** 176
Acts 8:26,29, **6 50**
Acts 9:1, **5** 185
Acts 10:38, **5** 132
Acts 12, **2** 31-32; **5** 177-179
Acts 12:5, **4** 107; **6 153**
Acts 12:12, **4** 107
Acts 12:24, **3** 112
Acts 13:6-12, **5** 190-193, 258
Acts 13:11, **5** 52, 193
Acts 13:13, **5** 194
Acts 13:38,39, **5** 258
Acts 14:3, **5** 165
Acts 15:12, **5** 165
Acts 15:38, **5** 194
Acts 16:6, **5** 208
Acts 16:16, **6 86**
Acts 16:18, **5** 199
Acts 16:25, **4** 157
Acts 17, **5** 203-207
Acts 17:16, **3** 57
Acts 17:24, **3** 57
Acts 17:26-27, **3** 56, 102
Acts 17:29, **3** 57
Acts 19, **1** 97-98
Acts 19:10,20,26, **5** 208-209
Acts 19:11,12, **5** 214
Acts 19:12, **5** 81
Acts 19:18-35, **5** 92-93
Acts 19:19, **3** 80, 86
Acts 19:37, **5** 213
Acts 26:17, **6 63**
Acts 26:17-19, **5** 187-188
Acts 26:18, **4** 133, 137; **5** 128, 245; **6 165**
Acts of Andrew, **1** 98
Acts of John, **1** 98-99
Acts, book of, **4** 28; **5** 135, 162-163, 189, 225, 226
Adam, **5** 131
Adam and Eve, **3** 57
adaptive deception, **3** 43
addressing spirits, **5** 197-200
Adjanku, C.Y., **1** 187
Adrammelech, **1** 93; **5** 174
Adrogué, Argentina, **1** 20-22, 34, 77
Adrogué Baptist Church, **1** 32

apostle, office of, **6** 45
apostles, **1** 55, 56
Apostles' Creed, **5** 43, 64
Arapaho, **6** 99
Archer, John, **4** 166
Argentina, **1** 13, 15-34, 35-37, 132, 133, 156-158, 162-163, 164, 181-182, 188; **2** 90, 155, 186; **3** 14, 16, 30, 87, 171-193; **4** 130; **5** 59, 112, 168, 239-240; **6** 28-31, 33
arguments, **5** 238
arguments, casting down, **4** 211
Ariga, Paul K., **4** 198, 216; **6** 198, 218-219
Aristide, Jean-Bertrand, **3** 66-68
armor bearers, **6** 24-25
armor of God, **1** 122-124; **2** 180-181
Arnold, Clinton E., **1** 68, 71, 97-98, 103, 123, 124, 149, 159; **2** 179, 197; **3** 79, 94; **4** 134, 146; **5** 209, 210, 211, 216, 224, 251
Artemis of the Ephesians (Goddess Diana), **1** 97-99, 146, 147; **3** 80; **5** 163, 188, 210-211
Asa-gods, **3** 99
Asbury Theological Seminary, **4** 106; **5** 12
Aschoff, Friedrich, **4** 150
Ashima, **1** 93
Ashtoreth, **1** 146
Asia, **3** 31, 37, 41
Asia Missions Congress, **1** 90, 177
Asian-Americans, **3** 70
Asian Outreach, **4** 214
Asmodeus, **1** 146; **3** 218
Assemblies of God, **1** 24, 26, 47-48; **2** 91; **4** 18, 47, 156; **5** 85
Assyria, **3** 188
astrologers, **1** 17
astrology, **1** 98

Athena, **5** 205
Athens, **3** 56; **5** 203-207
Aune, David, **4** 70, 78
Australia, **1** 132, 147
authority, **1** 44, 69; **5** 134-138, 228-229, 258
authority in prayer, **4** 29
Awasu, Wilson, **1** 187
Aymara Indians, **3** 62
Ayorés, **4** 68
Azazel, **1** 146
Aztecs, **3** 70

B

Baal, **1** 93, 146, 195-196; **3** 105; **5** 174
Baal-Berith, **1** 146
Baal Gad, **1** 146
Baalath Beer, **1** 146
Babel, **3** 39-40
Babylon, **1** 93; **3** 31, 105
Babylonia, **3** 188
Babylonians, **3** 36
Bad Jim, **3** 212
Bagley, Rev. Daniel, **3** 203, 209
Baha'i, **3** 142
Bakker, Jim, **2** 105
Bangladesh, **1** 143
"Banyon Way" The, **3** 45
Baptist General Conference, **1** 167; **4** 183
Baptists, **1** 20; **3** 204; **5** 88
Bar-Jesus, **1** 69, 97; **5** 52, 135, 163, 188, 190-193, 258
Barna, George, **3** 60, 72; **4** 80, 103
Barnabas, **5** 193-194
Barnett, Tommy, **6** 129-130, 138
Barrett, David, **1** 150-151; **2** 90; **5** 48, 181
Barth, Markus, **1** 95, 146, 159
Basham, Don, **2** 105
Batt, Daniel, **1** 159

Breaking Strongholds in Your City, 4 12, 170, 195, 218
Breakthrough ministry, 4 18
Breakthroughs, 1 11, 144, 169-170, 182
Briard, Everett, 2 167-168
Bright, Bill, 1 42-44; 2 34, 123-124; 5 11; 6 133, 215-217, 230, 231
Bright, Vonette, 1 42; 4 67, 78; 5 15-18
British Columbia, 3 211
Brown, Colin, 1 54-55,70; 5 129,139, 144, 160, 248; 6 73, 93
Brown, Dougie, 4 153
Brown, Nanette, 2 136
Brown, P., 5 115
Bruce, F. F., 1 90-91, 102; 2 36, 38; 5 173, 183, 209, 210, 224
Bruce, Will, 2 177, 178
Bryant, David, 2 165; 4 18, 139-140, 142-143, 146, 198, 218; 5 12, 16, 19, 38, 251; 6 63, 73, 174, 209
Bubeck, Mark I., 1 18; 2 114, 117
Buddhism, 1 15; 3 68; 6 192, 199-201
Buddhist concepts, 3 43
Buddhist world, 3 45
Buenos Aires, Argentina, 1 20, 25, 31-32; 3 175
Buenos Aires Herald, 3 76, 94
Bufton, Steve, 6 207
Bulgaria, 6 225-226
bulls, 1 186-187
Bunkhoff, Steven, 4 174
Buntain, Mark, 2 110
Burgess, Stanley M., 2 93
Burma, 6 183-184, 200
burning fetishes, 1 33
Bush, George, 1 139
Bush, Luis, 1 150-151; 4 19, 218; 5 19, 20, 249, 250, 251; 6 189
Butcher, Catherine, 4 204
Byerly, Bobbye, 1 45; 2 127, 128-129, 150-151, 153, 172, 174, 186; 4 92, 192-193; 5 250; 6 173, 180, 189
Byerly, Jim, 2 150
Byrd, Randolph C., 4 41

C

Caballeros, Cecelia, 5 219
Caballeros, Harold, 3 15, 22, 123-146, 224, 230; 4 207-210, 212; 5 219, 250; 6 75, 86, 90-93, 94, 212
Cabezas, Rita, 1 45
Cabrera, Doris, 3 75
Cabrera, Marfa, 1 13, 31, 32; 3 176
Cabrera, Omar, 1 13, 31, 45; 2 124; 3 74, 171
Cain and Abel, 6 105-106
Cain, Paul, 1 40
Cain, Paul, 4 72
Caird, G. B., 1 95
Cairo, 3 45
Calcutta, 1 144; 6 202
Caleb Project, The, 6 195
Cali, Colombia, 6 188
California Gold Strike, 3 206
Calvary Baptist Church, 2 153
Calvary Temple, 4 88
Calvin, John, 2 29, 31, 38; 4 43, 48-49, 57; 6 98
Calvinists, 4 43
Cambodia, 6 200
Cambridge University, 4 70
Cameroon, 3 35
Campbell, Alexander, 5 97
Campolo, Tony, 6 127
Campus Crusade for Christ, 1 40, 75-76; 2 123; 3 59; 5 18, 256; 6 161, 201, 215
Canaanites, 3 36
Cannistraci, David, 6 45
canon of Scripture, 5 84, 98
Cao, An Dien, 4 214, 226

2 Corinthians, 5 234-240
2 Corinthians 1:11, 2 33
2 Corinthians 2:11, 3 178; 5 235, 260; 6 81, 170
2 Corinthians 2:14, 5 246
2 Corinthians 3:6, 3 131
2 Corinthians 4:3-4, 1 62; 4 44; 5 25, 157, 234, 257; 6 60, 84, 111
2 Corinthians 4:3-5, 3 50, 58, 78, 127
2 Corinthians 4:4, 4 135; 5 127, 145, 150, 170, 260; 6 72
2 Corinthians 4:16, 3 50
2 Corinthians 4:18, 3 50; 5 177; 6 79
2 Corinthians 6:15, 3 218
2 Corinthians 10:3, 1 64
2 Corinthians 10:3,4, 5 237-238
2 Corinthians 10:3-6, 3 61, 78, 130, 220
2 Corinthians 10:4, 6 220
2 Corinthians 10:4-5, 1 64-65; 4 202, 211; 5 25, 257; 6 70-71, 112
2 Corinthians 10:5-6, 4 212
2 Corinthians 10:13,16, 4 176
2 Corinthians 12:7, 4 56
Corinthian Christians, 3 64-65
Cornwall, Judson, 2 191, 197; 4 49, 57
corporate sin, 1 131, 177-178
Cortez, Hernando, 5 93
Couchman, Judith, 2 178
Crawford, Don, 1 84, 86
creation to glorify God, 3 51-54
credible witnesses, 5 59-60
Crenshaw Christian Center, 4 142
Crestview Christian Reformed Church, 6 166
Critic A, 5 82, 85, 86, 161
Critic B, 5 82, 85, 86, 91, 92, 116
cross of Christ, 1 126-127; 5 126, 127, 144, 145, 229, 240-243
Crossman, Eileen, 2 197
crusade evangelism, 1 36-37

Crusades, 4 202-203; 5 239; 6 **204-207**
Crystal Dragon Creek, 3 54
Cullmann, Oscar, 1 46, 94, 102
cultural anthropology, 3 57
cultural roots, 3 67
culture, corrupted, 3 57-58
culture, forms, functions and meanings, 3 57
culture, reaffirming, 3 54, 58-59
Cunningham, Loren, 2 16; 4 77, 222; 6 204
Curran, Sue, 4 106, 109, 114, 125; 6 139
curses, 1 23, 43-44, 49; 3 86; 6 22
curses, symptoms of, 3 86-87
Curses, What They Are and How to Break Them, 3 86
Curupí (spirit of sexual perversion), 1 32, 156; 3 175, 177
Cypress, 5 191
Cyprian, 5 116
Cyprus, 1 69, 97
Cyrus, 3 124
Cyrus of Persia, 1 66

D

Daijosai, 1 134
Daijosi ceremony, 3 69, 110
Dakar, 3 117
Dallas Theological Seminary, 4 72; 5 53, 99; 6 **40-41**
dangers in spiritual warfare, 1 181-197
Daniel, 1 66, 95, 131; 3 42, 82, 116, 117, 134; 4 44
Daniel 2:21, 3 107
Daniel 5:25, 3 117
Daniel 9:5, 3 93
Daniel 9:20, 6 **109**
Daniel 10, 1 66, 91, 93, 95; 3 35, 150; 4 44; 6 83-84
Daniel 10:12,13, 3 42, 125; 4 54
Daniel 10:20, 3 134; 5 173

disunity, spirit of, **1** 30-31
divination, spirit of, **1** 32, 146
divine intervention, **5** 185-188
division, spirit of, **1** 32
Dobbs, Michael, **4** 31
Dobson, James, **1 2** 6, 182
Dobson, Shirley, **2** 182; **6 209-210**
Doe, James, **1** 75
Dominican Republic, **4** 174
Dragon (spirit), **3** 218
dualism, **1** 78; **5** 64, 115
Duewel, Wesley, **1** 190, 197; **2** 191; **5** 16
Dukakis, Michael, **1** 17
Dungeons and Dragons, **1** 78
Dutch-American, **3** 70
Duvalier, Francois "Papa Doc," **6** 50
Duwamish Indians, **3** 200
Dwelling Place Family Church, The, **3** 16, 147, 154, 166; **5** 236; **6 76, 113-116**
Dzerzinsky, **3** 116

E

Eagle's Nest Church, **2** 121
Eaker, Doris, **4** 192-193
earthquakes, **3** 210
Eastern European Seminary, **2** 34
Eastern Star, **3** 188
Eastman, Dick, **1** 163; **2** 15, 17, 31, 124, 191; **4** 16-17, 31, 215, 218; **5** 16, 74, 250, 261; **6** 63, 70, 73, **189, 192, 225-226**
Ebenezer, **3** 104
Ecclesiastes 1:9, **5** 91
Ecclesiastes 4:12, **1** 40
Eckart, George, **1** 82; **3** 62
ecology, **1** 145
Eden, **3** 46
Edwards, Jonathan, **4** 139
Efik, **3** 45
Egypt, **1** 157, 173; **3** 31, 47, 105, 107, 110, 184, 188

Egyptian spirits, **3** 54
Egyptian Tarot, **1** 173
Eickhoff, Klaus, **4** 149-150
Ekur, **3** 20
El Shaddai Church, **3** 15, 123; **4** 207-208; **6 90-92**
Elijah, **1** 195-196; **3** 106, 214; **4** 28, 29-30; **6 15**
Elisha, **1** 196; **6 223-224**
Ellensburg, **3** 210
Ells, Alfred H., **1** 194-195
Elymas, **1** 69, 97; **5** 52, 135, 163, 188
Emancipation Proclamation, **1** 125-127; **3** 58
Emerald City (Seattle), **3** 205, 214
Emmanuel Clinic, **6 22,25**
emotional adultery, **2** 192
emotional dependency, **2** 192
Emperor Akihito, **1** 134
End Time Handmaidens, **4** 189
Engaging the Enemy, **1** 46, 88
Engaging the Powers, **4** 201
England, **1** 172-173; **3** 198; **4** 152, 178, 189, 196; **6** 229
Engle, Lou, **1** 176
Enlightenment, **5** 76-77
Enlil, **1** 91
Enlil, **3** 20; **5** 174
Epaphras, **2** 55
Ephesians, **2** 179-181; **5** 243-246
Ephesians 1:16, **4** 87
Ephesians 1:21, **3** 129
Ephesians 3:10, **3** 129; **4** 165; **5** 245
Ephesians 3:20, **4** 40
Ephesians 4:3, **3** 181
Ephesians 4:11, **4** 69; **6 44, 150**
Ephesians 4:12, **6** 124
Ephesians 6, **2** 180, 184-185; **3** 32, 36
Ephesians 6:11, **5** 125
Ephesians 6:11,12, **5** 240

Ephesians 6:12, **1** 13, 18-19, 63, 91, 94; **2** 37, 180; **3** 35, 61, 78, 79, 130; **4** 134; **5** 22, 173, 190, 209; **6 61, 81**
Ephesian 6:15-19, **3** 129
Ephesians 6:17, **5** 53
Ephesians 6:18, **4** 191; **6 134**
Ephesians 6:18,19, **6 154**
Ephesus, **1** 67-69, 97-99, 149; **3** 31; **5** 207-223, 233-234
Episcopalians, **5** 88
epistemology, **5** 35, 39-71; **6 41**
Ereshkigal (goddess), **3** 21
Eshleman, Paul, **1** 75-76, 86
Eshmah, **3** 21
Esther, **2** 27-29
Esther Network International, **4** 18; **6 213**
Ethiopia, **3** 107
Eto, Mamuro, **1** 139
Euodia and Syntyche, **2** 36-37, 55, 101, 136, 156, 193; **5** 179; **6 154**
Europe, **3** 191; 189-190; 158
Evangel Christian Fellowship, **6 45**
Evangelical Association of New England, **5** 24, 38
evangelism crusade, **1** 25-28, 29, 36-37
Evangelism Explosion, **2** 75; **4** 100
Evangelism in Depth, **4** 158
evangelism, **1** 20, 25-28, 31- 33, 38-39, 44-45, 46-48, 100, 162; **4** 21, 100-101, 138; **6 71-72, 161**
evangelistic strategy, **1** 162; **6 161**
evangelists, **3** 34
evangelization, **4** 129-135; **6 63-64**
Evans, Colleen Townsend, **2** 169-178
Evans, Sylvia R., **2** 137, 138
Evelia, Ilda, **1** 24
Every Home for Christ, **4** 184, 215; **5** 256, 261; **6 64, 70-71, 192, 201, 225, 226, 229**

evil spirits, **3** 62
Exley, Richard, **2** 105
Exodus, **2** 30
Exodus 12:12, **3** 110
Exodus 17, **2** 24; **6 146-147**
Exodus 17:8-14, **5** 179
Exodus 20:3,4, **3** 52
Exodus 20:5, **5** 79; **6 105**
Exodus 32:14, **4** 44
exorcism, gift of, **2** 44-46
extrabiblical, **3** 35
extrabiblical revelation, **6 40**
Ezekiel, **1** 152; **3** 20, 113; **6 222**
Ezekiel 4:1-3, **3** 20
Ezekiel 4:4-6, **4** 221
Ezekiel 4:12-13, **4** 221
Ezekiel 5:1-4, **6 222**
Ezekiel 13:14, **3** 113
Ezekiel 13:18, **3** 86
Ezekiel 22:30, **2** 27; **4** 201
Ezekiel 28:2,12, **3** 134
Ezekiel 28:12-19, **3** 35
Ezekiel 37:16-22, **4** 221
Ezra, **3** 109
Ezra 9:7, **3** 109

F

Facius, Johannes, **1** 187-188, 190, 194, 197; **6 103, 116, 117**
faith, **4** 46-50; **6 131-132**
Falkland Islands, **1** 23
falling under the power of the Spirit, **1** 28
false prophet of Revelation, **1** 146, 147
fasting, **1** 112-113, 124; **4** 26, 183; **5** 11,109; **6 19, 132-133, 215-218**
fasting, flaky, **2** 190
Father, intimacy with, **4** 30, 38-40
Father Nash, **2** 57, 103
fear of spiritual warfare, **1** 185-186
Ferguson, Everett, **5** 224

festivals (regional), 3 42
festivals, 5 206
Figi, 3 47
Findhorn Foundation, 3 100
finger of God, 5 149, 151
Finnell, David, 5 196, 202
Finney, Charles G., 2 15, 16, 57, 103
First Assembly of God, Phoenix, 6 129-130
First United Methodist Church, Tulsa, 4 88
Fitzpatrick, Graham, 2 57-58, 59
flakes, 3 13
Fletcher, Michael, 6 195
Florio, Joan, 2 172
Focus on the Family, 6 210
folk art depicting spirits, 1 32-33
folk Islam, 3 43
Ford, Hugh Edmund, 5 109, 118
Ford, Leighton, 2 171
forgiveness, 4 51-52; 5 235-236
Forster, Roger, 2 129; 4 150, 160-161, 190-191, 204; 5 250; 6 176, 180, 228
Fort Victoria, 3 203
fortune-tellers, 1 17
Forum for National Revival, 5 12
Foster, Richard J., 2 81, 93, 105, 117; 4 44, 57; 5 23, 38; 6 31, 32, 62
Four Spiritual Laws, 1 65
Fox, George, 2 81; 4 172
France, 1 18; 4 190, 196, 220; 5 105-108
Francisco, Juana, 1 42-44, 49
Frangipane, Francis, 1 121, 124, 125, 141, 168, 179; 5 74, 137, 139, 198, 199, 202; 6 167, 174, 180, 181
Fraser Gold Strike, 3 199, 210
Fraser, J. O., 2 186-187, 197
Freedman, Paul A., 2 140-144, 150, 157, 158, 159
Freedom in Christ Ministries, 5 200

Freemasonry, 1 157-158; 3 90, 105, 176, 177, 183-192, 203, 209; 4 196; 5 22; 6 61, 91
Freemasonry, spirit of, 1 32, 156; 3 176, 177
French slave traders, 3 45
French, Howard W., 3 67, 72
Freshour, David, 4 62
Frontier Fellowship, 4 101
Frontline Ministries, 1 127; 5 22, 199, 251
Fuller Theological Seminary, 1 29, 73, 82, 86, 88, 99; 2 14, 130, 134-135; 3 197; 4 33, 64, 72, 84; 5 13, 22, 33, 54, 59, 163, 250; 6 113

G

Galatians, 1 116-117
Galatians 5:22,23, 6 174
Gallup, George Jr., 4 42, 57
gang violence, 3 160
Ganges River, 3 37
Gantry, Elmer, 2 65
Garden of Eden, 1 151
Garrett, Susan R., 1 67-71, 88-89, 94, 102; 3 80, 94; 5 123, 139, 175-176, 177, 183, 191, 193, 202, 216, 224
Gate of Manna, 3 20
Gate of Nergal, 3 20
gates of the city, 1 129
Gateway Cities, 6 192, 195
Gateway Clusters, 6 195
Gateway Ministries, 3 197, 220
GCOWE '95, 5 34; 6 214
Genesis 1:27-28, 3 46
Genesis 2:8-14, 3 46
Genesis 3:23-24, 4 176
Genesis 4:24, 6 106
Genesis 10:5, 3 55
Genesis 11, 3 39
Genesis 11:4, 3 55

Gregory the Great, 5 108
Gregory the Wonderworker, 5 103-105, 112, 113
Gregory, Brian, 4 178
Greig, Gary S., 5 72, 248; 6 105, 116
Griffith, Jill, 4 96
Grudem, Wayne, 4 70, 72, 78; 5 229, 248; 6 43, 56
Guadalajara, 1 154-156
Guatemala, 1 154-155; 3 14, 15, 30; 4 130, 207-210, 218, 221; 5 217-220; 6 177
Guatemala City, 3 123
Gulf War 1991, 3 158-159
Gunther, W., 1 70; 5 160
Gustafson, Lars-Goran, 6 231

H

Hadaway, C. Kirk, 4 34, 57
Hades, 1 146
Haggard, Ted, 4 90-91, 103, 217, 218; 5 42, 47, 52, 71, 250; 6 37, 189, 193-194, 196
Haiti, 3 35, 36, 45, 47, 66-68, 69; 6 50-53
Halili, Rey, 4 14, 15
Halloween, 3 42
Hammond, Bill, 4 68-69, 78
Hammond, Frank, 1 45
Hamon, Bill, 4 72-73, 78; 6 43, 45, 56
Hanford, Rev. Edward, 3 204
Hanna, John, 5 27; 6 208
Hansen, Jane, 2 128, 151; 4 192-193, 215; 6 189, 192
Harambee Center, 1 176
harlot of Revelation, 1 87-88, 146
Harper, Michael, 1 83-84, 86; 5 122, 139
Hart, Arch, 2 106
Harvest Evangelism International Institute, 2 186
Harvest Evangelism, 1 25, 29- 30, 32, 33, 157, 162; 3 74, 171, 172, 179, 181; 4 158
Harvey, Paul, 4 16
Hathaway, Nobel, 2 182
Hattingh, Suzette, 2 183-184, 197
Haunted Canyon, 3 54
haunted houses, 1 84, 85
Hausam, Dick, 2 110-111
Hawaii, 1 147; 3 53, 71
Hawaii, redemptive gift, 3 71
Hawaiian gods, 3 71
Hawaiian healing ceremony, 3 71
Hawthorne, Steve, 4 169-172, 185; 5 27; 6 178, 180, 181, 222, 225, 230
Hayford, Jack W., 1 45, 46, 165; 2 29, 38; 4 43, 62-63, 78, 81-82, 103, 113, 149; 5 250; 6 31, 32, 38-40, 54, 220-221, 230
healing, 1 11, 27-28, 44, 48, 167, 171
healing the land, 6 103
healing, physical, 6 121, 135
hearing from God, 1 190-191; 2 54, 58, 111, 129, 131, 132-133, 135-136, 152-155, 161-162, 164-169; 6 35-56, 169
Hearing God, 4 77, 78
Hebrew Kabbala, 1 173
Hebrew nation, 3 36
Hebrews 1,2, 4 63
Hebrews 1:14, 3 125
Hebrews 9:22, 6 100, 106
Hebrews 10:25, 4 109
Hebrews 11:1, 4 46
Hebrews 11:6, 4 212; 6 131
Hebrews 11:10, 3 156
Hebrews 12:2, 6 82
Heirloom, 2 51
Hemet, CA, 3 16, 147, 150, 161, 163, 230; 6 112-116
Herm, Bruno, 5 15

Hermas, 4 171
hermeneutics, 5 73-89
hermeneutics, apostles' example principle, 5 83
Hermes, 3 110
Herod, 2 31-32, 101; 3 112; 5 163,177-179, 191
Herod, King, 6 153
Hessian people, 5 111-112, 113
hexagram, 1 173
Hicks, Tommy, 1 23
Hiebert, Edmond, 2 36, 38
Hiebert, Paul, 5 56, 72
hierarchy, satanic, 1 76-77
high places, 1 92; 3 111
high things, 5 239
Hill, David, 4 70, 78
Himalayan monasteries, 3 31
Himalayan Mountains, 3 36
Hindu principalities, 3 54
Hindu Vedic Architecture, 3 105
Hindu world, 3 45
Hinduism, 1 151, 152; 6 191,201-203
Hindus, 5 199
Hiroshima, 1 135-138
Hispanic-Americans, 3 60, 70
Hitler, Adolf, 3 85, 134; 4 147, 196; 5 123, 191
Hoellwarth, Cathryn, 2 156-157
Hogan, J. Philip, 1 24-253 82
holiness, 1 12, 28, 113-122; 5 231; 6 132-133
holiness, definition of, 1 118;
holiness, standards of, 1 119- 121
Hollywood, 3 45
Hollywood Presbyterian Church, 1 165; 4 142
Holy Spirit, 1 54-56, 85, 118, 136; 4 52-53, 54, 117-118, 136-137; 5 69, 121, 133-134, 149, 151-152, 166-167, 232, 250; 6 70, 133-134
Holy Spirit, filling of, 5 166-167; 6 133-134
Holy Spirit, fruit of, 5 41
Holy Spirit, quenching, 4 120-121
home-cell groups, 6 195-196
homosexuality, 3 61; 4 59-60;
homosexuality, spirit of, 1 173
Honda, Koji, 1 177, 179
Hope of God, The, 6 200
Hosea, 1 99; 3 109
Hosea 1:2, 4 221
Hosea 10:9, 3 109
Houghton, John, 4 171, 185, 188-189, 204
Houston House of Prayer, 5 29
How to Have a Healing Ministry, 1 11, 39, 54; 4 41, 101
Hubbard, L. Ron, 3 152, 154
Huffman, John, 1 166-167, 179; 4 171, 182-184
Huguenots, 4 190
humility, 1 132; 5 68
humility, undue, 2 115-116
Hungary, 4 220; 6 223
Hunt, T. W., 4 102
Hus, John, 4 157
Hussein, Saddam, 1 57, 158; 3 18, 158; 4 225; 6 76
Hybels, Bill, 2 106, 191; 4 25; 6 38, 54, 128, 147-148, 158
Hybels, Lynne, 6 128
Hyde, John, 2 81, 88
hypsoma, 1 65; 5 238-240; 6 71

I

I Suffer Not a Woman, 3 79
Iara, 1 145, 147
Ibis bird, 1 173
Ichthus Christian Fellowship, 4 150
Ichthus movement, 2 129

Intercessors International, **2** 176; **4** 18
intercessory prayer, **3** 182; **5** 253
International Fellowship of Intercessors, **5** 256; **6 103**
International Flat Earth Society, **3** 20
International Prayer Assembly, **4** 67
International Reconciliation Coalition, **6** 98
InterVarsity Christian Fellowship, **2** 96
Inti Raymi (Peru), **1** 147; **3** 42, 63
intimacy with God, **1** 109-110, 190; **5** 37, 48, 68, 252; **6 14**
invisible and visible, **6 26**
Iran, **1** 151; **3** 30, 47, 107
Iraq, **1** 151; **3** 46, 107; **4** 224
Irenaeus, **5** 115
Irian Jaya, **1** 191
Iron Curtain, **1** 163; **4** 16, 17, 130
Is That Really You, God?, **4** 77
Isaiah, **6 222**
Isaiah 8:19-22, **3** 86
Isaiah 19, **3** 107
Isaiah 20:3,4, **6 222**
Isaiah 24:21, **3** 134
Isaiah 33:20-23, **3** 165, 167
Isaiah 35:8, **4** 189
Isaiah 35:10, **4** 189
Isaiah 43:5-6, **4** 189
Isaiah 43:18,19, **6 152**
Isaiah 43:19, **5** 95
Isaiah 45:1-3, **3** 124
Isaiah 47, **5** 62
Isaiah 49:7, **6 228**
Isaiah 52:10, **4** 223
Isaiah 55:6,12, **6 227**
Isaiah 58:12, **3** 112; **6 97**
Isaiah 59:1,2, **4** 50
Isis (Egyptian goddess), **3** 189
Islam, **1** 151, 152; **3** 43, 142; **6 203-204**
Islamic Hajj, **3** 42
Israel, **1** 89-94; **3** 107, 178; **4** 221
Italy, **5** 108-110

J

J'ic'aletic, **1** 101
Jackson, Leigh, **1** 192
Jacob, **3** 103
Jacobs Formula, **2** 146-149, 151
Jacobs, Cindy, **1** 31-33, 40, 43-44, 45, 58, 127-128, 129, 134, 141, 153-154, 156-157, 160, 164, 171, 174, 178, 179; **2** 15, 17, 35-36, 37, 56, 57, 59, 127, 128, 130, 146-147, 150, 157-158, 160, 172, 178, 189, 192, 194, 197; **3** 16, 39, 63, 65, 73-95, 127, 151, 152, 162, 170, 175-177, 179, 182-183, 190, 191, 216, 224, 230; **4** 18, 73, 74-76, 157, 166, 175, 181, 185, 194, 204, 211-212, 218, 226; **5** 54, 74, 79, 250; **6 29-31, 32, 43,44, 46, 49, 53, 55, 59-60, 73, 85, 94, 113, 149, 158, 220**
Jacobs, Mike, **2** 15, 150; **3** 73, 87, 151, 191; **4** 73; **6** 59
Jah-Bal-On (Masonic deity), **3** 189, 191
Jambres, **3** 101
James, **1** 107-110, 113, 196; **2** 31; **5** 177, 230-232; **6 153**
James 1:5-7, **4** 46
James 4:2-3, **4** 52
James 4:3, **4** 48; **6 14**
James 4:7-8, **4** 212-213; **5** 230-232
James 5:16, **4** 28
James 5:16,17, **6 15**
Japan, **1** 15, 132-140, 177; **3** 35, 36, 42, 44, 47, 53, 66, 68-69, 70; **4** 149, 198, 216; **5** 137, 205, 239; **6 198, 218-219**
Japan, Emperor of, **3** 111
Japanese, **4** 27
Japanese-Americans, **1** 138-139
Japanese new religions, **3** 43

Jones, Ezra Earl, 4 35
Jones, Timothy K., 1 124
Joseph, 3 103
Joseph, S., 6 162
Joshua, 2 24-25, 101, 179; 3 23, 91, 178; 6 80, 146-147, 222
Joshua 1:3, 4 145, 161, 170, 188, 193; 5 27; 6 163
Joshua 2, 3 178
Joshua 3:9-17, 3 91
Joshua 7, 3 179
Joshua Project 2000, 6 161, 199
journaling, 1 111
Joyner, Rick, 1 186, 197
Jubilee Christian Center, 3 12
Judah, 3 70
Jude 9, 5 137, 228-230
Judeo-Christian values, 3 45
Judges 6:25-27, 3 105
Judson, Adoniram, 2 81, 88
Julian of Norwich, 2 164-165
Juno Temple, 3 54
Jupiter, 5 109
Jupiter Temple, 3 54
justification by faith, 5 164, 189-190, 233
Justin, 5 115

K

Kagal Manna, 3 20
Kagal Nergal, 3 20
Kahoolawe Island (Hawaii), 3 71
kairos, 1 191, 195
Kali, the goddess, 1 144, 147; 5 172
Kallestad, Walther, 2 52; 4 94-95, 103
Kamau, Francis, 2 147-148
Kanakaole, Parley, 3 71
Kansas City Charismatic Conference, 1 114
Kansas City Metro Christian Fellowship, 6 43

Kansas City Prophets, 6 45
Karbala, 3 45
Kathmandu, 3 36
Keil, C. F., 1 93, 102; 5 173, 183
Kek Lok Si Temple, 5 61
Kellerman, Bill Wylie, 4 20, 199-201, 204, 223-224, 226
Kendrick, Graham, 4 152, 157-159, 159-160, 161-164, 166, 169-172, 185, 188-189, 190-191, 204; 5 27; 6 176, 180,181, 222, 225, 230
Kensington Temple, 4 143-144
Kenwood Baptist Church, 6 137
Kenya, 6 13-28, 86, 124-127
keys of the Kingdom, 4 135-136; 5 154
KGB, 3 31, 116, 117
Kiev, 4 16
Kim, Joon-Gon, 4 67
Kim, Sam Hwan, 4 25
Kim, Sundo, 2 80; 4 24, 26
King of Siam, 5 77
Kingdom of Darkness, 3 128-129
Kingdom of God, 1 28, 32, 51- 70, 85, 124, 126, 133, 162; 3 17-18, 72, 128, 192; 4 199-201, 202-203, 219; 5 124-126, 134, 154, 165, 227
kingdom of Satan, 5 125
Kinnaman, Gary, 3 82, 84, 95
1 Kings 11:4-10, 3 59
2 Kings 1, 6 69
2 Kings 2:19-22, 6 223-224
2 Kings 17, 1 92-93
2 Kings 17:30-31, 5 174
Kistemaker, Simon, 5 196, 202; 6 26,32
Kittle, Onie, 2 52
Klassen, Bill, 2 187; 6 152, 155
Klopp, Bev, 3 17, 144, 197, 213-222, 223, 230
Knox, John, 2 81
koinonitis, 1 115

인덱스 · 293

Korea, **1** 15, 177; **3** 68; **4** 23-28, 45, 119, 151-152, 216; **6 188-189**
Korean-Americans, **3** 60
kosmokratoras, **3** 35
Kraft, Charles H., **1** 45, 64, 70, 99, 103, 129, 141; **3** 78-79, 94; **4** 101; **5** 22, 48-50, 57, 72, 74, 76-77, 90; **6 85, 92, 94**
Kraft, Marguerite G., **5** 72
Kramer, Samuel, **3** 21, 26
Kriengsak Chaeronwongsak (see Wongsak, Joseph C.)
Krishna shrine, **3** 54
Ku Klux Klan, **3** 59
Kubitschek, Juscelino, **1** 173
Kumarawansa, Pastor, **6** 78
Kumbha Mela (India), **3** 42
Kumuyi, William, **3** 22, 26; **4** 216
Kurapati, Ravikumar, **6 225**
Kwaio people, **6 64-67, 70-71**
Kwang Lim Methodist Church, **2** 80; **4** 24

L

L'Amour, Louis, **3** 152
La Plata, Argentina, **1** 26, 35- 37, 157-158, 162-163; **3** 21, 90, 113, 171, 179-192, 230
La Plata, map of, **3** 185
La Plata, powers over, **3** 189
Laban, **3** 103
Ladd, George Eldon, **1** 79, 86; **5** 122, 139
Lagos, **3** 117
Lake Avenue Congregational Church, **1** 82; **2** 13, 44, 100, 132, 148; **4** 27; **5** 250; **6 144**
Lan, David, **1** 100, 103
Landis, Lois, **1** 80
Landis, Richard, **1** 80-81
Langham, Edward Jr., **4** 87-88, 103
Laos, **6 200**

Las Vegas, NV, **3** 161
Last of the Giants, The, **1** 46; **3** 14, 29, 32, 37, 47, 77; **4** 131, 146
lateness of the hour, **3** 31
Latin America, **3** 30; **4** 129-130
Latin America Mission, **1** 165-166
Latin American grassroots churches, **6 44**
Latourette, Kenneth Scott, **5** 103, 111, 112, 117, 118
Lausanne Committee for World Evangelization, **1** 39-45; **3** 29; **4** 67; **5** 14-18
Lausanne Congress on World Evangelization, **2** 150-151
Lausanne Covenant, **5** 21, 51, 74, 257
Lausanne I Congress in Switzerland, **1** 41-45; **5** 15, 21
Lausanne II Congress in Manila, **1** 39-45; **4** 13, 27, 149; **5** 17-18, 20, 250, 256; **6 60**
Lausanne Movement, **5** 250
lava rock, **3** 53
law of warfare, **5** 36-37, 195, 247
Lawrence, Carl, **6 138**
Le Sourd, Leonard, **4** 18
Lea, Larry, **1** 11, 45, 46, 58, 111, 112, 122, 124, 144-145, 150, 160, 169-170, 182, 185, 189; **2** 25-26, 38, 85, 98-99, 191; **4** 27, 113; **5** 250
leadership, spiritual, **1** 121- 122
Lebanon, **3** 107
legalism, **3** 92-93
Legion, **1** 77, 146
Lemus, Filiberto, **4** 221
Lenin, statue of **4** 16
Lenin, Vladimir, **1** 187
lethargy, spirit of, **1** 173
Leviticus 26:8, **4** 109
lewd items, **1** 81

Lewis, C. S., **1** 85, 86; **3** 22; **5** 75, 90
Lewis, Wynne, **4** 143-144, 146
ley lines, **3** 105
liberal theologians, **4** 20-22
liberals, conscientious, **4** 22
Liberia, **1** 73-75
"lighthouses," **3** 182
lighthouses of prayer, **6 211**
lightning rod, **5** 13-14, 250
Lincoln, Abraham, **1** 125-127; **2** 114; **3** 58
Lindsay, John V., **6 175**
Lindsey, Yvonne, **2** 136
Linthicum, Robert, **1** 144, 149- 150, 159; **5** 172, 183
Little, Michael, **6 192**
Littleton, Mark K., **2** 77, 80, 81, 84-85, 93, 96
Lloyd, Rocky, **4** 60-61
local church prayer rooms, **6 136-138**
Lockwood, Richard C., **1** 172- 173, 179
Loewen, Jacob, **1** 99-100, 103
"lofty shrine," **3** 21
Logan, Bob, **2** 172; **4** 80
logizomai, **5** 238-240; **6 71, 112**
logos, **5** 52-55
London to Berlin prayer expedition, **4** 190-192
Lonesome Gods, The, **3** 151-152
López Rega, José, **1** 23, 32
Lord, Peter, **4** 77, 78
Lord Ghnesha, **6 191**
Lord's Prayer, **2** 99, 116; **4** 50-51, 154, 199
Lord's Watch, The, **6 175**
Loren, Julia, **1** 159
Lorenzo, Eduardo, **1** 20-22, 31, 32, 34, 58, 77; **6** 29,30
Lorenzo, Gonzalo, **3** 173-174
Lorenzo, Victor, **1** 157, 158; **3** 16, 21, 87, 90, 105, 113, 171-193, 223, 230
Los Angeles, **1** 152, 163, 165; **5** 123
Los Olivos Baptist Church, **1** 26, 35-37
Love L.A., **1** 165; **4** 142
Love on Its Knees, **4** 16, 31
Low, Alvin, **6 189**
Lowe, Conrad, **2** 52
Lucifer, **3** 100
Luke, **1** 89, 94; **3** 112; **5** 189, 195
Luke 4:18,19, **3** 131
Luke 10:17, **5** 126, 136
Luke 10:18, **5** 127
Luke 10:19, **5** 36, 136, 166, 193, 228, 258
Luke 10:20, **5** 136
Luke 10:24, **5** 125
Luke 11, **5** 152
Luke 11:9, **2** 146
Luke 11:11,13, **5** 167
Luke 11:14-22, **4** 136-137
Luke 11:15, **5** 147
Luke 11:15,18, **6 69**
Luke 11:20-22, **5** 149; **6 69-70**
Luke 11:21, **5** 193
Luke 11:21,22, **3** 133; **5** 145-152
Luke 11:22, **5** 151; **6 68**
Luke 11:25,26, **5** 158
Luke 18:1, **4** 54
Luke 19:10, **6 164**
Luke 24:29, **5** 134
Luke 24:49, **4** 52, 107; **5** 166
Luke/Acts, **1** 67-70
Lurker, Manfred, **1** 146, 159
lust, **3** 61
lust, spirits of, **2** 71-73
Luther, Martin, **1** 112, 187; **2** 81, 85; **4** 150; **5** 97,151; **6 98, 99**
Lutherans, **4** 47; **5** 88

M
MacArthur, General (Douglas), **3 68**
MacDonald, Gordon, **2** 106, 117

mind, strongholds of, **4** 212
ministry and theology, **5** 44-46
miracles, **1** 27-28
Miranda, Andrés, **4** 167-169
Mirella, **3** 132-133, 135
missiological syncretism, **5** 35
missiology, **5** 163
Mission 21 India, **6** 162
missionaries, **3** 34
missions, **1** 20, 162
Mitchell, Roger, **5** 250; **6** 227-229
Mithra, **5** 109
Mizpah, **3** 103
Mohawk Indians, **6** 107
Molokai, **1** 84
Mongolia, **3** 25, 30
Mongolian heritage, **3** 215
Monrovia, California, **1** 192
Monte Cassino, **5** 109-110
Montgomery, James, **1** 162; **2** 124, 134; **4** 13-15
Montgomery, Lyn, **2** 134
Moody, Dwight L., **2** 114-115, 119-121, 137
moral decay, **3** 61
Morales, Mario Roberto, **5** 224
Moravians, **4** 190
Mormon Temples, **3** 161
Mormonism, **1** 24
Morocco, **3** 35, 47
Morris, Leon, **1** 79, 86, 96, 102
Moscow, Russia, **3** 116
Moses, **1** 91, 196; **2** 24-25, 30-31, 101, 134, 179; **3** 103, 109, 178; **4** 44; **6** 146
motives, **6** 174
Mount Horeb prayer meeting, **4** 24
Mount Paran Church of God, **2** 112, 147
Mount Rainier, **3** 218
Mount St. Helens eruption, **3** 210

mountains, sacred, **3** 104
Mouw, Richard, **1** 95
Mozambique, **1** 17
Muck, Terry C., **2** 93
Mueller, D., **1** 70
Mueller, Jon, **4** 73
Mull, Marlin, **4** 80, 103
Muller, George, **2** 81
Mullert, Mike, **4** 86
multiculturalism, **3** 69
Multnomah School of the Bible, **4** 140
Murphy, Ed, **1** 21, 45; **5** 124, 126, 139; **6** 73
Murphy, Laurel, **3** 71, 72
Music for the Streets, **4** 162-163
Muslim world, **3** 45
Muslims, **4** 202-203; **5** 29, 186; **6** 203-204
Muthee, Thomas, **6** 13-28, 31, 32, 36, 86, 124-127
Myanmar, **6** 183-184, 200
Myers, Laura, **1** 179
Myong-Song Presbyterian Church, **4** 25
mythologies, **3** 42

N

Nagasaki, **1** 135-138
naming the powers, **1** 12, 93, 143-159, 176
Narramore, Clyde M., **2** 105
narratives, **5** 57-61
Nash, Daniel ("Father Nash"), **2** 57, 103
National Association of Evangelicals, **5** 250
National Day of Prayer, **6** 209-210
national demonization, **3** 66-71
National Network of Youth Ministries, **6** 214-215
National Prayer Committee, **5** 12
nations, sins of, **1** 125-141

Native Americans, 5 199; 6 104
Navajoland, 33 5
Navajos, 4 218
navel of the earth, 3 148-149
Navera, Karen, 6 139
Nazarenes, 4 47
Nee, Watchman, 3 102, 119; 4 158
Nehemiah, 1 131, 136-137; 3 82; 6 223
Nehemiah 1:6, 3 93; 5 79; 6 109
Nehemiah 5:13, 6 223
Neighborhood Houses of Prayer, 6 178-179
Neill, Stephen, 5 72
Nepal, 1 17; 3 25, 30, 35, 47; 5 170; 6 201, 227-230
Nergal, 1 93
Nero, 3 134; 5 183
Nevada Church Growth organization, 2 74
New Age Magazine, The, 3 188
New Age, 1 17-18; 2 68; 3 85, 99, 100, 101, 108, 134, 142, 161, 188, 215, 217, 218; 5 22; 6 61
New Apostolic Reformation, 6 44-45
new birth, 5 60-61, 67
New Earth Temple, 1 170
New England, 3 69; 4 198
New Guinea, 3 35
New Life Church, 4 90, 217; 6 37, 193
New Orleans Charismatic Conference, 1 114
New York City, 1 147; 3 45, 70; 6 174-175
Nibhaz, 1 93
Nigeria, 3 30, 117
nightmares, 1 75
Nightstalker, 5 123
nikao, 1 59-60; 5 144-145, 151, 152, 157, 226; 6 68-69
Nilsson, Sven, 1 194

Ninevah, 3 40
Nippur, 3 20-21
Noriega, Manuel, 1 163
North America, 3 45
North American Conference on Strategic-Level Prayer, 4 142
North American Renewal Service Committee, 1 114
North Parkersburg Baptist Church, 2 52
Norway, 1 176, 177
Norwood, Edith, 4 68, 78
Numbers 13, 3 178
Numbers 13:2, 6 80
Numbers 18-20, 6 80
Numbers 22:41, 5 174
Nürnberg, Germany, 4 147-150

O

obedience to God, 1 54-56, 108-109
obelisks, 3 105
occult, 1 17-18, 24, 33, 69, 134, 167
occult city planning, 3 104-105
occult objects, 1 130
Ogilvie, Lloyd, 1 165
Ogne, Steve, 2 172
Old Testament, 1 51, 89-94, 99, 131, 146; 5 78-80, 126, 230
Olympia, Washington, 3 203
Omaha, Nebraska, 1 175
Oman, 3 36
"Onward Christian Soldiers," 3 22
Ooltewah Presbyterian Church, 4 87-88
"Operation Second Chance," 3 26
oracle of Delphi, 5 196
Oregon territory, 3 198
Origen, 5 103, 183
Osborn, T.L., 6 200
Osiris (Egyptian god), 3 189
Osiris Temple, 3 54

인덱스 · 297

Ostrow, Ronald J., **1** 141
Otis, George, Jr., **1** 46, 63, 129, 141, 150-152, 160; **3** 12, 14, 18, 19, 26, 29-47, 77, 82, 94, 214; **4** 130-132, 146, 194, 217-218, 226; **5** 46, 74, 206, 224, 236, 250; **6 16, 79, 80, 82, 87-88, 92-93, 94, 96, 116, 197, 208**
overcome, **1** 59-61, 65-66
overcoming, **5** 143-148, 168, 188; **6 68-70**
Overcoming the Dominion of Darkness, **3** 82
Overseas Crusades, **1** 21

P
Pachamama, **1** 147
Pachangas, **6 112-116**
Pacific, **3** 30
pacts, ancestral, **3** 42
Pakistan, **1** 84
Palau, Luis, **1** 29; **4** 158
Palm Springs, CA, **3** 148
Pan, **5** 205
paradigm shift, **5** 49, 53
paradigms of historians, **5** 112-116
Pardo, Hector, **1** 163
Pareto, Vilfredo, **2** 39
Pareto Principle, **2** 39
Paris, **3** 45
Parrish, Archie, **2** 75, 124
Pasadena, California, **1** 60-61, 164
Pasadena for Christ, **1** 60, 164, 176, 191
pastor, the role of, **6 123-124**
pastoral authority, **6 169-170, 174**
pastoral covering, **1** 193-194
pastors, accountability, **2** 66-67
pastors, Australian, **2** 79
pastors, burnout, **2** 64
pastors, evangelical, **2** 91
pastors, immorality of, **2** 62-66, 105-106
pastors, influence of, **2** 73

pastors, international, **3** 34
pastors, Japanese, **2** 79
pastors, Korean, **2** 79-80; **4** 114
pastors, liberal, **2** 91
pastors, New Zealand, **2** 79
pastors, Pentecostal/charismatic, **2** 91
pastors, prayer life of, **2** 77-93; **6 147-149**
pastors, responsibility, **2** 66-67
pastors, role of, 25, 26-27, 33-37, 83-88, 114-115
pastors, temptations of, **2** 61, 67-88
pastors, time spent in prayer, **2** 78-80
pastors, unity of, **6 167-168**
pastors, visibility of, **2** 73
Patrick, Saint, **4** 172
Pattaya, **3** 36
Paul, **1** 17, 18, 67-70, 78-79, 97-99, 116-117, 123, 140, 151, 188; **2** 32-34, 36-37, 55, 101, 156, 178-181, 184-185, 193; **3** 31, 32, 36, 50, 51, 56, 57, 64-65, 79; **4** 55-56, 133-135, 157, 176; **5** 44, 52, 92-93, 128, 135, 137, 177, 179, 185-201, 203-223, 232-247, 258; **6 63, 154, 164**
Paul, conversion of, **5** 185-188
peace movement, **4** 20-21
Pedersen, Bjorn, **2** 52; **4** 95, 99
Pegues, Beverly, **6 194-195, 196, 208**
Pele, **1** 147; **3** 53
Pelton, Theresa, **4** 161
Pelton, Tom, **4** 151, 153, 161
Pennell, John, **3** 212
Pennoyer, F. Douglas, **1** 70, 86
Pennsylvania, **3** 70
Pentecost, **5** 80-81, 166
Pentecostal movement, **1** 47-48; **5** 96, 97
Pentecostal/charismatic movement, **2** 90-91

Princeton Theological Seminary, 5 54
principalities, 3 12
principalities, Hindu, 3 54
principalities and powers, 1 23-24, 52, 94-96, 150, 184; 4 22
prison riot, 6 171-172
Prokopchuk, Alberto, 1 26, 35-37
Promise Keepers, 6 99, 103, 116
prophecy, 1 48, 134-135; 4 69-76; 5 30, 33, 54-55, 261; 6 43-44
prophecy, gift of, 2 164
prophecy, personal, 1 40-41
prophecy, public, 6 53-54
prophet, office of, 6 44-46
prophetic act, definition of, 6 223
prophetic acts, 3 15, 97-119; 4 221; 5 13, 33, 215, 245; 6 11, 115, 221-222
prophetic intercession, 2 168-169
prophetic Scripture, 6 163
prophets, 3 107
Prophets and Personal Prophecy, 4 72, 78
prosperity theology, 4 47-48
protective deities, 3 42
Protestant Reformation, 3 70
Proverbs 26:2, 3 88
Pryor, Eric, 1 170
Psalm 2:8, 4 222
Psalm 8:2, 6 213
Psalm 24:1, 4 223; 5 125
Psalm 72:3, 3 104
Psalm 86:8-9, 4 202
Psalm 91:11, 3 125
Psalm 141:2, 4 38
psychic action, 1 84
psychic energy, 3 105
puberty rites, 3 43
Public Praise, 4 157, 166
pyramids, 1 173
Python (spirit of witchcraft and sorcery), 3 175, 177

python spirit, 1 146; 5 135, 163, 188, 195-200, 203-204, 213, 214, 229; 6 26-27, 86

Q

Qatar, 6 193-194, 196
Qom, 3 45
Quakers, 5 88, 97
Quanrud, Lynne, 4 152
Quechua Indian culture, 3 62
Queen of Heaven, spirit of, 1 32, 157; 3 74-77, 176, 177, 189, 190, 191; 5 174
Queen of the Cosmos, 1 98
questions concerning artifacts, 3 65
Quetzacoatl, 4 208

R

Ra, 3 105
race riots, 3 210
racial reconciliation, 4 20
racism, 1 178; 3 58, 60; 6 103-104, 107
Rackham, Richard, 5 208, 224
Radio Pacifico, 6 212-213
radio prayer, 6 211-213
Rahab, 3 178
Raikes, Robert, 5 32, 87
Rainer, Jess, 2 124-125
Rainer, Thom, 2 125; 6 129, 138, 142-143, 157
raising the dead, 5 110, 114
Rama shrine, 3 54
Ramadan, 5 29; 6 203-204
Re, 3 105
Reagan, Nancy, 1 17
Reagan, Ronald, 1 17; 4 20
rebellion, spirit of, 1 173
Reconciliation Walk, 6 204-207
Redden, Opal L., 5 90
redemptive gift, 1 175, 179; 3 56, 191, 198; 4 194
redemptive gift, Hawaii, 3 71
redemptive gifts, Seattle, 3 221-222

Romans 1:18, **3** 71
Romans 1:18-25, **3** 41
Romans 1:18-31, **3** 51
Romans 1:19-20, **3** 51
Romans 1:23, **3** 52
Romans 1:25, **3** 52
Romans 1:29-31, **4** 129
Romans 8:26, **5** 261
Romans 10:4, **6** 71
Romans 10:14, **5** 186
Romans 12:6, **4** 69
Romans 12:8, **6** 150
Romans 12:21, **3** 88
Romans 13:12, **4** 224
Romans 15:30, **2** 32-33; **6 154**
Rome (empire), **3** 188
Rosario, Argentina, **1** 29; **3** 74-75, 94
Rose, Jerry, **1** 191
Rosedale, Roy, **1** 75, 86
Rudra, **1** 143, 145
rugged individualism, **2** 107-110
Rules for Taking a City, **3** 230-231
rules of prayer, **4** 37, 45-56; **6 131-136**
Rumpelstiltskin, **1** 148-149
Rumph, Dave, **2** 126, 129, 135-136, 174; **3** 53-54, 72; **4** 61
Rumph, Jane, **1** 160; **2** 126, 188, 189; **3** 53-54, 72; **6 157, 231**
Russia, **3** 30; **4** 130, 153

S

Saddleback Valley Community Church, **6 130**
Saddleback's Ten Commandments, **2** 194-195
Saint Death (see San La Muerte)
Salish gods, **3** 201
Salish Indians, **3** 200-201
Salmon Ceremony, **3** 201
salvation, **1** 28
Salvation Army, **4** 157-158; **5** 88

Samaria, **5** 167-171
Sammael, **1** 146
Samuel, **2** 30-31
1 Samuel 7:12,13, **3** 104
1 Samuel 30:24, **3** 24; **5** 37, 247
2 Samuel 21, **5** 79; **6 109-111**
2 Samuel 21:1, **3** 112
Sand Creek massacre, **6** 99
San Francisco, CA, **1** 169-170, 182; **3** 161, 198, 209; **6 210-211**
San Francisco Bay area, **3** 12
San Jacinto, CA, **3** 148, 152, 160
San La Muerte, **1** 32-34, 156, 157, 188; **2** 155 ; **3** 87, 175, 177; **5** 239; **6** 29
San La Muerte, priestess of, **1** 33-34
San Martín, José de, **3** 183
San Nicolás, Argentina, **1** 29
Sanders, Debra, **6 208**
Santiago del Estero, **1** 28
Santo Domingo, **4** 174
Sasser, Sam, **4** 156-157
Satan, **1** 51-70, 94, 127-131, 146, 187; **2** 67-68; **3** 57, 134; **4** 44, 130-132, 212; **5** 121-138, 141-159, 229, 235-236; **6 81-82, 84, 225**
Satan, devices of, **5** 235-237, 260
Satan, fascination with, **3** 21-22
Satan, seat of, **1** 155; **3** 89-90
Satan worship, **3** 218
satanic deception, **1** 62-63
satanic hierarchy, **1** 76-77
Satanism, **3** 161; **6 61**
Satanists, **1** 17; **2** 68-71
Satan's strategy, **1** 61-63
satanward movement, **1** 106
Saudi Arabia, **3** 30
Saul, **3** 112
Saul, King, **6 24, 109-111**
Savannah, New York, Congregational Church, **4** 174

strongman, naming, 3 144-145
strongmen, 4 209-210
strongmen in Guatemala, 3 135-136
Stube, Edwin B., 2 36, 38
Stutzman, Ervin R., 1 80, 86
submit to God, 1 108-109
Succoth Benoth, 1 93; 5 174
succubus, 1 87
Sudan, 3 117; 5 182
suffering, 5 180-182
Sumer, 3 20
Sumerian moon god, 3 20
Sun Goddess of Japan, 1 134, 140; 3 53, 69; 5 239-240
Sunday Schools, 5 32
superstition, 1 74
Swaggart, Jimmy, 2 107-110, 117, 194
Sweden, 3 14, 97, 99-101, 105
Swindoll, Chuck, 6 40-41
Switzerland, 4 187-189; 5 158
Sydney, Australia, 3 112
Synan, Vinson, 1 114
synathleo, 2 36
Syria, 1 91-92

T

Tada, Joni Eareckson, 2 171
Tagore, Rabindranath, 1 143
Taking Our Cities for God, 1 46, 132, 141, 153, 160, 161, 178, 179; 3 17, 56, 72, 162, 170, 172, 174, 193, 198, 222
Talbot School of Theology, 1 68, 97; 5 22, 251
Tan, Gordon, 6 134-136, 138
Tan, Kim Li, 6 134-135
Taoism, 1 151
Taquitz (spirit), 3 152
Taquitz Peak, 3 152
Tari, Mel, 4 155-156
Tartak, 1 93

Tate, Marvin E., 4 205
Taylor, Hudson, 2 81
Telfer, W., 5 117
Temecula Indian Tribe, 3 152, 160
Ten Boom, Betsie, 6 35-36
Ten Boom, Corrie, 6 35-36, 38, 54
Ten Commandments, 3 52, 59
territorial commitment (of pastor), 3 162-165
territorial spirits, 1 13, 18- 19, 22, 45- 46, 65, 85, 87-102, 129-131, 144-148, 176; 2 179-181; 3 145; 5 13, 18, 22, 36, 104, 108, 152, 150, 155-156, 163, 171-174, 195-197, 204, 220, 242, 258; 6 60-61, 82-85, 229
territorial strongholds, 3 34-36, 37, 39-43, 44
territorial strongholds, maintaining, 3 41-43
territoriality, 4 176-177
territoriality, spiritual, 1 12, 87-102
Terry, Charles, 3 207
Tertullian, 5 115
Teykl, Terry, 4 34-35, 36, 57, 97-98, 103; 6 136, 137, 138,139, 149, 158,159
Thailand, 1 75-76; 6 200-201
theological seminaries, 1 11
theology, definition of, 5 41
theology and ministry, 5 44-46
1 Thessalonians, 2 32
1 Thessalonians 1:2, 4 87
1 Thessalonians 5:21, 5 68
This Present Darkness, 4 74
Thomas, L. D. "Bill," 4 88
Thompson, Larry, 6 175
Thor, 5 111-112, 195
Thornburgh, Attorney General Dick, 1 138
threshold generation, 3 46-47
Tibet, 6 229

인덱스 · 301

Tidd, Mark, 6 166
timing for warfare, 1 191-192
Timothy, 5 195, 246-247; 6 164-165
1 Timothy 1:15,18, 6 164
1 Timothy 1:18, 5 246
1 Timothy 2:1-4, 6 165
1 Timothy 2:1-8, 5 254
1 Timothy 2:4, 3 126
1 Timothy 6:12, 5 246
2 Timothy 2:3, 5 65, 246
2 Timothy 2:4, 5 247
2 Timothy 3:16, 5 42
2 Timothy 3:16-17, 4 67; 6 108
2 Timothy 4:7, 5 246
2 Timothy 4:11, 5 195
Titus 3:5, 3 126
Tokyo, Japan, 3 45, 110
tolerance, 3 59-60
Tompkins, Iverna, 2 74
tongues, 5 262; 6 39-40
Too Busy Not to Pray, 4 25
tooth filling, 5 59-60, 112
Torch Run, 6 218
Torrey, R. A., 4 42, 57, 106-107, 125
totem poles, 3 105
totem tribes, 3 200
Tower of Babel, 3 55
Tower of Ra, 3 54
Towns, Elmer L., 6 133, 142, 217-218, 230, 231
tradition, 3 43
traditional evangelicals, 1 48
transcendental meditation, 3 105, 148
Treat, Casey, 2 190
Trebilco, Paul, 5 211, 224
Trinity, 5 84, 87, 162
Trinity Evangelical Divinity School, 4 70; 6 43
Tripoli, 3 45
Triumphal Entry, 4 157

triumphalism, 5 245-246
truth encounter, 1 64-65; 5 258
Tucker, Michael, 2 15
Turkey, 3 47; 6 205-206
Twilight Labyrinth, The, 3 37, 41, 44
Tychicus, 2 184, 187
Tyre, King of, 3 134
Tyre, Prince of, 3 134
Tzotzil Indians, 1 100-101, 147, 149

U

U.S. Center for World Mission, 5 33
unbiblical, 3 35
underestimating the enemy, 1 186-188
United Methodists, 6 99
United Methodist General Board of Discipleship, 4 35
United Mission to Nepal, 6 201, 227, 213, 219
United Pentecostal Church, 5 84
United Prayer Ministries, 4 18
United Prayer Track, 2 129, 188; 3 12, 14, 29, 73, 97, 123, 171, 197; 4 19, 71, 92, 141, 151-152, 173, 215; 5 18-20, 34, 249-262; 6 187, 189
United Prayer Track, Spiritual Mapping Division, 3 29
United Prayer Track office, 3 65
United States, 3 14, 54, 69-71
United States Center for World Mission, 4 101
unity, reasons for unwillingness, 3 91-92
unity, spiritual, 1 167-168
unity of pastors, 6 167-168
University of Washington, 3 59
Unleashing the Power of Prayer, 4 67, 78
unreached peoples, 1 162; 4 19-20
urban evangelism, 1 26, 60, 161-179
urban ministry, 1 161-179
urban mission, 1 161-179

Uruguay, 1 23, 29; 4 167-169

V

Val D'Osme Foundry, Paris, 3 186
Vander Griend, Alvin, 4 19, 43, 57, 93, 98, 103, 106, 125; **6 139, 178**
Varanasi, 3 36, 45
Vaughan, John, 2 69; **6 128**
veneration of ancestors, 3 92
Venezuela, 1 23
Venus, 5 109
Venus Temple, 3 54
verification, criteria for, 5 63
Victoria Island, 3 198
Vietnam, 4 214-215; **6 200**
Vijayam, B.E., **6 191**
Vikings, 3 99, 113
Vineyard, Anaheim, 4 72, 113
Vineyard Christian Fellowship, **6 41**
Vineyard Ministries International, 4 72
violence, spirit of, 1 145, 147
violence in prayer, **6 220-221**
virgin birth, 5 78-79, 164
Virgin Mary, 3 191
Virgin of Rosario, 3 74-75
Virginia, 3 70
Vishnu Creek, 3 54
visible and invisible, 1 139-140, 151, 152; **6 26**
Vision of the Future Church, 1 13; 2 124; 3 74, 171
visions, 5 186
visualization, 4 47
Voelkel, Jack, 5 56-57, 72, 86
voodoo, 1 43; 3 67; **6 50-53**
voudon, 3 46

W

Wa people, **6 183-184, 186, 207**
Wace, Henry, 5 117
Wagner, Becky, 3 64, 65; 4 224-225, 226

Wagner, Doris, 1 15, 28, 31- 33, 42, **43**, 81-82, 85, 86, 110, 117, 135, 163, **164,** 171, 181-182, 185, 188, 194; **2** 15, **44-** 46, 71-72, 124, 126, 129, 131-133, **144,** 145, 150, 151, 153, 154, 156, 166, 173, 174; 3 62, 65, 87, 151, 152, 175, 183; **4** 19, 24, 30, 64, 66, 72, 75, 85, 92, **101**, 111, 112, 148, 175; 5 20, 170, 219, **249,** 251; **6 14, 28, 29,30, 53, 59, 60, 144-145, 153, 155, 156, 173, 187, 189**
Wagner, Karen, **2** 45
Wagner, Ruth, 1 110
Wagner's living room, 3 62-64
Walker, David, 4 113
Walker, Lil, **2** 49, 126, 127, 136, 149, 171
Walker, Paul, **2** 111-114, 117, 147, 151
Walsh, J., **2** 178
Walsh, James, 1 159
Walsh, Michael, 5 117
Wang, David, **6 138**
Wang, Thomas, 4 67; 5 19
warfare, the law of, 3 23-24
warfare prayer, 1 12, 14, 20, 27-28, 33, 37, 43, 48, 60, 66, 81, 96, 145, 162, 163;4 135-137, 183; 5 13
Warfare Prayer, 3 13, 47, 62, 193, 217, 222, 230, 232; 4 11, 22, 31, 135, 136, 195, 218
Warkentin, Irene, 1 83, 85
Warkentin, Kevin, 1 83
warlocks, 1 17
Warner, Timothy, 1 46, 62, 70
Warren, Rick, **2** 194-195, 196; **6 130, 138**
Washington Post, 4 17, 31
Washington Territory, 3 198
Watchman Prayer Alert, **6 175**
water devil, 1 73-75, 85
weapons of warfare, 3 50
Webb, Leland, 1 80, 86

wrath of God, **3** 50-51
Wray, Daniel E., **1** 34
Wrestling with Dark Angels, **1** 11
Wurtsmith Air Force Base, **4** 223
Wycliffe, John, **4** 172
Wycliffe Bible Translators, **1** 13-14
X
Xavier, Francis, **3** 113
Y
Yajval Balamil, **1** 100
Yale University, **5** 100
Yap, island of, **4** 156-157
Yeng, Brother, **6 120-121**
Yesler, Henry, **3** 204-205
Yoder, John Howard, **1** 95
Yoido Church Prayer Mountain, **2** 98
Yoido Full Gospel Church, **2** 98; **4** 23, 26
Yoshiyama, Hiroshi, **1** 138

Young, Ed, **4** 96
Youngman, Erica, **4** 152
Your Church Can Grow, **4** 83
Your Spiritual Gifts Can Help Your Church Grow, **1** 174, 179; **4** 69
Youth With a Mission (YWAM), **1** 132, 185; **3** 29; **4** 150, 202-203, 222; **5** 29, 31, 112; **6 204, 218**
Yukon Gold Rush, **3** 205
Yukon Gold Strike, **3** 199
YWAM Cardinal Points, **5** 256
YWAM Publishing, **6 194**
Z
Zettersten, Rolf, **2** 197
ziggurat, **3** 55, 105
Zimbabwe, **1** 100
Zinacanteco Indians, **1** 101
zodiac, signs of, **1** 98

이책의 한국어판 저작권은
Regal Books와의 독점판권 계약에 의해
도서출판 서로사랑에 있습니다

능력으로 기도하라

1판 1쇄 발행 _ 1997. 12. 22
1판 10쇄 발행 _ 2011. 7. 7

지은이 _ C. 피터 왜그너
옮긴이 _ 홍용표

펴낸이 _ 이상준
펴낸곳 _ 왜그너교회성장연구소 / 서로사랑(알파코리아 출판 사역기관)

등록번호 _ 제 21-657-1
등록일자 _ 1994. 10. 31

주소 _ 서울시 서초구 방배1동 918-3 완원빌딩 1층
전화 _ (02)586-9211~4
팩스 _ (02)586-9215

이메일 _ publication@alphakorea.org
홈페이지 _ http://www.alphakorea.org

ISBN 89-86876-41-8-03230

* 이 책은 서로사랑이 저작권자와의 계약에 따라 발행한 것이므로
  본사의 허락 없이는 어떠한 형태나 수단으로도 이 책의 내용을 이용하지 못합니다.
* 잘못된 책은 바꿔 드립니다.
* 가격은 뒤표지에 있습니다.